鈴木利宗
Suzuki Toshimune

地獄の伊東キャンプ
完全版

長嶋茂雄が闘魂こめた二十五日間

河出書房新社

地獄の伊東キャンプ　完全版

長嶋茂雄が闘魂こめた二十五日間

目次

装幀写真　産経新聞社
ブックデザイン　鈴木成一デザイン室

地獄の伊東キャンプ　完全版

長嶋茂雄が闘魂こめた二十五日間

第1章

長嶋茂雄

記憶に残る伊東の山々

誰にでも、心の原風景というものがある。

あるいは、自身の精神と肉体をつかさどる原点の記憶と言うべきものだろうか。

一九七九年秋に行われた地獄の伊東キャンプを経験した十八選手にとって、その後の選手生活を、そして、ユニフォームを脱いだ後の人生を送る中で、多くの人間が「あれこそ自分の原点である」と口を揃えるのが、ほかならぬ伊東キャンプの二十五日間であった。

そして、その舞台を発案し、自らが先頭に立って若手選手たちと体ごと真っ向からぶつかり合い、彼らの心の原風景に永遠に残り続けるのが、監督・長嶋茂雄の存在である。

伊東キャンプ開催期間を含む二度にわたる計十五年の監督経験を経て、二〇〇一年に読売巨人軍

伊東は長嶋茂雄にとって「記憶に残る風景」だった。（写真＝産経新聞社）

終身名誉監督に就任。

アテネオリンピック野球日本代表監督としてアジア最終予選を全勝で乗り切った直後の二〇〇四年三月に脳梗塞で倒れ、右半身麻痺という重篤な症状に見舞われた。

しかしその後の懸命なリハビリによって驚異的な回復を遂げ、一三年には松井秀喜とともに国民栄誉賞を受賞。

二一年の東京オリンピックでは聖火ランナーとして新国立競技場の開会式のフィールドに立ち、一足ずつ、踏みしめるように歩を進めた。

だがその長嶋本人にしても、そもそも伊東という土地が、その後の野球人生を方向づける重要で、特別な場所であった事実に、本人の言をもって気づかされる。

一九七九年の伊東キャンプを振り返る長嶋の口ぶりは、至極なめらかであった。

「あの静岡県伊東市という土地は、忘れもしない、立教大学のセレクションが行われた会場だったんです。当時は一週間ほど合宿形式のセレクションが行われて、練習試合も三試合くらいあった。実際に走らされることはなかったけれど、あの馬《ば》場平《ばのだいら》をはじめとする大いなる山々が、記憶に残る風景でした」


長嶋が立教のセレクションに参加したのは、一九五三年のことである。

杉浦忠、本屋敷錦吾の、後に〝立教三羽烏〟と言われる選手らと、ここで競い合った。

セレクション会場であった伊東スタジアムで、長嶋が特別にハードな練習メニューを当時、課されたわけではない。

長嶋が「記憶に残る風景」と振り返る伊東に、自身の記憶を重ねるのは、その後の立教大学野球部・砂押邦信監督から受けたスパルタ式の猛特訓の日々であろう。

甲子園出場経験もなく、セレクションも「本屋敷、杉浦に次いで、私は三位通過だった」と振り返る長嶋は、一年時から砂押の特別メニューを受けている。

夕暮れまで練習し、東京・東長崎のグラウンドから砂押の自宅のある池袋まで三十分ランニングして向かった先で待ち受けていたのが、伝説の〝月夜の千本ノック〟だった。

「よくもまあ、砂押監督もあれだけの特訓をしてくださった。朝から夕方まで、グラウンドで練習。その後に一時間半から二時間ほどの、あれはノックだったんです」

もちろん、夜間の照明などまったくない時代のこと、ボールを捕えるのには月夜の明かりだけが頼りであった。

当時三十二歳の砂押は、ボールに石灰を塗って、高速のゴロを叩きつけてくる。

ひとつでもはじこうものなら、

「ボールは心で捕れ。グラブなんか捨ててしまえ！」

素手でボールと対峙させられたという。

生爪を剝がすのは仕方ない、しかし間違えれば指を骨折する。

その緊張感の中で長嶋の五感は研ぎ澄まされ、いつしか、明かりがなくとも、素手で捕球できるようになっていくのだった。球際への感覚的な反応も、そこで培われた。

「誇張でもなんでもない、まさしくシゴキだった。ええ、ホントに」

自らそう振り返る地獄の特訓に、長嶋をして向かわしめた原動力とは、一体なんだったのだろうか――。

父の遺言は「日本一の男になれ」

一九三六年二月二十日、千葉県印旛郡臼井町（現・佐倉市）で、父・利と、母・ちよのあいだに二男二女の末っ子として生まれたのが、長嶋茂雄である。

彼と野球との邂逅《かいこう》は、小学四年生のとき初めて知った〝三角ベース〟であった。

だが、物のない時代、バットはおろか、ボールまで自前で調達しなければならなかった。息子に懇願された母・ちよは、帯締の細い紐をグルグル巻きにして、その上から布を合わせて糸と針で縫い合わせて行く。

硬くてなかなか針が通らず、母は親指や人差し指に針を刺して、血を畳に滴らせていた。それでも夜なべして、三つのボールをこしらえる母の姿に、

「大きくなったら野球選手になってお袋を喜ばしてやろう」

長嶋は志を強くした。

そして、大学一年の六月に亡くなった父・利が息を引き取る寸前に言い遺した次の言葉、

「野球をやるからには、六大学一の選手にならんといかんぞ。プロ野球に行っても富士山のような日本一の男になれ」

これに野球一筋で過ごす覚悟を決めた。

精神一到、何事か成らざらん。

この一念で月夜の千本ノックに立ち向かっていった長嶋は、二年生の秋から「四番・サード」に定着。四年生、最後の秋には八号本塁打を放ち、六大学新記録を樹立すると同時に、二度目の首位打者に輝いた。

実家でラジオにかじりついていた母・ちよは、息子の誉れある活躍に、音声を通して伝わるその

雄姿に、涙が止まらなかったという。

血のにじむような鍛錬のあとにこそ、成功は待っている。そしてそれこそが自分を信じてくれる大切な人への、最大の恩返しになるんだ——。

やるか、やられるかの〝勝負〟

長嶋は大学時代に、それを身をもって体験していたのである。

「その一連の、立教での四年間のスタートを切るセレクション。それが行われた伊東でキャンプを張るというモチーフが、私にはあったんですね。だから伊東キャンプでキヨシ（中畑清）とやったノックなんていうのは、『やるか、やられるか』という、つまりマンツーマンの〝勝負〟になったんでしょうね」

自身のバックボーンを築いた地で若手を鍛え上げようという発想は、もちろん、五位と低迷した七九年シーズンから、新生ジャイアンツを築いていこうという構想の具現であった。

レギュラーとは、与えられるものではなく、自分の手で勝ち取るものなのだという、意識革命が主眼である。

「彼らに期待したのは、やっぱり、一軍になることでしょ、これはやっぱり絶対でね。当時はほとんどが二軍選手。それからちょっと上の〝一軍半〟というような感じ。そんな若い選手たちがビシッと一人前の選手になるというのが、最高の願いだったね。

中畑はじめ、野手、投手、ぜんぶそうだね。そこにハングリーさ、競争意識を植えつけるという目的もあったんです、ええ、ええ。人選に関しては、やはりその人にあった長所を伸ばそうということ。そして、その長所を伸ばしたときに、彼がレギュラーになれるだろうという、その可能性がある者を選んだわけです」

そして長嶋の伊東キャンプには、巨人軍に言い伝えられている伝説のキャンプが、もうひとつのイメージモデルとしてあった。

長嶋がこの世に生を受けた一九三六年、日本プロ野球が旗揚げした年の九月に、群馬県館林市で行われた茂林寺合宿がそれである。

巨人軍初代監督になった藤本定義の、

「今度の練習は選手が倒れるか、わしが倒れるか、思い切って対決する」

という宣言の下、三原脩助監督と共同での猛烈な千本ノックが選手に襲いかかった。

そのメンバーの中には、弱冠十九歳の沢村栄治もおり、文字通り血ヘドを吐くような地獄の特訓が繰り広げられたという。

「あの伊東キャンプ当時、秋のキャンプで鍛えるという発想がなかったんだよな。それを断行したというのは……。やっぱり、ジャイアンツが野球教育の、選手育成のトップを担おうというのがあった。それがいちばんだった。

それには、伝説にこそ聞く茂林寺の合宿を超えるようなキャンプしかないと。野球を通して教育をする。それには、激しい練習が絶対に必要だと思っていました」

長嶋自身は現役時代、引退する三十八歳の七四年シーズンインまで、箱根の仙石原や伊豆の大仁で自主トレを敢行していた。

十～二十キロの獣道を全速力で駆け上がり、夜は五百回の素振りを一カ月もして、自身を追い込んだのだ。

「いわゆる獣道は、箱根でも、伊豆でもやったよね。大仁あたりの岩肌険しい坂道を走ることは、いちばん足腰を鍛えることになると思っていましたからね。当時はトレーナーがつくということもなかったんだ。すべて自分でメニューを考え、自分でこなすのが当たり前だった」

ここで思うのは、ベテランにさしかかってからも毎年の自主トレで、自分自身を追い込むことがどこまでできていたのかということ。

だがこれには、長嶋は次のように厳然と言い切る。

「追い込むことなんて当たり前なんですよ。それで、険しい獣道でも一切、怪我もしなかったからね。自分自身を厳しいところまで追い込むのは、ファンに見せようとするための、デモンストレーションとはまったく違った」

つねにプラス、プラス、プラスの現役生活

長嶋は「練習は人に見せるべきものではない」という持論が現役時代からあった。

天才と呼ばれる長嶋茂雄も、陰では努力している。だが、そんなことは見せなくていいんだ、というポリシーである。

もうひとつ、自分自身でメニューを考えて追い込むというのは、どこかで手を抜く瞬間というか、折れるときがありそうなものである。

だが長嶋は、「うん、あるだろうね」と言いつつも、即座に次のように続ける。

「でも、そこで折れないのは、選手としては当たり前のことなんですよ。若い人たちにも当たり前でいてほしい、プロ野球の選手だったらね。マイナス、マイナスと、鍛錬から引き算していってはいけない。つねにプラス、プラス、プラスと、そういうことを追い求めていくのが、私の現役生活でした」

コーチや監督に「やりなさい」と命じられたことを、やみくもに一生懸命やるというのは、軍隊式の「やらされる練習」である。精神も肉体も成熟していない学生時代あたりまでは、ある程度、その「やらされる練習」でないとポテンシャルを引き出してもらえない。

ところがその段階を卒業し、選手として独り立ちして何年かを過ごしていくうちに、自主トレでは自分に線を引くことに甘んじ、どうしても「やらされる練習」に比べて、高いパフォーマンスを発揮できなくなってしまうケースが多々あるものだ。

しかし長嶋の場合は、「やらされる練習」を自身で軽々と超えていくことができたのだと言うのである。そしてそれが「当たり前のこと」なのだと。

「いまの選手は、メニューが決められたら、そこからハミ出していく選手がいないよね。確かに、トレーナーなどに恵まれているかもしれないんですが、ややもすると、そのプログラムをこなしていれば十分というところで満足してしまう恐れもあるな。自分からそれを超えていくという鍛錬の発想には乏しいのかもしれない」

すると、そのメニュー以上のものを、二倍、三倍、やれるところまで行ってみようと選手たちがそれぞれ思ったのが、伊東キャンプだったということなのだろうか。

伊東キャンプ十八戦士の一人であり、長嶋の直弟子の筆頭格である中畑清は振り返る。

「最初は全身に、筋肉痛の湿布を貼って寝る日が続いた。だけど一日、一日、と経つにつれ、筋肉はパンパンに張っているけれど、痛みは麻痺してくるし、なぜだか、前日よりもちょっとでも、球に追いつけるようになっている。通称・馬場平という、とんでもない傾斜の坂道ダッシュも、一本追加して走れるようになっている。

そして中日を越えるころには、体型も変わっちゃったんだよね、馬場平を走っていたら、『あれ、俺こんな筋肉だったたっけ』って」

足腰の鍛錬こそ基本中の基本

これを告げると長嶋は頷いて、話を引き取る。

「脚はみんな変わったな、うん。馬場平を見ていて、選手たちの進歩・成長はだんだん、だんだん、強くなってくるという記憶があった。初日はみんな、ベターッと、ヘバッていたからな。

まあ、V9のころの選手が大人だったのに比べたら、伊東キャンプに連れて行ったメンバーたちは、〝子どもに教えているようなもの〟だった。私の手でイチから育てることができるという意味で、楽しみもあったよね。練習も本当に、させればさせるだけ食いついてくるし、伸びたね」

長嶋の理念として、「すべての成功において、足腰の鍛錬こそ基本中の基本である」というものがある。

伊東で〝走る〟メニューに力を入れたのは、それを乗り越えてきた選手は、心身ともに折れない、強い選手になるという、自らの体験を踏まえた上での教訓なのである。

「やっぱり足は、野球だけに限らず基本中の基本だね。だからなにも馬場平に限らず、グラウンドでも、ライトからレフト、レフトからライトと、よく走らせたね。足腰の鍛錬は、すべての練習の中心じゃないかな」

また、当時はまだウェイト・トレーニングの概念が、球界には浸透していなかった。

よって、腹筋、背筋などの〝強筋〟以外には、素振りや、上下のボール球を足腰を使って打つ、ティー・バッティングなどで筋力強化を図った。

「いまは、号令をかけて素振りするなんてことは基本的にないだろうね。伊東キャンプでは、器具も一切使わなかった。器具やマシンはね、練習をするのによくないという持論が私にはあってね、それで、当時の選手たちには一切やらせなかった。

私も現役時代から使ってないでしょ。ないない。ぜんぜん使ってない。使うときは、マスコット・バットを使ってやるような筋力強化くらいでね。まあ、人によって、それは違うかもしれないけどね、私は自然派のトレーニングがなにより強いと思っていたし、向いていたと思う。

王さんもやらなかったね。バットを振り込んで、振り込んでつくった体なんだね。だからこそ、強い体幹ができたと思うんです」

ところで、この伊東キャンプ中、長嶋は朝から晩まで、散歩、体操、午前・午後練習、馬場平、夜練習と、休む間もなく、一日中出ずっぱりだった。

その上で、中畑によれば、

「グラウンドにトンボをかけたり、石拾いをしたり、そういうことを率先して監督自らがやるわけだから、選手にとってはたまらない姿なんだ。そのご厚意に報いなければいけない、恩返ししなければいけないと、我々の意識も変わっていくんですね」

長嶋自身は、砂押からの月夜の千本ノックを、そして伝説として耳に入っている茂林寺の合宿を、厳しさ、激しさで「当然」上回る気満々で臨んでいた。

そして、その気迫に最初は気圧され、尻込みしていた選手たちに、徐々に変化が訪れ始めるのを、指揮する長嶋も感じていたという。

「最初はみんな半信半疑だったと思うが、途中からなんとなく、この伊東キャンプの意義をわかってくれていった気がする。平均いくつ、年齢は？　二十三・七歳？　つまりそういう、血気盛んな連中だったからね」

松本をスイッチヒッターにしたわけ

ときに、このキャンプイン当初、ヘッドコーチとして参加していた青田昇が、長嶋が組んだ練習メニューを聞いて、

「これでは選手が壊れてしまうよ。それでもやりますか？」

と問うている。

そのとき長嶋は、

「いいですよ。結構です。故障者は（東京へ）帰ればいい」

と即答したという。

「ああ、あったなあ、そういったやり取りも。でも、最初に人選した段階で、この極限のメニューを課すことのできる、それに耐えうる選手たちを選んでいるんだから、できるという目論見はあったし、私は『理想の選手像』を彼らに託したんだよ。ただ、いまの選手たちにはなかなかできないことですね。やることはやるだろうけれども、あのときの時代にあった練習は、いまではできないよな」

余談になるが、キャンプイン当初は夕食時でも「ビール禁止」だったのを、青田の提案で「一人一本ビールＯＫ」と変更している。

「これはね、私は最初に禁止と言っていたんだけど、選手があまりにも食欲が進まなくて、一週間後くらいからかな、解禁したら、みんな食欲が増した。実際に私もすき焼きが出たとき、『すき焼きにはビールが合うな』と言ったのを覚えていますからね、エッヘッヘ」

そして、長嶋の提示する特訓によって愛弟子たちが心身ともに成長していく過程の話になると、途端に恩師のまなじりは下がった。

「マツ（松本匡史）は頑張ったなあ、アイツは。マツはようやった。朝の六時から鳥かごをやって、それでスイッチできたわけだからね」

松本が伊東キャンプで取り組んだのは、左打席でのバッティング。

フィールドに叩きつけたゴロが野手のグラブに納まるころには、一塁を駆け抜けているというのが、長嶋が松本に求めた新打法である。

後のイチローが、ときにこのように高いバウンドをさせて一塁を駆け抜けるヒッティングで数々の安打記録を打ち立てることを考えれば、いかに長嶋に先見の明があったのかがよくわかる。

「私の監督二シーズン目の七六年から、後楽園球場は人工芝グラウンドに切り替わっていた。その人工芝に叩きつければ、もともと持っているマツの俊足で、彼は安打製造機になれる。そういう相手をキリキリ舞いさせるような痛快な一番バッター、そうなってほしかったし、実際、松本はそうなった。

でも最初は、不器用だったんだ。うん、よく泣いていた。バットを振り終わって、泣いていたりした。生半可の特訓でプロの選手が泣いたりしない。命をかけて取り組んで、でもなかなか結果が出ない。そんな中でも死に物狂いでやっていく中で、血と汗とともに流す涙は美しいと私は思った。だから、マツの涙を、私は『涙汗』と表現したんです。

そういう涙を流している選手とそうでない選手は、ぜんぜん進歩が違う。でも、あのキャンプはね、一カ月間やって、誰も怪我をしなかったんだ。脱走者も、途中脱落者もいないよ」

江川と西本の投げ合いを黙って見ていた

この七九年に「空白の一日」事件の紆余曲折を経て入団してきた江川卓には、なにを望んでいたのだろうか。

「あのころは、江川の将来に多少心配もあったな。鳴り物入りでプロに入っても二、三年で消えてしまう投手はたくさんいるわけだから、彼の野球に対する姿勢を確かなものにしなければいけないと。一年間の浪人があって、初年度九勝十敗。だから伊東キャンプでもう一度、フィジカル・メンタル両面の土台をつくらせなきゃと思った。

江川は足が速いよ、練習も頑張ったよ。この一カ月があったことでその後、二十勝を挙げる投手になったんだとは思う。彼の中でも、『伊東があったから一人前になれた』という気持ちはあったんではないでしょうかね」

当時は格上だった江川に対して、下から這い上がる者として強烈に対抗意識を燃やした西本聖《たかし》とのいわゆるライバル関係を、長嶋は次のようにみている。

「伊東キャンプ中も、江川・西本、お互いに腹に一物、持っている。お互い『なんだ！』と思っている。本当のライバルっていうのは、あの中ではあの二人だけ。いまだにライバルみたいだけどね、ハッハッハ。

西本のその剝き出しの姿勢があったから、江川もやらざるを得ない部分も、あったかもしれないね。江川と西本がピッチング練習場で投げているときは、見に行っても、黙って見ていた」

そしてそのライバル関係は、ＯＮにはないものだったと言う。

「ええ、ＯＮはライバルだとは思わなかったよ。ポジションも違うし、王と長嶋はタイプもまったく違ったから。でも江川と西本は、同じピッチャーでしょう。練習でも隣で投げるわけだからね。当然、火花を散らすでしょう。そういう競わざるを得ないシチュエーションに身を置かせることも大事なんだと、あのとき痛感したんですよ」

鳥かごで、馬場平で、ブルペンで……それぞれが自身の限界を超え、大きく成長した二十五日間のキャンプだった。

最終日には、円陣を組み、みなで手を取り合って涙した。

そのとき指導者・長嶋の中では、描いていた目標を、どの程度、達成できたのだろうか。

「私の中では、最初に掲げた『意識改革』はうまくいったんだと考えていました。うん、一カ月間の練習につき合って、『よし、ここから捲土重来だ！』という気持ちはもちろんあった。

選手たちの、目に見える部分、内に秘めた部分、どちらも、ずいぶん成長したなという実感があったからね」

翌年、八〇年シーズンは三位とAクラスに浮上した。しかし、その最終戦の翌日、十月二十一日に突然の解任発表があった。

「最後に三位を決めてね、『来年はいよいよ優勝だ！』という目標も決まった。そのとき、東京の読売巨人軍に呼ばれたんだ。ただ、翌年の八一年、伊東キャンプに参加した選手たちが日本一に輝いてくれたことで、私は伊東キャンプでの成果を実感したんです。

私と彼らがやってきたことが間違ってはいなかった。彼らに〝野球の精神〟が受け継がれているんだと思うと、胸に迫るものがありましたね……」

中畑、江川ら伊東キャンプのメンバーがレギュラーとなって、八一年のペナントレースを制し、その後の日本シリーズで悲願の日本一を決めたとき、中心にいたのは藤田元司監督であった。

伊東キャンプのメンバーはその出来事によって、むしろ結束を強くした。

明けた八二年一月、浪人中の長嶋を箱根の別荘にたずねると、日本一を報告し、彼ら全員の手で〝監督〟を高々と胴上げした。その瞬間が、真の意味での「地獄の伊東キャンプ」打ち上げの儀式だったのかもしれない。

そしてそれは《富士山のような日本一の男に――》という父の〝遺言〟を体現し、その後の激動の野球人生を一貫して長嶋が表現してきた〝野球の精神〟が、時を経て、直弟子たちに伝承されたことの証明でもあったのだ。

長嶋茂雄と十八人の直弟子たちは、以後、毎年の正月に必ず顔を合わせることを約束し、その集まりは「伊東会」と命名された――。

第2章

江川 卓

朝になる恐怖感を毎日味わっていた

夜、蒲団に入るのが怖かった。

肉体はすっかり疲れ果てている、目をつぶれば途端に眠りついてしまうだろう。

すると、次の瞬間にはもう、朝が来てしまう、また朝が――。

カン、カン、カン。

遠くでする乾いた音に意識が呼び戻されると、朝日はすでに威勢よく、まぶしすぎるほど窓から注ぎ込んでいた。

恐怖の一日がまた、始まるのだ……。

キャンプ前の一年目、江川卓は九勝十敗で負け越していた。（写真＝産経新聞社）

「とにかくね、夜、目をつぶった瞬間、朝になる。それが怖くてね……本当に、その恐怖感を毎日味わっていた、そんな一カ月間だったんです」

　江川卓はいま、訥々《とつとつ》とあのときを振り返る。

　それは〝怪物〟と呼ばれた男の、あのマウンド上での雄々しい姿からは想像しがたい心情の述懐である。

　《朝のこない夜はない》とは、昭和の時代小説家・吉川英治の座右の銘のひとつである。耐えがたい困難や苦悩に直面している人間は、誰しも、暗闇でもがき苦しむ中に、ひと筋の光を見出したいと願い、期待する。

　暗中模索する中で見出したい光とは、「朝日」のことである。それは、ようやく苦難を乗り越えたときに目にすることができる、喜びの象徴のはずである。

　だが江川にとって、「まぶしすぎる朝日」は忌み、憂うべき以外の何物でもなかったのだ。怪物をしてそこまで震え上がらせた、およそ一カ月にわたる合宿生活は、後に〝地獄の伊東キャンプ〟と形容された――。


　一九七九年十月二十八日。

東京・読売巨人軍の若手から選抜された精鋭十八人が東京駅に集合した。

投手は、江川卓、藤城和明、角盈男《みつお》、西本聖、鹿取義隆、赤嶺賢勇《けんゆう》。捕手は笠間雄二、山倉和博。

内野手は、河埜《こうの》和正、山本功児、中畑清、平田薫、篠塚和典。外野手は、淡口憲治、中司得三、二宮至、中井康之、松本匡史。

　平均年齢二十三・七歳と若い彼ら十八人が集結した目的は、当時のプロ野球界では例をみない、秋季キャンプへの出発であった。

Bクラス、五位という成績でその年のペナントレースを終了した長嶋茂雄監督は、数日前に自身がコーチングスタッフとともに厳選した彼ら十八人を呼び出していた。

そこで正式に、静岡県伊東市での秋季キャンプ開催が発表されたのだ。

「発表される前から、噂はあったんです。僕らが聞いていたのは、伝説の、お寺でやったキャンプ……一九三六年のことになるんですか、茂林寺の合宿ですよね。そこで沢村栄治さんはじめ当時の一軍選手たちが、文字通り地獄のシゴキを受けたと聞いていた。その再現を長嶋さんが『やる』とおっしゃっているという噂です。シーズン終了が近くなってきたころから耳に入ってきていました。

ただ、僕らは『冗談でしょう!?』と真に受けなかった。というのは、当時は秋季キャンプという概念がまだない時代です。シーズンが終われば、翌春のキャンプインまで、ほとんどなにもない休みの時期というのがふつうだったので、単なる噂だと思っていた。ところが、少しすると、『本当にやるらしい』となった。しかも場所は『伊東だ』と。僕も含めて若手の誰も行ったことがないし、想像がつかないわけですよ」

一ケタしか勝てないのか、俺は

しかし、大方の期待を裏切って秋季キャンプは実施される運びとなった。茂林寺の再現をすると長嶋が言った背景を、江川は次のように捉えていた。

「当時V9の方々がみなさん、引退が近づいていた。長嶋さんは監督になり、王さんも選手の晩年にさしかかっている。世代交代は必至という時期でした。でも、中畑さんをはじめ我々若手には、実績がなかった。次の巨人をつくらなければいけないという転換期に、僕らにはまだ力がなかったんです」

江川が巨人軍に正式入団したのは、およそ半年前の同年四月七日のことであった。

前年十一月のドラフト会議で江川をめぐる、かの「空白の一日」事件が起き、球界はセ・リーグ分解の可能性をも含んだ大騒動に陥った。

江川の巨人入団はコミッショナー裁定で却下され、明けた一月には阪神タイガースと契約。同時に巨人の小林繁との交換トレードが成立したが、翌月には、

《小林は金銭トレードで阪神に。江川は野球協約に則り、開幕以後の巨人入団、かつ二カ月間出場停止のペナルティを科す》

という決定がなされ、ようやく騒動は形式上の決着をみたのである。

だが前年、南カリフォルニア大学への留学で一年間、実戦を離れていたのに加えて、二カ月間の出場停止を課された江川は、七九年のプロ初年度を九勝十敗と負け越してシーズンを終えていた。

伊東キャンプに江川が参加したのは、そのようなタイミングであった。

「小林さんは、巨人にずっといたかったのに球団の事情のみで、出ざるを得なかった。僕に対しては、巨人のチーム内では、少なくとも『けしからん奴だ』という共通認識があったはずなんです。なぜなら、小林さんはチームメイトから、非常に愛された選手でしたし、チームの中心だった。その小林さんが出されて、入ってきた奴に、チームは急に愛想よく接することなんて、できないでしょう。僕が逆の立場で、もともとチームにいたとしても、そういう態度を取るしかないと思いますから」

ただ、そのチーム内の空気感を意識するより先に、江川には解決すべき課題があった。他ならぬ、自分自身の成績である。

九勝十敗という結果は、怪物には許しがたい不本意な数字だったのだ。

「当然『二ケタは勝てるだろう』と思って臨んだ一年目でした。ところが十勝はおろか負け越した。それがかなりのショックだったんですよ。二カ月のブランクで、四カ月だけの出場だったとはいえ、『一ケタしか勝てないのか、俺は』というショックと、『負け越してしまった』という悔しさがものすごくありました。

とにかく、自分の成績を上げていかないといけない。トップにならないといけない。その意識のほうが強かったので、むしろ周囲のことは気にしている余裕がなかったんですよね」

後に通算百三十五勝を挙げた大投手にとって、スタート年のこの数字は「挫折」にあたる。

いや、ドラフト一位選手が初年度に結果を残せないのは往々にしてあることだし、結果を残して新人王を獲得した選手が、翌年スランプに陥る「二年目のジンクス」という言葉も野球界にはある。

鳴り物入りの新人が思うような活躍をすることなく、静かに球界をあとにして別の人生を送るのも、決して珍しいことではない。

猛特訓の悪い予感が現実に

されど、江川である。

伊東キャンプ前夜、怪物はプロ野球選手としての将来を、どんなふうに見通していたのだろうか。

「初年度が終わった段階で九勝十敗だった。そのときに決めたのは『もう一回、勝ち星が一ケタになったら、もう辞めよう、引退しよう』ということでした。十二勝、十三勝は絶対にできると思っていましたから。月に三勝としても、十二勝は計算できるわけですからね。二年目でも三年目でも、辞めようと思っていました。

それには、自分の中での勝手な自信があったんです。学生時代にも結構な成績を収めていましたから、自信があったんですね、『プロで二十勝できるんじゃないかな』という。だから、初年度の九勝に『これは恥ずかしい数字だぞ』という気持ちが強かった。逆に言うと、『もう、一ケタにはなれない、なるわけにはいかない』という気持ちです。伊東キャンプに呼ばれたのは、そう覚悟を決めたときだったんです」

その「覚悟」を決めたはずの江川が、連れて行かれた伊東スタジアムと周辺の光景に、震え上がった。

「伊東駅からバスに乗り込み、揺られていると、ものの数分で山道に入ったんです。どんどん坂を上がっていくと、周囲は一面が緑で覆われた山の中でした。そこに野球場があり、すぐ上にホテル……と言っても、寂れた合宿所のような建物がポツンと一軒あるだけなんです。

『茂林寺の再現といっても、大したことはできないだろう』。逆に『長嶋監督のことだから、もしかしたら本当に猛特訓をするのかもしれない』という、ふた通りの予測が立てられた中で、後者の悪い予感が現実になるのを、そのとき悟ったんですね。尻のほうから、縮みあがるような感覚が、こみ上げてきた。でも、なにをやるのかは、まだその時点でも想像がつかなかったんです」

江川が言う「長嶋監督のことだから」は、入団一年目にみてきた長嶋の、さまざまな実像、そのなかの「厳しさ」の部分に裏打ちされたものだった。江川がみてきた長嶋像とは、次のようなものである。

「長嶋さんという方には、みなさん、『すごくほがらかで、優しくて……』というイメージを持たれていますが、じつは全方位に異なる対応をする方なんです。たとえばマスコミの方にはマスコミへの対応の仕方を持っていらっしゃって、いわゆる長嶋語録のような、サービス精神に充ち溢れている方です。でも、選手には選手への対応の仕方もお持ちである。

だいたい、どんな監督さんも持っている顔はひとつなんですが、長嶋さんはテレビ用のコメントサービス、新聞用のそれと、選手に向き合う顔、すべてに対応される珍しい方なんです。しかも、当時、まだ四十代前半で血気盛んですから、僕らに接するときに『優しさ』はないわけですよ。『優しさはない』というと変な言い方ですが、僕は『厳しさ』をすごく感じたんです。ええ、とっても厳しい方なんです」

練習をすれば、ご褒美がある

「では、なにに対しての厳しさかというと、野球に対する情熱なんです。長嶋さんは立教大学時代にも、月夜の千本ノックに象徴されるような、血のにじむような練習をやってこられた方なので、『練習をすれば自分にそれだけ戻りがある、ご褒美がある』という考え方なんです。その厳しさの面の長嶋さんが前面に出るぞという直感が、宿舎を見たときに働いたんです」

江川卓の伊東キャンプは「恐怖」で幕を開けたのである――。

十月二十八日、キャンプイン当夜は、長嶋以下コーチ陣、選手、スタッフ全員でミーティングが行われた。

縦長のテーブルに、二列に選手たちが集合すると、「90」を背負ったユニフォーム姿で、中央に仁王立ちする長嶋の表情はすでに、見たこともないような険しさで満ちていた。

ここでユニフォームなのか――と居並ぶ全員が、度肝を抜かしている。

射すくめられたように江川の背中がピンと緊張したのを確かめると、長嶋は話し始めた。

「なぜ、このような、過去に例をみない秋季キャンプをやるのか――。諸君は重々、先刻ご承知のことと思います。しかしながら、その目的を周知徹底するために、あらためてここで、お話ししておこうと思います。じつは、このキャンプには、ベテラン勢の参加申し込みもありました。しかしあえて、十八人というこの若手諸君――つまりヤングジャイアンツのみに厳選させてもらったわけであります。なぜなら、この伊東キャンプを、巨人軍の新しい歴史のスタートにするためなのです。

いつまでもV9の栄光に頼っていては、巨人はこのまま没落するだけ、これは諸君も百も承知。いまの巨人にはONもなければ、OH（王・張本）もない。もう諸君しかいないんです。明日からの一カ月間、地面に這いつくばるような猛練習を重ねて、新しい巨人をつくる以外に道はないんだ。

そこで、この秋季キャンプは技術を磨くのではなく、心を鍛えるキャンプだと肝に銘じてほしい。猛練習の中から、『俺がレギュラーを取ってやる！』という意識を、自分自身に見出してほしい。

どんな艱難辛苦にも耐えて、生き抜く心身をつくるんだ！　その意識革命のために、我々はここ、伊東に馳せ参じたんだ！」

話し始めは、努めて物腰柔らかだった長嶋の口調が、次第に熱を帯び、頰は紅潮した。最後には絶叫に変わっていた。

長嶋が話し終えると、食堂にはしばし、沈黙がつづいた。

それぞれは無言のまま、部屋に戻った。

《どんな艱難辛苦にも耐えて、生き抜く心身をつくるんだ》

その言葉が耳に残った選手たちは、特に誰が号令をかけるでもなく、宿舎前の広場に足が向かっていた。

野手陣は素振りを、江川、西本ら投手陣はそこで、シャドーピッチングを始めた。

翌日からなにが起こるのかは不明にせよ、恐怖心よりも、睡眠欲が上回って心地よく眠れたのは、江川にとってこの初日の夜だけだった。

とりあえず着替え、投げていた

「カン、カン、カン」

警鐘のように響く物音で、江川は意識を呼び戻された。時計を見れば午前六時過ぎ。

起床は七時だったはずである。

なんだ、あと一時間もあるじゃないか。誰だ、変な時間に目覚ましをセットしたのは？

もう少しだけ寝ていようと思った寝ぼけ眼の江川は、ふと我に返った。

あの音、外から聞こえてきているよな。

パッ、と飛び起きて音のする方向に目をやると、ユニフォーム姿の人間が、二人、窓越しに確認できた。

長嶋監督と松本匡史だった。

「鳥かご」と呼ばれるバッティング専用のケージの中で、長嶋のアドバイスを受けながら、松本が打撃練習をしていたのである。

「四人くらいの相部屋で、誰も目覚まし時計なんて持ってきていなかったのに、自然と目が覚めたんです。松本さんはなぜか、左打席での特打ちを早朝から始めていた。その打撃音だったんですね。なんだろうと思いつつも、僕らは、『とりあえず着替えなきゃ』という感じで、ジャージに着替えて広場に集合したんです」

十八人が集合すると、体操をしたあと、長嶋を中心にして周囲を散歩した。

朝食を摂り、練習開始は午前十時。

投手陣の練習は、午前中は「ただひたすら」の投げ込み。

「初日は『とりあえず』という感じで投げたように思います。午後から、なにをやるのかも聞かされていませんし、高橋（善正）ピッチングコーチに言われるがまま、三百から四百球は、放ったんじゃないですかね。というか、初日の午前の記憶が定かではないんです。午後の印象が、強烈過ぎましたから」

昼食を挟んで、午後は二時から筋力トレーニングと陸上トレーニングが行われた。

ここから江川の想像をはるかに凌ぐ恐怖が、ベールを脱いでいくのである。

「キツいなんていう言葉は通り越したものがありました。たとえば腹筋はふつう、百回か、二百回くらいしかやらないんですが、高橋コーチが『三百回』と言うんです。投手陣は陸上トレーニング場のスタンドで筋トレをしたんですが、傾斜のある芝生に頭を下にして寝転んで、そこで二人一組でやったんです」

一回、一回、号令をかけながら行う腹筋トレーニングは、最近のプロ選手には馴染みのないやり方だろう。

江川らの時代には、ウェイト・トレーニングが全体的には導入されていなかったから、筋トレはもっぱら、みなで声を出しながらする、いわゆる〝軍隊式〟トレーニング。

いまでは学生の体育会でもなかなか見られないトレーニング法は、コーチ陣監視の下で厳密に行われた。

腕立て伏せ、背筋などもそれと同じ調子で繰り返された。

筋トレが終了すると、投手陣はバスに乗せられ、山奥へと連れて行かれた。

十五分ほどしてバスを降りると、そこは黄金色のススキがボーボーと生い茂る小高い丘。

その中に大きな轍《わだち》のように、土の道が一筋、上に向かって通じていた。見れば意図的につくったような高低差のあるデコボコ道である。

「馬場平クロスカントリーコース」と呼ばれるその道は、やはりモトクロス用のコースとしてつくられたものであった。

三十度の急斜面を駆け上がる

いきなり、ダッシュを命じられた。

「デコボコ道ですけど、斜面につくられているから、基本的には急傾斜の坂道です。そこを『ダッシュしろ』と言うんです。人は走らないところですよ、バイクで上がるために、つくったものですから。だから『ホントに上がるんですか？』って最初は聞いちゃったんですけどね」

スタート地点から見上げられるのは、三十度はあろうかという急傾斜の一本道。

それが二百メートルほど上まで続いているではないか。

目を丸くしているうちに、笛が鳴り、「よ〜いドン」。

江川をはじめ、西本聖、角盈男、藤城和明、鹿取義隆、赤嶺賢勇の計六人の投手陣が、言われるがままに全力で駆け上がる。

もともと江川は、短距離のスピードには自信があった。作新学院時代には、水道山と呼ばれる百三十一段の石段を毎日ダッシュして駆け上がり、それで、あの太い足腰——馬尻と呼ばれた——をつくりあげていたから、坂道ダッシュも得意の部類であるはずだった。

最初の百メートルあたりまでは、足がスムーズに回転し、スイスイと駆け上がることができた。

だが次第に、デコボコ道の起伏に足を取られ、もつれるようになってくる。膝が急に言うことをきかなくなり、前につんのめりそうになる。ほかの選手たちの姿は視界に入らない。

あと五十メートルほどだろうか、ようやくゴール地点が確認できたが、そこまで足が、思うように自分を運んでくれないのだ。

両腿は、なにか鉛のようなものでも注入されたように重くなり、その分、腕を余計に大きく振らなければいけなくなった。

すると今度は、その上半身の動きで心臓が圧迫されたように苦しくなる。口を大きく開けて息を吸いこもうとしても、背中が詰まったように酸素を受け入れてくれない。

それでもなんとか坂の上に辿りつくと、息は絶え絶えで意識が遠くなる気がした。

両太腿から臀筋は乳酸がたまってパンパンに膨れ上がり、肛門に、なにか物でもこじ入れられたような感覚が襲ってきて、居たたまれない。いわゆる「ケツ割れ」の状態である。

吐きたい、倒れ込みたい——。

だが、杉下茂、高橋の両コーチはデンと立ちはだかっており、休もうにも休めない。

それを初日に、十本も繰り返させられた。

最後の一本をなんとか上り切った江川が、膝に手を置いて中腰の姿勢を取っていると、容赦なく次の指令が出た。

「よ〜し、ここからタイム走だ！」

百メートルダッシュを十本と言う。

見れば高橋コーチは、ストップウォッチを手にしている。

「まず、恐ろしかったですね。僕らはふだんからダッシュはしますが、タイム走はあまりやらない。やっても、制限時間はみな同じ。でもあのタイム走は違ったんです。それぞれの最速が百メートル何秒かというのが、コーチたちの頭にインプットされているんです。

こっちは馬場平を走ってケツ割れしている状態なのに、そこから『ベストタイムを出せ』という要求なんです。ええ、どだい無理な注文なんですよ、ホント」

このまま眠りにつきたくない

ともあれ、どうにか初日の午後練習を終えた選手たちは、文字通り〝這う這うの体〟になって、宿舎へと戻ってきた。

スケジュールとしては、ここから入浴して夕食、夜の自主練習という流れが一応はあった。だが、リラックスできるはずの風呂の時間、薄っぺらくなってしまった腹を満たすための晩飯、一日の終わりに調整をする自主練習と、どれも江川にはロクな思い出がない。

午前の投げ込みのあとにやらされた走り込み、筋トレが、すべての体力と気力を奪い去ったあとなのである。

「お風呂はね、ゆっくりつかろうと思っている人は、誰もいなかった。体を横たえることのできる空間というか、みんな洗い場で、ドテ～ッと寝そべっているんですよ、大男たちがね。体にへばりついた土と泥を洗い流すだけの入浴なんです。だから風呂場は、泥と埃で真っ黒だったという記憶しかありません。

じゃあその後の夕食は天国だったかというと、そんなもんじゃない。疲れきって、体は動かないのに、ご飯が喉を通るわけありませんよね。それなのに監督の意向で、『ビール禁止』でしたから。夜は洋食メニューが多かったんですが、ビールでも飲んで食欲を喚起しないと、とても『食べる』という気になれない。だから、楽しいはずの夕食も、それどころではなかったんです」

こんな調子だから、夜の自主練習にも足は伸びない。ただただ、自室で「ダラッと」寝そべっているだけである。

そうこうしているうちにも、夜は更ける。二十二時の就寝時刻が、あまりにも早くやってくる。すると、寝そべっていたはずの江川が、「このまま眠りつきたくない」という心理状態に追い込まれる。

体はもう、眠りにつきたがっている。だが、眠ってしまえば、即、朝になる。朝になれば、また今日と同じ〝地獄の一日〟が幕を開けてしまう……。

それでも睡眠欲に抗うことはできないという、人間という動物の悲しい習性だった。

二日目以降、午前練習の投げ込みで、江川は、小知恵を使うようになる。

ブルペンキャッチャーとして伊東キャンプに帯同していた所憲佐《けんすけ》（現・長嶋茂雄マネジャー）は、次のように振り返る。

「午前の投げ込みは、江川は西本と隣のマウンドで投げていました。この二人はなぜか隣り合ってしまうんです。お互い意識はあったんじゃないかな。でも、隣に行こうとしたのは西本だったかもしれない。あるいは、高橋コーチがそう仕向けたのかもしれない。長嶋監督が日に一回は投球練習場に見に来るんで、そのときは必ず、江川と西本は隣同士でしたね。

ただ、黙々と三時間も投げ込んでいるあいだに、監督が視察されるのは、数分の一の時間。それ以外は、ミットを構える人間からすれば、江川は『抜いて』投げているのがわかるんです。まあ、たとえ抜いているとはいえ、『練習嫌い』というイメージの強い江川が、一日に三百球以上は投げ込んでいるんで、それだけでも異常だったんですがね」

体が強くないという防衛本能があった

当の江川はこう弁明する。

「一日、三百～四百は投げていたと思うんです。でも僕の意識としては、『そこでどれだけ抜けるか』なんですよ。というのは、午前中に目いっぱいやってしまったら、午後は到底、持たないんです。だから、一生懸命投げているようにして、抜くんです。正直に申し上げると、そうでした。

僕はね、たぶんコーチ陣や選手からは、『もっとやれば、もっとすごい成績を残せるのにな』と思われていたと思う。ただ、たぶん誰に言っても信用しないんでしょうけれど、子どものころから、あんまり体が強くなかったんですよ、腸が弱かったり……。

だから、自分がやり過ぎたとき、限界を迎えたときが怖いという気持ちがあって、それに対する防衛本能が自分の中にあったんです」

だが、幸か不幸か、ここで隣に西本聖という存在があった。

年齢にして江川のひとつ下であるが、七四年、ドラフト外で巨人軍に入団していた。

二軍での下積み生活を経て、徐々に一軍での登板機会を増やしつつあった生え抜きで、エリートの江川とは好対照な野球人生を送ってきた男である。

「西本があえて隣に来ていたのかな……わからないんですが、コーチ陣が、隣にさせたんではないですかね。ええ、彼というライバルがいますから、僕は抜いているとはいえど、ちゃんと体よく投げてはいたんでしょう」

所は「西本がいるから江川も投げざるを得なかっただろう」と言っている。

江川は西本の存在を、どう捉えていたのか。

「ええ、間違いなくライバルです」

こう言って、江川は続ける。

「彼のシュートは、ものすごかったんです。左ピッチャーのカーブよりも曲がる右のシュートなんて、見たことなかったですから。見ていて、『これは打てないだろうな』と思いましたから、それに勝つためには『自分もやらなきゃ』という意識は強かったですね」

隣の西本は、生来の気質か、つねに全力で練習に取り組んでいる。そして、江川のことを目の上のたんこぶと思ったかどうか、投げ込みの中でも、しきりにプレッシャーを与えてくるような気がする。

抜いて投げている江川を横目に、午前の投げ込みからして全力投球なのである。

西本に負けるわけにはいかない

「僕は、あんまり練習を見せるのは好きじゃないんですよ。だから、やるときは勝手に（人が見ていないところで）自分でやるからと。人が見ているところでは一生懸命やりたくないという気持ちが強いんです。でも西本は、僕とは正反対でした。人がいる、いない関係ないんです。ぜんぶ全力でやるというか、真面目にやる。僕なんかからすると『人が見てる前で、あんなにやってるように見せなくてもいいんじゃないの？』というのがありましたね。

でも彼はそういう意識ではなくて、人が見ている、見ていない関係なく、ファームから努力して上がってきましたんで、やって、やって伸びてきた経過の最中なんで、それを持続しているだけのことだったと思いますけどね。

だから、彼の頑張りには『負けたくない』というのがありましたね。いえ、負けたくないというより、『負けるわけにはいかない』という意識がいちばん正しかったかと思います。西本が『キツい』と思っていたかどうか、ぜひ聞いてみたいですよね、いまになってみれば」

西本が江川のことをどれだけ意識していたのかについては、西本の章で詳述することにするが、この二人のライバル関係について、長嶋茂雄はこう話していた。

「伊東キャンプの最中も、江川と西本は、お互いに腹に一物、持っていた。お互い『なんだ！』という思いをね。本当のライバルっていうのは、あのメンバーの中ではあの二人だけ。引退後もいまだにライバルみたいだけどね。西本のむき出しの姿勢があったから、江川もやらざるを得ない部分もあったかもしれないね。江川と西本がピッチング練習場で投げているときは、見に行っても黙って見ていた。

我々ＯＮはね、ライバルだとは思わなかったよ。ポジションも違うし、王と長嶋はタイプもまったく違ったから。でも江川と西本は、同じピッチャーでしょう。練習でも隣で投げるわけだからね、当然、火花を散らすでしょう。そういう競わざるを得ないシチュエーションに身を置かせることも大事なんだと、あのとき痛感したんですよ」

江川・西本の〝横並び〟関係の立ち位置は、長嶋の〝見えざる手〟が仕向けたものだったのかもしれない。

江川は「抜いていた」と振り返る午前練習だが、否応なしにふだん以上の力を出さざるを得なかったというのが、事実なのだろう。

自分の意志に反するところで、江川はそのポテンシャルを全行程で出さざるを得なくなっていく。マイペースを貫こうとする怪物が、なにか見えざるものの力で、体力・精神力のすべてを引き出される練習が、その後、繰り広げられていくのである。

午後の陸上トレーニングも、日に日に激しさを増していった。

「二日目からも、相変わらず腹筋は三百回からスタートしました。スタートしましたというのは、最初に高橋コーチが言うのが、『よーし、腹筋三百！』と号令をかけるからです」

その高橋の言葉に、誰かが、

「エーッ！」

と、不満をこぼした、ボソッとコーチには聞こえないように。

ところが高橋はそれを、待ってましたとばかりに、

「じゃあ、四百だッ！」即座に百回増える。

そんな具合に、回数がどんどん加算されていく。選手はムキになる。

なにクソ、じゃあやってやるよ！

それが日増しに回数を上げていった。

ある日は「五百回だ、お前ら」となり、ある日は「七百だ、できるか!?」となった。

「八百だ」「エーッ!?」

「じゃあ九百」「なんだ、それッ!?」

丁々発止のやり取りは、ついに「一千！」と高橋に言わしめるまでに回数を伸ばした。

「もう、正直、僕らも頭にきていたんです。やめさせてくれないし、ずっと連日、同じ練習ばかりさせられている。疲れていて体はキツいし、でも、全員が終わるまで、やめられない。『一千！』と言われたときには、もう闘いですよね、コーチに言われて引き下がっていられるかという。最後のほうはもう、体なんか上がらないんです、でも気力が上回っている。だから、できちゃうんですよ。いま思えば、どうしてできたんだと不思議なんですがね」

投手コーチだった高橋善正は、当時のやり取りをこう振り返っている。

「監督が『血反吐はかせて』というんだから、やるしかない……練習は実際に厳しくやらせた。走るだけでなく、腹筋や背筋も鍛えた。腕立てや足上げも死ぬほどやらせた。メニューがきつくて、練習中に手を抜く選手がいた。それを許さなかった。ひとりの手抜きで、メニューを追加した……練習で手抜きをする選手は皆無になった」（著書『情熱野球で勝つ「言葉の鉄拳」』より）

馬場平の坂道をダッシュした後の百メートルのタイム走も、こんな調子でどんどんハードルが上がっていったと江川は言う。

ケンカするようにダッシュした

「コーチ陣には『江川が何秒で走れるか』というデータはインプットされている。その『何秒』をクリアできないと、一本に数えてくれなくなりました。最初バーッと走って、最後ちょっと流したときに、それでタイムを切れないと、『はい、いまのなし！』です」

選手からすれば、

「ふざけんな、一生懸命やってんじゃねえか」

逆にコーチからすれば、

「一生懸命やってないじゃないか、タイム切ってないんだから」

どんどん本数が増えていく。

個々のキャパシティが、無理矢理にも引き上げられていく。

「ケンカという言葉がいちばん当てはまりましたよね。変な意味ではなく、そういう意識でないとできなかったんです。大人しく、『はいそうですか』と聞いていては、とてもじゃないけど、持たなかったはずです。

コーチに対して、選手が文句を言ったら、当然ダメでしょう。ダメだけど、ケンカ腰でお互いが、一体になっていくんですよね。向こうは心を鬼にして強く言っている。こっちは『負けてたまるか』というぶつかり合いです。変なケンカではなく、心の中からの叫びですからね」

得てして、そういうときは、どんなに肉体が疲れきっていても、不思議とタイムをクリアできてしまうものなのだという。

「出るわけない」ではなく「出る」のだ。そしてそれこそが、選手をわしづかみにして、潜在能力をグイと引き出していったのである。

「出るんですよ。やらないと終わらないわけですから。二十本でも三十本でも待っていますからね、出なければ。技術的なことではないんです。もう精神的なことで、心づくりみたいなものなんです。どこまで耐えられるか、どこまでやれるか。コーチ陣もたぶんそうですよ。『どこまでやるんだ、コイツら』という。僕らも『どこまで言うんだよ』という闘いですよね。だから心に残っているんですよね、ハンパじゃなかった……」

「やらされる」から「チャレンジ」へ

それは江川の学生時代も含めて、それこそ、作新時代の水道山特訓も含めて、例を見ない厳しさであった。

「高校のときも確かにキツかったんです、ええ。でも、根本が違う気がする。高校のときは名門校なら誰でもがやらされるようなキツさであり、僕らプロ入りした選手なら、みな経験がある。でもそれは所詮、『やらされる』キツさなんです。

でも、そういう『やらされる』キツさを高校―大学と経験してきて、プロに入り、それで飯を食っていかなければいけないという中で、僕らの一選手としての自立意識はすでに形成されている。その時期に、およそ同年代の連中が『やらされる』メニューを『やる』練習へと変えていった。コーチ、そしてその上にいらっしゃる長嶋監督に『チャレンジしている』意識になっていきました。そこが伊東キャンプの〝異質さ〟だったと思うんです」

それは、なにも投手陣だけのメニューに限った過酷さではなかった。

別メニューながら、江川は野手陣のグラウンドでの特訓を目の当たりにしている。

辛いのは自分たちだけじゃないという思いを痛感した、いくつかの光景が忘れられない。

「夕方、僕らがヘトヘトになって、馬場平から宿舎に戻ってくるとき、朝からバットを振り続けている松本さんがまだ、変わらぬ形で振り続けていた。VTRか、デ・ジャヴかと思うくらいに同じ場所にずっといるんです。

一日中バットを振り続けているので、バットから手が離れなくなっていたんです。ようやく練習が終わるとき、手の感覚なんてとっくにないから、周囲の人に『剝がして』と頼んで、バットから指を一本ずつ、ひき剝がしてもらっていたんです。

それからね、監督も日が暮れるまで、内野陣のノックを続けていた。中畑さんなんか文字通り、千本は受けていたんだと思う。夕暮れ迫るグラウンドに、最後まで残っている。中に、捕球できたときがあると、ある瞬間、中畑さんはあろうことか、監督めがけて返球したんです。

『監督めがけて投げる』なんて、ふつうそんなこと絶対にできないですよ。でもその光景が不思議じゃないほど、監督と中畑さんも〝ケンカ〟していたんだと思う。人間、限界を超えたら、打った人に投げるのは不思議じゃないんだなと思った」

そして、自分たちがいま連日にわたって経験している地獄のキャンプの特訓をもって、江川は、長嶋の「月夜の千本ノック」の伝説が実際にあったものなのだ、ということに妙に納得がいったのである。

「ふつう、思いますよね、『そんな、千本も取れるわけがないだろう』と。でも、あのキャンプを通じて、『ああ、長嶋さんは実際に千本やったんだな』っていうのが理屈じゃなくわかったんです」

青年監督・長嶋も若かった。

朝は松本の特打ちに付き合い、フィールドでは日が暮れるまで中畑たちをノックで絞り上げた。馬場平にも顔を出した、そして自ら走った。

「エネルギーに充ち溢れていたんですね。若かったし、馬場平も走ったんですよ。あのコースは、引退した人はとても走る気になんかなりませんよ。それを一度、監督も走りました。僕らも僕らで、監督に対して怒鳴るんです。やはり選手に比べたら、遅れることになりますから、僕も『ちゃんと走れよ！』と言ったのを覚えている。

ふつうの状態ではなかったから、そんなことが言えたのかもしれません。でもそれが変じゃないんですよ。ただのキャンプじゃなくて、毎日が監督以下、コーチングスタッフと勝負していた日々でした。だからこそ、あれだけの練習をしたのに、誰一人、故障もせず全員がクリアできたのではないかと」

二十五日間に及んだ〝地獄の伊東キャンプ〟を経て、参加した十八選手たちの多くはそれぞれ、一軍の主力選手として定着していくこととなる。

明けた八〇年。長嶋巨人は前年の五位から飛躍して三位とAクラス入りを果たした。

しかし、若手を救い上げたはずの長嶋は、ここで電撃解任となる。

伊東キャンプがなかったら優勝できなかった

江川らヤングジャイアンツの活躍で巨人が日本一に輝くのは、八一年、藤田元司監督体制になった初年度のことだった。

「もちろん伊東キャンプがなかったら優勝できなかったと思うんです。参加した全員が全員、そう言うと思います。自信になったと思うんですよ。『ほかの連中、こんなにやってないでしょ』っていう意識がすごく強かったから、それはものすごく大きかったと思うんですね。

練習というのは面白いもんで、『誰も自分以上にやっていない、自分がいちばんやっている』っていうのはすごく自信になるんです、試合中、ある場面までいくと。たとえば満塁になったときに、バッターはバッターボックスで、よく『無心になる』といいますが、なんで無心になるかというと、自分がやってきているので、負けるわけがないという意識が無心にさせるんです。

ピッチャーもそう『あれだけやってきて、走りこんだりしてきたんだから、このバッターが俺のボールを打てるわけがない』と思えるかどうかなんですね。それは練習しないと思えないこと。やってないことがあると不安になってしまうんです。でも、僕らは伊東キャンプをやってるわけですから、それ以上、よそがやってるわけないんですよ。だから、ある場面になると絶対に勝つんです。そうみんなが思えたことが日本一につながった」

ここまで淡々と話してきた江川の口調に、感情がこもっていた。なにも問わずとも力強い口ぶりでスイスイと言葉が出てくる。

「野球を離れたあとにもそれは当てはまるんです。ああいうキャンプを越えてきたときに強くなるということは、野球だけじゃなくていろんなことにも共通するんだと思う」

江川が伊東キャンプで得たもの。

それは引退後の彼の生き方においても、大きな糧になったというのである。

だとすれば、ここで我々が江川の言で耳を傾けたいのは、野球人以外の人にとっても、この江川の経験をそれぞれが、自分のどこかに当てはめて考えられる共通部分にこそある。

江川は「ええ、ええ」とうなずいて、一人、話し出す。

あきらめないことがキツい

これはね……サラリーマンの方もスポーツ経験の有無に限らず言えることなんですが、「限界」と思える到達点は、AさんもBさんも、Cさんもみんな同じなんですよね。

人間の身長が一メートル七十センチ前後で、五メートルという人がいないのと同じように、だいたい似ていると思うんですよ、人間の意識というのは。

そんな中で、「こりゃキツいな、ダメだな」と思うときは、横に並んでいる人も、その横の人も、みんなそう思っているものなんです。そこで差を分けるのは、もうちょっと頑張れるかどうかだけだと思う。「ダメだ、もういいや」と思った瞬間に、ほかの人に負けてしまう、という意識を持つことができれば、「もうちょっと頑張ってみよう」という意識になる。

成功ってのは、あとからくっついて来るんだと思います。僕はそれをスポーツで経験しただけで、なんでもそうだと思います。

受験勉強でも、受かる、受からないっていう差は一点ですよね。どこかで線引きがあるわけですから。それは、眠いけれどももう一時間、みんな寝るけどももう一時間、やってみよう。それで一点足りたら受かるし、足りなければ落ちるんです。

つまりは「もう一問やってみよう」という差だと思う。それくらいしか差はないと思っているんです、人間っていうのは。走っても、泳いでも、ほんの少しの差だけなんです。僕らはたまたま、伊東キャンプという機会でそれを経験した。一般の方はまた別の形で、「ああ、ダメだ」っていう苦しいところを、乗り切るにはそれしかないかなと。我々は「形」で見たので、わかりやすいですよね。一般の方は形が見えにくいかもしれないけれど、誰にでも、どこかにあるはずなんです。

怖いのは、一回あきらめてしまったら、次に同じような状況が来ても、またあきらめてしまうということ。あきらめるのって楽なんですよ、あきらめないのってキツいんです。

その、楽なところを通るか、キツいところを通るかの違い。みんなそうだけど、楽にはなりたいですよね、キツいところを通りたくないですもんね。それが形となったのが伊東キャンプだったと思うんです。

だから伊東キャンプというものを、みなさんが自分の生活に当てはめていただくと、よくわかると思います。「人間は安きに流れる」ということは否定しませんから、キツいからよかった、とは決して思わないんだけど、僕らは通ったんですよ、そこを。

でもあのとき挫折していたら、「伊東キャンプのことは話しません」っていう心理になっていますよね、途中で自分だけ帰ったりしていたら。四十年以上経ったいま、こうしてお話しできるのは、あきらめずにキャンプが終わるまでやり通せたからなんです。

日本一になってチームの一員に

ここで江川はひとつ息を整えた。

その江川に、伊東キャンプが自分の人生にとってどのような存在のものであったのか、と聞いてみる。

少し目線を外して沈黙したあとに、江川はこう話しだした。

「そうですね……なににたとえたらいいんでしょう……。山でも川でも、塀でもいいんですが、見た瞬間は、越えるのが無理だなと思うものでしたね。それを登りきった、泳ぎきった、乗り越えた、そういうものだったと思います。

やっているときは、まったく無理だと思っても……まあ一日目はそう思いましたね、『これは続けるのは無理だな』って。でも、最終的にやり遂げたときに、思い出として、あの山を登りきったという意識。ああいうものが人生の中で『あってよかったな』というふうに、いまになって思えるものですね。

それはみんな、アルバイトをやっていても、『理に適わない、違うな』と思うことを言われているとしても、我慢してやってみて、『ああ、経験としてよかったな』と感じることがあると思うんです。そういうのと似ているんじゃないでしょうかね。最初は無理かなと思っても、やってみるというのが大事。無理を無理だと思っていると、いつまでたっても無理なんです。

傍から見ていて『無理だな』と思う伊東キャンプを、登ってみて越えたときには、意外に低い、乗り越えられたじゃないかと思えるものになっていた。高いと思っていた塀も、乗り越えた瞬間に、あまり高く感じないというのは、自分の成長だと思うんです。大きくなっているから、あまりそう感じなくなっていると思うんですね。人間って、その繰り返しなんじゃないかと。それを最後までやるのが人生なんじゃないかなと思います。

それを我々は伊東キャンプというひとつの形として乗り越えた。終わったあとに『日本一』を与えてくれましたんで、無理だと思っても、チャレンジは必要だよということじゃないでしょうかね。

我々はそれを経験できたんで、ほかの世界で生きている方もそういう場面があったら、『もう一回チャレンジしてみたらどうですか』というのが、伊東キャンプが教えてくれたことですね。途中でダメになっても、チャレンジしてみることは面白いと思うんです。意外にうまくいったとき、成果は大きいですからね」

　先述の通り、江川は巨人軍入団に際して、汚名ともいうべきレッテルを貼られてしまっている。到底ぬぐえないだろうその悪名をいつ返上できたのかというと、彼に言わせればそれは、

「日本一になったときにようやく、チームの一員になれた」

　ということになる。

　優勝した八一年のハワイ旅行で、初めて江川はジャイアンツにチームメイトとして認められた、本人はそう実感したのだと。

　そしてそれは、伊東キャンプを乗り越えられたからこそ、得られたものだったはずだと。

心の中の伊東キャンプは誰にでもある

「ええ、僕は日本一になって、ようやく周囲の目線が変わりました、その後、長いことやることができましたから。なにより大きいですよね。

　誰も口をきかなかった人間が、みんなと仲良くなれたんですから。あの入団の経緯を考えたら、あり得ないことですから。そういうことを考えると、なにかが起きるということですよね。入団のときは、もう一生、家から外に出られないと思いましたからね。そういうことを経験した人間が、言うんですから、一度、チャレンジしてみるべきではないですかと。

　みなさん日常の中でも、『キツい』と思ったら、『これは江川たちが経験した伊東キャンプなんじ

ゃないかな』と思っていただけたら、いいかもしれませんね」

心の中の〝伊東キャンプ〟は、誰にでもある、そう江川は言うのだ。

ただし、こと野球に関して言えば、いまの選手や指導環境の中に、伊東キャンプ当時の〝地獄の特訓〟を輸入することは、どだい不可能であるとも江川は見ている。

「いまの選手がやったら、コワれちゃいますよ」

と。しかし、同じ特訓はできないまでも、これからの野球人の育成に関して、それと同等のことを教えることは可能なのではないかというのは、江川の持論でもある。

「いまの時代はたぶん、あの時代の練習法をやる時代ではないと思いますので、子どもたちには『憧れ』を見せるというのがすごく大事だと思います。

たとえばイチローという選手が、プロに入ったときは二軍でいたわけですが、それがメジャー・リーグで後に記録をつくる人間になったんですから、どう辿ってきたのかというプロセスを教えてあげれば頑張れるのではないでしょうか。

我々がなんで伊東キャンプができたかというと、それはジャイアンツだったからです。伝統を引き継いでいかなければいけないという意識がものすごくありました。『ここで終われない』という。そういうONのように、みなの憧れになる人が、『初めからそうではなかったんだよ』ということを教えてあげると、『あの人もそうだったんだ』と思えると思う。イチロー君も、相当あったでしょうからね。

頭ごなしに『こうだ』というのが難しい時代になっていますから、丁寧さが必要です。世の中がインターネットですべてのことがわかってしまう時代になっても、その部分だけは、わからないと思いますね。結果は見えても、中にどういう苦労があったかは見えにくいものですから、それを人の言葉として教えていってあげないと、難しいんじゃないかと思います。

指導者としてユニフォームを着た経験がないのに、こんなことを言うのはどうかと思いますが、いちばん難しいのは『わかってるだろうな』っていうのがいちばん怖いということなんです。『これはこういうことだから、こうなるんだよ』というのを説明してあげないと、やってない人にはわからない。いまは、『どうしてそうなるのか』という説明をしていかなければいけない時代に入ったんだと思います。それは監督なり、コーチがそうならなければいけない。

結果＝成功ばかりを見てしまってはダメなわけで、原点に、プロセスになにがあったのかを説明してあげなければいけない。そういう部分を伝えていくことが、後世に伝わっていくことになる。長嶋さんが、かつてアテネオリンピック野球日本代表監督に就任された際、日本代表の選手たちに向けて『伝道師』という言葉を使われたのは、たぶんそういう意味を込めてのことだったんだと思いますよ」

江川卓がここまで熱く語る人間だということを、ここで初めて知った気がした。それどころか、一気に話した最後に、長嶋の「伝道師」という言葉を引き合いに出した際、江川の目は、心なしか潤んでいるようにも見えた。

「僕も伝道師の一人だと思っています」

七九年の伊東キャンプで、長嶋は若手メンバーを登用し、ジャイアンツ日本一への礎を築いた。それから二十五年を経た〇四年のアテネオリンピックでも、初めてオール・プロで臨む宿命を背負った日本代表チームを若手中心で編成し「君たちは野球界の伝道師になってほしい」と夢を託した。長嶋は無念、病に倒れて本戦のアテネの地を踏めなかったが、アテネ日本代表の多くがそのまま参加した〇六年の第一回ＷＢＣ（ワールド・ベースボール・クラシック）を日本は制覇し、世界一を戴冠した。

その一連のムーブメントが、近年の日本人プレイヤーが世界を舞台に活躍する源流であったことに、異論をはさむ余地はないだろう。

そう考えると、長嶋茂雄の終始一貫した信念が、伊東キャンプから数十年を経た現役世代に受け継がれているのだといっても過言ではないのではないか。

こう切り出すと、江川は二、三度頷くようにして、こう言った。

「長嶋さんは、とにかく野球が好きなんです。野球というものを愛しているし、野球を愛する若者が、子どもたちが、いっぱい出てきてほしい。現役のころから、監督になってもそうだったと思います。それを世界に向けて発信すべき時代になりましたから、そういうところでも、みなさんの子どもたちの目を、野球を通して世界に広げていく、そういう感覚でやられたんだと思います。

それは我々が教わった長嶋さんとなんら変わりはなくて、野球の素晴らしさと同時に厳しさも教えてくれた。『厳しさがあるから、いつかご褒美をくれる』ということを我々は内面から教わった。テレビの画面から伝えられた世代もいる。そういったものを人に伝えていく使命があるのが伝道師だと思います。苦労があるから成功がある、ということを教わった我々は、後輩たちに教えていく義務があるんです」

最後にひと言、江川はこうつけ加えた。

ええ、もちろん、僕も「伝道師」の一人だと思っていますよ――。

第3章

西本 聖

プロ通算百六十五勝。江川を上回る数字を残した西本聖。（写真＝産経新聞社）

江川・西本の二枚看板はいかに生まれたか

西本聖《たかし》のことを、人は〝ストイシズムの男〟と呼ぶ。

実際、彼の野球人生はそのストイシズムを発揮しなければ到底、乗り越えられない大きな壁との闘いの連続であった。

二人の兄がそれぞれ、名門・愛媛県立松山商業高等学校で、甲子園優勝、準優勝という輝かしい成績を収めていたが、自身は一度も甲子園の土を踏むことができなかった。

一九七四年、ドラフト外で読売ジャイアンツに入団。

ドラフト一位で鳴り物入りで入団した定岡正二が球界の〝アイドル・スター〟として、もてはやされるのを横目に、黙々とファームで練習を重ねた。

一軍に定着しようとしていた七九年には、「空白の一日」事件で世間を賑わせた江川卓が〝幕下付け出し〟で巨人に入団し、先発ローテーションの座のひとつが自動的に埋められた。

Ｖ９以降の〝強いジャイアンツ〟を象徴する「江川・西本」の二枚看板は、ここから互いに鎬《しのぎ》を削っていく。

八一年、日本一に輝いた年のハーラーダービーでは、十八勝を挙げ初めて沢村賞を獲得したが、同年、江川に二十勝を先に挙げられた。

八七年、パ・リーグの二年連続・通算三度の三冠王としてロッテオリオンズから中日ドラゴンズに移籍してきた落合博満と、西本は開幕投手として対決し、全打席全球で〝伝家の宝刀〟シュートを放るピッチングで四打数一安打に抑え、技と気迫の名勝負と称賛された。

八九年、中日ドラゴンズに交換トレードされると、移籍一年目に自身初の二十勝を挙げた。

中日を自由契約となり九三年にオリックス・ブルーウェーブに移籍するが、契約更改での交渉のもつれから一年で自由契約に。

九四年、入団テストを受けて長嶋茂雄率いる古巣の巨人軍に復帰するも、一度も一軍登録されることのないまま、同年シーズン終了をもって、現役引退した。

あるときは目の上のたんこぶであり、あるときは、行く手を阻むハードルであり……つねにその標的を壊さなければ自身のポジションを確立できない状況に、西本は置かれていた。

言ってみればそれは〝逆境〟である。

その逆境さえなければ、もしかしたら彼は、「なぜ、そこまでして——」と人に言われるようなストイックさを披露する必要など、なかったのかもしれない。

だがもしそうだった場合、現役生活十八年という長い年月をプロで過ごし、通算百六十五勝を挙げるという大投手になることも、なかったかもしれないのだ。

だから、彼にふさわしい表現をするとすれば、こうなるのではないか。

《人がなかなか遭遇することのできない逆境に身を置くチャンスに恵まれ、そこから、這い上がるために努力し、研鑽《けんさん》を積むことによって、持ち前のストイシズムを代名詞にした男》

では、その西本にとっての伊東キャンプとは、なんであったのか。

それを解き明かす前に、まずは彼の〝伊東以前〟に起きた数々の出来事から、紐解いていかねばなるまい。

江川をして「僕にあの根性があったらなあ」と言わしめた西本は、幼少時代、後のストイシズムの片鱗もないような〝甘えん坊〟で、高校時代に二度も脱走したような〝弱虫〟だったのである。


五六年、西本聖は漁師の父・友五郎、母・マチエの七人きょうだいの末っ子として愛媛県松山市の離島、瀬戸内海に浮かぶ興居島《ごごしま》に生まれている。母はすでに四十歳を超えていて、当時とすれば、かなりの高齢出産であった。

長男の聖三は野球で松山商業に、二男は大相撲で三段目まで進んでいる。三男の明和は松山商業のエースとして夏の甲子園で準優勝投手となり、六六年のドラフトで広島東洋カープに入団（後に故障と内臓疾患で引退）。四男の正夫は六九年の夏の甲子園にファーストで出場し全国優勝を成し遂げている、まさに野球・スポーツ一家であった。

「三男の兄・明和が準優勝した甲子園に、僕は小学三年生で応援に行っているんです。いまも忘れないのが、甲子園のあの大観衆。独特の雰囲気の中での『中京高校×松山商業』の決勝戦に、酔いしれました」

自分もこの甲子園に来たい

そして中学一年生のとき、四男の兄・正夫が、三沢高校との延長十八回引き分け再試合の末に、優勝を果たしている。

「その中学一年のときですよ、それまでは、ビー玉、缶蹴り、メンコ……子どもの遊びばかりしていた僕が、野球をやりたいと思ったのは。『自分もこの甲子園に来たい』そう強く感じたのは、遅かったんです。野球も、興居島で育った島っ子ですから、三角ベースくらいしかやったことがなかったんです」

年の離れた兄たちの活躍を直接見る機会は、せいぜい試合のときだけだった。

それは、暮らしている興居島が松山港から二キロほど離れた離島であり、松山商業に進学するということは〝故郷〟を離れて市街地で暮らすことを意味するためだった。

「幼少のころの僕の記憶は、ほとんど、親父とお袋との三人暮らしというものです。市街地に住んでいれば九人家族で暮らせるけれど、進学すればみんな家を出ていく、という流れでした。小学校のころまでは、『正月になると知らない人（兄たち）が家に帰ってくる』という程度のものでしかなかったんです」

両親が年齢を重ねてから生まれた末っ子。漁師の親子三人での暮らしは、一人っ子同然だったという。

野球を始めたころも憧れは兄だったが、ジャイアンツ戦以外は広島カープの試合もテレビで放送されない。だから憧れた選手はというと、

「当然、長嶋さんになります。銭湯の下駄箱も『1』と『3』が必ず最初にふさがるような時代でしたから」

興居島中学で野球を始めた当初、サードを志願したのだが、チームにピッチャーが不足していたことからバッティングピッチャーを任された。

そこで投手の才能が開花し、興居島中学二年時には、長兄の聖三以来二十年ぶりに松山市大会で優勝。ここで西本は二日間で四連投している。さらに三年生のときには一試合で十五個以上の三振を奪う速球派として活躍した。

しかし、このときすでに、肘の関節ネズミ（離断性骨軟骨炎）が発症して、一時は肘が曲がったまま伸びなくなるほどだった。

「手術が必要だと言われたんですが、体にメスを入れるなんて痛そうだから『嫌だ』と言って受けませんでした。痛みもなく、その後も大丈夫でしたから、そのままにしていたんです」

上の兄たちにならって、高校は松山商業に進学。初めて親元を離れて、入寮生活を送ることになった。甲子園の常連校である同校の練習は当然、厳しいものだった。西本が野球で、いや、人生で初めて受けた洗礼であった。

「練習内容は、いわゆる軍隊訓練そのものの連帯責任制でした。それは松山商業が、守りのチームだったからです。シートノックでは、野手に順番に回ってきて、誰かがエラーした時点で振り出しに戻る。それを延々と繰り返すんです。

一人の者が二度、三度と続けてエラーしたら、大変なことになる。『もう一回お願いします』で再開できれば儲けもの。コーチの機嫌が悪いときは、コーチはバットを置いて部室に帰ってしまいます。エラーした人間はそれを追いかけて、『失礼します』と部室に入ります」

多いときで二百人ものギャラリーが見守る中、部室から、怒号と制裁のイヤな音がもれてくる。グラウンドに残された人間は、直立不動でただ見守るだけ。

ようやくコーチと、顔を腫らした部員が部室を出ると、また最初から練習が再開される。ピッチング練習は、一日六百球も投げ込んだという。そしてその後に、ランニング・トレーニング。

「愛媛県と高知県の県境まで、片道二十キロ以上は優にある距離をランニングさせられるんです。午後一時に二列になって出発して、ノンストップで帰ってくると、夜の七時でした」

片道二十キロを往復すれば、四十キロ。フルマラソンに等しい距離を走らされれば、足は凍りついたように固まって動かなくなり、倒れる人間も出たという。

漁師の父の屈強な足腰を受け継ぎ、屈指のスポーツ一家に育った西本は、体力的にはその〝軍隊式〟トレーニングについていくことが可能だった。

尻バットではなく顔を殴られた

しかし末っ子の甘えん坊に育った彼にとって、耐えられないのは練習以外の〝しきたり〟だった。膨大な雑用と、練習後の先輩部員による〝説教〟である。

「松山商業には『白糸、黒糸、針三本』という下級生の三つ道具が伝統的にあり、先輩のユニフォームが破れれば、すぐに縫わなければいけません。練習前にユニフォーム、スパイクなどをキチンと揃えておくのも、下級生の役目。朝のグラウンド整備から、ナイター照明を使っての夜練習が終わるまでのすべての雑用をこなさなければいけませんでした」

そして、重箱の隅をつつくように、先輩はなにかにつけて後輩を呼びつけ、説教が始まる。

「正座一時間は序の口です。殴られるのも、だんだん慣れてくる。でも、蹴られるときは運動靴の底で蹴られるから、返しで紐が当たって痛いんです。ピッチャーは腰を痛めるといけないから、尻バット（正座の状態の足のあいだにバットをはさんで座らされる拷問のような状態）はなかったんですが、代わりに顔を殴られました……」

それらが嫌で、西本は下級生時代、なんと二度、脱走しているのである。

「意味もなく殴られる理不尽さですよね。父母に甘やかされて育った僕でしたから、根性もないし、努力もしたことがなかった。厳しさに耐えられなくなって、脱走するような学生時代だったんです。いま考えれば、甘えもいいとこでしたね」

だが一年時にすでにエースの存在だった西本は、チームの後援者や高校の先輩でもある兄・正夫らに説得されて、渋々チームに戻るのだった。

〝やらされる〟練習を、厭々こなしていた西本は、結局、高校球児としての華々しい成績を収めることができなかった。周囲の期待に応えられず、三年生の夏の予選で準々決勝敗退したとき、人間が変わる。

「それまでは、嫌で流す涙だったり、弱気で流す涙だった。でもこのとき、僕は初めて、悔し涙を流したんです」

父母の喜ぶ顔が見たかった

わがまま放題で育った末っ子にも、当然、親孝行しなければという思いはあった。

兄たちと「三人で甲子園、優勝、準優勝」という記録を残したいと考えていたし、興居島で夫婦二人だけでひっそり暮らしている父母の、喜ぶ顔が見たかった。

「とにかく、『一回くらいは甲子園に連れて行ってくれるだろう』という期待を込めて学費も部費も出してくれた親の期待を、僕は裏切った。その悔しさがこみ上げてきた」

七月の暑い夜、同期の部員たちと戻ってきた合宿所で、西本は泣き明かした。

翌朝、それぞれが荷物をまとめ、自室を整理して寮をあとに、寂しい帰郷の途についた。チームメイトの中には、これでグラブを、バットを置く者もいた。進学して、野球を続ける意志のある者も、しばらくは、受験勉強に勤しまなければならない。それまではできなかった恋人とのデートを楽しんだり、厳しい環境から解放されて、食い道楽で太る者もいた。

しかし、西本ひとり違った。

興居島から学校へと通うことになった初日、フェリーに乗っている十二分間を、重い鉛の入ったシューズで爪先立ち、電車の二十分間も爪先立ち、学校までの徒歩を爪先立ちで通い出した。授業が終わると学校から松山城までの一キロを走り、天守閣までの百三十二メートルの石段を、駆け上がった。

学校からの帰り道は、行きと同じ道程を爪先立ちで引き返し、夜になると興居島の砂浜に出た。そして、もうすぐ還暦を迎えようとしている母親を担ぎ出し、ダッシュを延々と繰り返した後の腹筋や背筋を、補助してもらった。

指立て伏せを五本から始め、四、三、二……最後は親指一本での指立て伏せが、できるようになっていた。

見違えるようにと言うのか、目が覚めたようにと言うべきか、西本は変わった。〝やらされる〟練習を卒業し、自ら選んで、進んで〝自分を追い込む〟練習へと目覚めたのだ。

それを本人は、

「涙との出会い……いや、悔し涙との出逢いだったんだ」

と表現する。

そしてそれは、逆境に身を置き、そこから這い上がる努力をするためのチャンスに、西本が初めて遭遇した瞬間であった——。

巨人に入れば長嶋さんに会える

甲子園に一度も出場できずに進路を決めなければいけなかった西本は、当初は明治大学進学か、就職しての社会人野球を考えていた。

しかし結局、ドラフト外で声がかかった巨人に入団を決めたのは、プロを経験している兄・明和の助言によるところが大きかった。

「ドラフト指名されなかった屈辱があるのはわかる。だが、大学に行っても四年後に、巨人に声をかけられるかわからないだろう。いまはなにも指名されなくても、入団して活躍できるんだ。お前が行きたいといえば、巨人に入れるんだよ。そこでどれだけ、お前を認めさせるかが大事なんだよ」

奇しくもそのころ、長嶋が現役選手を引退し、翌七五年シーズンから監督として指揮を執ることが決まっていた。

「巨人に入れば、長嶋さんに会えるんだ」

幼いころから憧れてきた人物に直接指導を受けることができるチャンス。

それも、逃してはいけないことだと西本は判断した。

そうして入団会見に向かうと、また新たな〝逆境〟に身を置くチャンスが待っていた。

「僕は球団関係者の指示で、二列目の正面の位置に並びました。緊張してガチガチになっていると、その前に長嶋さんと、鹿児島実業からドラフト一位指名を受けた定岡が、ものすごいフラッシュを浴びながら、入ってきたんです」

会見での記者の質問は、当然のように定岡に集中した。

甲子園のスターで、将来のエース候補として長嶋と球団の期待を一身に背負う定岡と、ドラフト外で〝拾ってもらった〟格好の西本では、立場に雲泥の差があった。

ここで感じたのは「惨めさ」であったと西本は振り返る。

「定岡に五千万円以上も球団はかけているんですからね。僕はうまくいけば儲けものという程度。入団会見は、田舎の両親に誇れるようなものでも、なんでもなかったんです。ただ惨めでした」

しかしここで、後に〝鬼の寮長〟として恐れられる武宮敏明スカウト部長から、次の言葉をかけられている。

「いいか西本、プロに入ればドラフト一位もドラフト外も、みんないっしょなんだぞ。これからのお前を、長嶋監督は見ているんだぞ」

そして、西本は考えた。

これは、俺にとっての大きな出逢いなんだ——。

「十八歳という純粋な年齢で受けた、惨めさと悔しさでした。でも、これほど素晴らしい出逢いもないと。『確かに、いまの俺は光っていない。でも、定岡という目標ができたじゃないか。よし、夏からやってきた自己練習で培った精神力を、これから見せつけてやろう』と。

いまになって思うのは、人間というのは〝惨めさ〟や〝悔しさ〟を、いかに感じられるかの違いだということです。それを教えてくれたのが、定岡との出逢いだったと思うんです」

西本を評するときに真っ先に使われる〝ストイシズム〟は、ここから巨人で発揮されていくことになる。

七五年、長嶋巨人の初年度は、球団創設以来初めての最下位という不名誉な結果に終わった。

その年の一年間をずっとファームで過ごしていた西本に、十一月下旬からの多摩川での特訓参加の要請があった。

これは、長嶋から「若手投手を鍛えて伸ばす特訓を徹底的にやってほしい」という命を受けて、杉下茂投手コーチが指揮を執った練習で、定岡、西本はじめ、計六人の若手およびファームの投手が集められたものだった。

西本はこれを、「ある意味、伊東キャンプより厳しかったかもしれない」と評し、「伊東キャンプの原形だったのではないか」と振り返る。

「投手陣の練習なのに一球も投げない。ランニングしてノック、ノック、またランニング……これが延々と続きました。なぜこんなことをされるのか、わかりませんでしたが、それが十二月二十八日まで一カ月もずっとつづいたんですね。

あとになって考えれば、ああいう密度の濃い練習を一カ月、若手や二軍選手だけでやらせたとき、どのようなものになるのか、言ってみれば、後の伊東キャンプの試金石として、長嶋さんが試したことだったような気がするんです。実際、何度か長嶋さんも視察にいらしてましたからね」

伊東キャンプの試金石のような練習がここで行われていたとなると、興味深いものがある。伊東は七九年、巨人が五位と下がった年のシーズンオフのこと。

その四年前の段階で、長嶋の頭の中には、伊東キャンプの素案になるようなものが芽生えていたということになるのだ。

最初の立ち位置は敗戦処理

ところで西本は、明けた七六年シーズンはおもに二軍で過ごし、一軍の試合はわずか一イニングだけの登板で失点三の成績。

七七年シーズンから、一軍での登板機会が増え始める。

その年は四十七試合に登板して先発七回で八勝五敗と、まずまずの成績を残した。

翌七八年は五十六試合中、先発十二回で四勝三敗と、先発の機会は増していった。

「僕の立ち位置は敗戦処理が多かったんだと思います。当時は月給十二万円の世界でした。年間で百四十四万円。でも投げれば投げただけ三万円の手当がつきますから、喜んで投げた。それでようやく給料の最低保証まで手が届くような状態でした。ようやくプロとして、仕事として野球で生活できるようになってきたころだったんです」

さらに七九年には、「空白の一日」事件を経て、江川卓が電撃入団した。

「江川さんが入団するとなって、開幕までが嫌でしたね。誰か一人、先発ローテーションのポジションを奪われるんですから。僕はようやく先発の機会が増えてきたところで、『今年こそ』という飛躍を誓っていた。そこに江川さんの加入だったんですから……」

この段階での西本は、まだ江川を、自身の反骨精神を掻き立てるための〝逆境の対象物〟としてみなすことができていない。

〝食っていかなければならない〟という「現実」にしがみつこうとしていたこの年、西本は、逆境をバネにして這い上がるという本来のモチベーションを見失い、歯車が合わなくなっていた。

それに真っ先に気づいたのは、ほかならぬ、長嶋であった。

七九年八月一日。広島市民球場での対広島戦で西本は先発登板した。

七対一とリードして迎えた七回裏、事件は起こった。先頭打者の三村に対して、デッドボール。続く二人を打ち取って二アウト二塁。

ここで打者・萩原にまたもデッドボールを当てたのだ。

さらに、続く衣笠祥雄の背中にもボールを当て——肩甲骨亀裂骨折で全治二週間と診断——、一イニング三死球というセ・リーグのワースト記録をつくってしまった。

当然、大乱闘となり、捕手の吉田は退場して山倉和博に。

しかしなぜか、西本は続投を命じられ、打者・木下に、レフト・中井康之の頭を越える走者一掃のタイムリーツーベースを打たれた。

西本はようやくここで降板したが、続く投手陣もこのムードを抑えられず七対七の同点に。

八回裏の山本功児のソロホーマーで勝ち越すものの、九回裏一死三塁のピンチで登板した角三男（現・盈男《みつお》）がワイルドピッチで同点とされ、結局、八対八という大荒れの引き分け試合を演じてしまったのだ。

巨人軍が宿泊する広島市内の世羅《せら》別館に到着したのは、すでに夜十一時を回ったころだった。

西本と角は、監督室に呼ばれ、正座した。

するとそこに、風呂から上がってきた長嶋が、腰にバスタオルを巻いただけの格好で、近づいてきた。体からも、頭からも湯気が出ていた。

真っ赤な鬼の形相の長嶋から、うなるような鉄拳が西本と角の顔面に飛んだ。

何発も、何発も。

なんで逃げるんだ！　勝負しろ

長嶋茂雄マネジャーの所憲佐によれば、「バチーンという音が、旅館中に聞こえていた」のだという。

西本は振り返る。

「長嶋さんはこう言われました。『お前ら、なんで逃げるんだ！　命まで取られるわけじゃないだろ。勝負しろ』と。僕は、考えが根本的に間違っていたことに気づきました――」

そのころの西本は、打たれたら二軍落ちだと思っていた。だから、打たれたくなかった。

もしもストライクを投げて、打たれたら、一軍には残れない。二軍はイヤだ、打たれたくない、ボール、ボール……。

それは、〝逆境〟に置かれることを〝チャンス〟だと感じて、そこから這い上がる鍛錬を重ねてきたストイックな西本の姿とは、似ても似つかない弱気の虫の姿だった。

「向かっていったら、もしかしたら打たれるかもしれない。でも打たれなかったかもしれないじゃないかということ。プロで生きていくには、消極的に技術で切り抜けるのではなく、逃げないで、結果を恐れずに向かっていけということ。そこで得ることのほうが大きいんだからと。

僕は失敗したくなかったから、守りに入った。それが長嶋さんには言語道断だったんです。だって長嶋さんは、デビュー戦で金田（正一）さんに四打席四三振を喫しましたが、ぜんぶ空振り三振ですからね。長嶋さんにとっては『逃げる＝負け』なんですよ」

西本は目が覚めた。

それ以来、マウンド上で一切、笑顔を見せなくなった。

「真剣に投げて、打たれて、笑ってなんかいられない。仕事で立っている以上、プロは、笑ってはいけない。人生をかけてやってきた野球、それが西本の人生なんだから。誰になんと言われようが、僕はもう笑わなかったんです」

こうして、〝ストイシズムの男〟は醸成され、研ぎ澄まされていく。

「すごいな」と思ったのは江川だけ

西本はシーズン後半で持ち直し、結果的にこの七九年は四十四試合に登板し、先発十七回で八勝四敗。初めて勝利数が敗戦数の倍になり、ローテーション入りの投手としては一定の成績を残した。

そして、いよいよ伊東キャンプを迎えることになる。

西本にとって、この〝地獄の伊東キャンプ〟こそ、文字通りの独擅場《どくせんじょう》となった。

「聞けば、若手だけを集めて、徹底的にシゴくんだと。僕はそれを聞いて、嬉しくてうれしくて、しょうがなかったんです。『長嶋さんから、もうひとつのチャンスをもらった』というふうにしか、僕には思えなかった。入団一年目に多摩川でシゴかれているんだから、アドバンテージがあるし、チャンス。もっとうまくなれる場所だと」

横道に逸れそうになった七九年のシーズンに、長嶋の〝愛の鉄拳〟で本来意志を取り戻していた西本は、ここで目の前に、新たな、そして最大の目標としてドッカと立ちはだかっている存在が、江川卓であることに初めて気がついた。胸が躍った。

江川は高校時代から〝怪物〟の異名をほしいままにし、ドラフト一位指名を拒否して話題になり、巨人入団をめぐる「空白の一日」事件は社会的に関心の高い事項になった。

世間の中心にいる江川の存在は、もっともわかりやすい〝頂点〟を意味するものであった。

すでに定岡を「超える」という一定の結果を出すことができていた西本にとっては、ほしくて、ほしくてたまらない、新たな〝逆境〟の対象物だったのである。

「高校時代から、一歳上で『すごいな』と思ったのは江川さんだけだった。あんなバッターの手元でホップするようなボールを見たのは初めてだったんです。

そんな人が一緒に合宿するんですから、僕にとっては、ありがたいこと。世間に認められている江川さんに勝つことが、自分の価値観を確立する最大のチャンスなんですからね」

ブルペンでは、当然のごとく、真横のマウンドを陣取った。

江川が投球を終えるまで、絶対に自分の方が先にマウンドをあとにすることはなかった。

江川が「抜くしかやっていられない」と言った投げ込みは、西本にとって、

「抜いちゃったら、俺じゃない」

正反対のモチベーションが、パフォーマンスになって表れる。

それを横にすれば、天才の江川だって、適当にアガるわけにはいかない。

この鍔迫《つばぜ》り合いは相乗効果となって、ブルペンは連日、燃え上がった。

ここでやらないと自分を証明できない

午後の投手陣の練習は、おもに陸上トレーニングだった。

馬場平でのダッシュと延々と続くランニング、そして腹筋、背筋の〝強筋〟でも、西本は一切、手を抜かないことを誓って、完遂した。

「ここを頑張れば江川さんを抜けるかもしれない。抜けるのか？　抜けるよ！　こう言い聞かせれば、辛いことが、嬉しいことになってくる。『もう一本！』と思えてくるんです。

人間は本来、素晴らしい潜在能力を持っていると思う。僕はそれを、自分で追い込むことで引き出したんです。だから、一切、手を抜こうなんて考えもしなかった」

それは過去に幾度もあった〝逆境〟をはねのける作業の中で、つねに意識してきた西本の信念、いや、むしろ〝教義〟ともいえるものなのではないだろうか。

「人間ね、人に言われて追い込むのは嫌でしょう。でも、自分で大きな夢や目標を掲げて、それを

乗り越えるのは、楽しいことではないけれど、苦痛だけれど、嫌ではない。『イヤイヤ』どころか、勇気が出ますよね。

『ここでやらなければ、自分を証明できない』。そのモチベーションに、いかに自分を持っていけるかが、自分を成長させられる大きなポイントだと思うんです。『やらされた』感覚の人がいるんだとすれば、僕にとっての伊東キャンプは、そこが根本から違うのかもしれない」

　ところで、そのように自身を追い込むことで、ある種の恍惚状態ともいえるテンションの高さを維持してきた西本のストイシズムは、他の選手からすれば、いささか常識を超えたものでもあったようだ。

　江川はそれを、

「人がいる、いない関係ないんです。僕なんかからすると『人が見てる前で、あんなにやっているように見せなくてもいいんじゃないの?』というのがありましたね」

　こう独特な言い回しで表現した。

　しかし西本自身は、

《世の人は、我を何とも言わば言え、我が為すことは、我のみぞ知る》(坂本龍馬)

　この境地で「我関せず」だったようだ。

　後のことになるが、ある年のグアムキャンプで、エース格になってもなお、西本はその信念を貫いている。

「グアムでは十時に全体練習が始まり、昼過ぎには終えて、午後は自由時間でした。ファンの女性と選手が一緒に海岸を歩いている横で、僕はランニングしていました。周りが遊んでいてくれればくれるほど、自分が差をつけるチャンスだと思った。僕は、そういうふうに思う人間なんです」

するとその夜、チームの要のある先輩に呼び出され、こう言われたという。

「ニシ、お前のやってることは、すごいよ。プロとして認める。でもみんなに合わせろよ。みんなが休んでいるときは、お前だけ練習するようなことはするなよ」

チームの輪を重んじるその先輩にすれば、「みんなで足並みを揃えてこその、組織じゃないか」となる。これはこれで一理あるが、西本はそう言われたこと自体が寂しかったのだという。

「プロはやっぱり、自分がこうなりたいっていうのが最優先じゃないかと思う。僕は自分の中での最高のものを求めていたいから、時間があれば、なにかうまくなるチャンスがあるなら、といつも狙っていた。それを傍から見れば『変わっている』と。

僕は思ったんです。その先輩が若い連中に『遊んでばかりいないでもっと頑張らないと、アイツに追いつけないぞ』と言ってくれれば、チームのためになるのにと」

やり遂げた満足感が

そこに価値を置く西本だからこそ、伊東キャンプでも、周囲に気兼ねすることは一切なかった。

その西本から言わせれば、ライバル・江川に対しての見方は次のようになる。

「抜くっていうのも、江川さんのいいところなんですよ。天才は努力しない。ほかの人が一生懸命努力してもできないことを、できちゃうのが天才だから。逆に、江川さんは『伊東キャンプで努力した』とおっしゃるかもしれないけど、僕からしたらそれは、努力のうちに入らない。物差しが違うからそれでいいんです。もしもね、江川さんが僕くらい努力しちゃったら、僕は絶対に敵わないんだから」

オフの日にも外出する前にはランニングし、夜も自室で練習。

春のキャンプでも門限まで居残り練習してきたし、グアムでもランニングをやめなかった。陰日向なく人の何倍もの練習量を重ねてきた西本の選手キャリアだったが、さすがに伊東では、自主トレをする余裕まではなかったようだ。

「たとえば松本さんが鳥かごで打っているというのは、音ではわかりましたけど、それを気にしている余裕なんてなかったですね。自分のことで精一杯でしたから。みんなそうだったかもしれないけれど、部屋に帰ってもユニフォームを脱ぐまでに五分以上かかった。それは心身ともに疲れ切っているから。僕はあのメニューの中で、人より出しきることを目標にして、その中で最高のパフォーマンスを出せたとは思っているんです」

その強すぎるまでの自我をもつ西本も、最終日の練習が打ち上がると、やはりある種の一体感と感激が押し寄せてきたという。

「やり遂げた、という満足感ですよね。みんなが苦しんで、耐え抜いた。それぞれの思いの中で、やっと今日で終わったと。だから自然と涙が出る雰囲気になりましたよね。それは連帯感というか、やった者にしか味わえない気持ちというかね。僕自身も、自分を追い詰めることができたことで、あらためて自信になりました」

では、伊東キャンプの段階で、ライバルである江川を抜くことはできたのだろうか。西本は即座に「それはない」と言って、続けた。

「勝ち星で抜いてこそ、初めて『抜いた』となると思っていましたから。後に中日で二十勝を挙げて、江川さんに並んだことはありましたけど、同じシーズンの勝ち星では抜けなかった」

西本が二十勝を達成したのは、八九年に捕手の強化を狙った巨人が中日の中尾孝義の獲得に乗り出し、交換トレードで移籍した初年度のことだった。

「僕は放り出した巨人を見返してやろうと思っていました。捨てる神あれば拾う神あり、ではないけれど、移籍した中日では、こう言われたことがあります。『ニシ、なんで星野さんが獲ってくれたかわかるか？　お前がやってきた姿勢を、若い選手に見てほしいからなんだ』と。こう言われれば、嬉しいものですよね。

巨人に「放り出して損した」と思わせたかった

かつて江川さんには、こんなことを言われたことがあります。『ニシ、十八でも十九でもダメだぞ。二十勝しなよ。二十勝は違うぞ』と。それから江川さんは先に引退されましたから、今度は『通算で抜こう』と、このモチベーションになっていくんです。僕はそのふたつの数字をもって、巨人に『放り出して損した』と思わせたかった」

そして、中日―オリックスと経て通算百六十五勝を挙げ、江川の勝ち星を抜いた。

九三年にはオリックスを自由契約となったが、それでも現役生活をあきらめなかった。ちょうど同じタイミングで、長嶋茂雄が巨人の監督にカムバックすることが決まっていた。すると西本は、なんとトライアウトを受けて巨人再入団を果したのである。

結果、このシーズンは一度も一軍に昇格することは叶わなかったが、引退試合として用意された多摩川グラウンドでの、定岡正二率いる『アウト・オブ・ジャイアンツ』と、西本のプロ野球有志チームとの対戦では、背番号『90』をつけてマウンドに上がった。

七回を投げ切ったあとに、場内アナウンスが意外なことを告げた。

「ピンチヒッター、長嶋――」

すると主賓の長嶋がジャンパーを脱ぎ、セーターとスラックス姿でバッターボックスに入った。

西本の初球をフルスイングした長嶋は、自身の現役最後の打席を再現するかのように、ボテボテのサードゴロを打ち、両腕を振って一塁に疾走した。

「野球を始めたときに憧れた長嶋さんに、プロの初年度から指導を受けた。最後も絶対に長嶋さんの下で働きたいと強く願った。そして引退試合で『90』をつけさせてもらった。僕は、最高の野球人生を送らせてもらったんです。つくづく幸せな男だと」

期待されながら甲子園出場を果たせなかった高校時代に始まり、巨人入団時の定岡との待遇の差、ようやく巡ってきた一軍ローテーション定着のチャンスでの江川の入団、中日への交換トレード、そして入団テストでの古巣復帰……。

現役生活でのどんな場面においても、西本はつねに、見える、見えないにかかわらず、なにか大きな壁や障害を設定し、自分の立ち位置を〝逆境〟とみなすことで、そこから這い上がる努力を重ねてきた。脇目もふらずに、自己の信じた道をひたすらに突き進むストイシズムは、まさに求道者そのものであった。

いま、その選手生活やその後の人生において、伊東キャンプはどのような存在のものだと、自身で捉えているのだろうか。

「それは……野球人としての自分のポリシーに、自信を持たせてくれたのが、伊東キャンプだったと思います。『もうこの辺でいいんじゃないかな』と思う弱気な自分がいたとき、自分に問いかけてみればいい。『なんのためにお前はやっているんだ?』と。

人間は苦しければ楽をしたくなる。でも、その人の持つ夢や、その夢を持つに至る悔しさがあるからこそ、苦しみに立ち向かっていける。それを乗り越えられる。僕のその信念に基づいた生き方の背中を押してくれる存在でした。

それには、僕にとっては前も見えない、足元もおぼつかない状況で臨んだキャンプではなかった、ということが大きいと思います。一年目で多摩川があって、長嶋さんに三年目で殴られて、いくつかの経験を経た後のキャンプだったからよかったんだと思う。その後のことを考えれば、引退して、コーチになって教えてきたことは、あの伊東で自信をつけさせてくれたこと、そのものなんです」

西本は引退後、評論家として第二次長嶋政権の宮崎キャンプを訪れ、こう問うたことがある。

「監督、あの私が殴られた広島でのときのように、そしてその後に、伊東キャンプで指導していただいたときのように、いまの選手にも厳しく当たられたらいかがですか？」

もうあんな練習はできない

長嶋はこう応えたという。

「うーん、ニシ、いまはもう、あんな練習はできないんだよ。あれの半分もやったら、いまの選手はつぶれるだろうな」

しかしながら、西本自身にとっては、それら長嶋の厳しくも温かい鬼の指導があったからこそ、野球人生をここまで追求できたのだし、その後にコーチングスタッフとして球界に残り、若い世代の指導をできるに及んだのだという自負がある。

「あれを経験している僕らは、いいものは伝えていきたいし、教えられたことはプロの後輩にも、教えていく義務もある。ミスターの思いを残さなければいけないんです。

僕らは、伊東キャンプを通じて、球界の中での新しい歴史をつくることに参加させてもらったんだから、次の世代に昔話ではなく、時代が変わっても失ってはいけない、野球の〝信念〟を伝えていくのが、使命なのではないかと思っているんです」

そして最後に、笑みを浮かべてこう言った。

「いまの若い連中にだって、殴ることがあってもいいと思いますよ、愛のムチならね」

目だけが笑っていなかった。

第4章

松本匡史

五回目の脱臼で「俺はもう、終わりだ――」

《私――――は、この手術の結果及び術後の経過がその後の選手生活にいかなる支障をきたすことになったとしても、手術を受ける一切は自己判断でのことであり、球団には責を問わない旨を誓約いたします》

目の前に提示された〝誓約書〟の空欄に、右手で握ったペンで署名すると、松本匡史は日本では例をみない移植手術が待つ病院へと向かった。

〝三歩進んで二歩下がる〟ようなそれまでの野球人生だった。

兵庫県・報徳学園高校で二年生までに二度、甲子園に出場するも、最上級生時には春・夏ともに

松本匡史は長嶋からスイッチヒッター転向を命じられた。（写真＝産経新聞社）

予選で敗退。

進学した早稲田大学では四年間で五十七盗塁と当時の東京六大学野球リーグ戦通算記録をつくるも、二年時の試合中に左肩を脱臼すると、それが癖になり在学中に計七度の脱臼。

日本生命への就職が内定していながら、長嶋茂雄監督の直々の勧誘で読売巨人軍に進路変更したのは、巨人の入団発表会見が始まる一時間前のことだった。

ドラフト五位で入団した初年度の七七年、開幕直後から一軍の試合に出場機会が与えられ、三割五分を超える高打率を示していたものの、七月の札幌遠征中にまた古傷を脱臼。

オールスター戦ファン投票のセカンド部門で一位だったにもかかわらず戦線離脱となり、出場はわずか四十九試合だった。

七八年シーズンは古傷の具合が気になって不振、六十七試合で打率二割一分二厘に甘んじた。

七九年三月、再起をかけるシーズン開幕直前の多摩川グラウンド。

二軍の練習でシートノックを受けていたとき、それまでとは〝決定的に事情が異なる〟脱臼が起きた。

「プロ入りしてからも五度ほど脱臼しましたが、それまでの脱臼はすべてバットを振っているときに起きたものでした。七七年の札幌のときは、抜けたような投球にタイミングが合わず、右手が離れて左手一本で振ってしまって、肩が抜けた。そんなようにスイングの際に抜けていたのが、とうとう、守備でも起きてしまったんです」

それはイレギュラー・バウンドした打球を処理しようとグラブをはね上げたとき、肩がポーンと下から突き上げられるようにして起きた脱臼だった。

イレギュラー・バウンドをさばけなくなってしまったら、内野の要であるセカンド・ポジションなど、務まるはずがない。

《俺はもう、終わりだ――》

トレーナーに応急処置してもらっただけで、病院にも行かず帰宅すると、一人、蒲団をかぶって松本はすすり泣いた。

何日も部屋から一歩も出ず、夜になっても明かりもつけず、絶望に打ちひしがれながら引き籠っていた松本は、岩本堯《たかし》二軍監督から呼び出された。

松本は、それが最後通告なんだろう、とうとう来たんだ、とあきらめていた。

しかし岩本監督が言ったのは、

「思いきって、手術してみたらどうだ――」

聞けば球団は、職員に肩の脱臼手術に関しての情報を集めさせていた。腰骨の一部を小さく削り取り、肩の患部に埋め込んで外れないようにカバーするという手術方法は、米国ではアメリカン・フットボールの選手に比較的多い手術・成功例があるものだという。

岩本と長嶋監督が相談し、親交のある米国・ロサンゼルス・ドジャースに職員に連絡を取らせ、手術方法や成功の可能性まで調べ上げていたのだ。

一も二もなく、松本は首を縦に振った。

もうそれしか、この世界で生き残っていく可能性はないのだ。

長嶋監督と球団への、感謝の念も大いにあった。

「こんな自分にも、長嶋さんはまだ、チャンスを与えようとしてくれているんだ」

そして七九年五月、神奈川県鶴見区にある整形外科で、国内初の同移植手術が行われたのである。

「手術後の経過は良好でした。ただ、足も骨を削っているわけですから、リハビリは歩行訓練から始めなければならなかった。『本当に走れるまで回復するんだろうか』という心配もありました」

足、そして肩の長いリハビリ生活の末、松本が退院したのは、九月のことだった。

新生ジャイアンツの象徴に

五位と低迷してシーズン終盤を迎えていたチームに合流すると、松本は「秋に若手だけ招集してキャンプが行われる」という情報を耳にした。そしてそのメンバーの中には、どうやら自分の名前も入っているらしい。

まだ軽いランニング程度しかできなかったが、松本は嬉しかった。二軍チームの練習に参加して汗を流していると、マネジャーに、

「長嶋監督が呼んでいるから、すぐ行け」

と言われた。

すぐさま監督室を訪れると、長嶋は満面の笑顔で迎え入れてくれた。

「うん、どうだマツ!?　だんだん動けるようになってきたか？　そうか、そうか。日本で初のオペは大成功だったようだな、よかったじゃないか」

いま、練習に参加できるまでに回復してここにいるのも、この人のお陰だった。

それを考えると、涙が出る思いだった。

「肩の方はもう大丈夫です。走るのも、すぐにダッシュもできそうです！」

松本がそう宣言すると、急に長嶋は厳しく表情を引き締めて、話し出した。

「いいか、マツ。ジャイアンツはいま、ゼロからスタートする。その象徴は、マツ、お前だよ」

次に続く長嶋の言葉に、耳を疑った。

「なあマツ。俺はお前をスイッチヒッターにしようと思うんだ。ポジションも、外野にコンバートする。お前の足に、俺は賭けてみようと思っている」

ふつう、小学生や中学生、せいぜい学生の時分にトライさせるものであり、プロ入りしてからの成功例も、巨人の先輩で大ベテランの柴田勲や広島カープの高橋慶彦など、当時は数えるほどしかなかったのが、スイッチヒッターである。

それをいま、長嶋は求めているのだ。

この人の口から、なにが飛び出してもおかしくないのが長嶋だということは、松本もよくわかっていた。

これからの野球にはキミの足が必要

日本生命が内定していたのに、

「ひと目会いたいから」

と言われて面会し、口説かれて入団を決めてしまったときだってそうだった。

「松本クン、僕はね、キミの足に期待しているんだよ。これからの野球には、キミの足こそが必要なんだ」

大学では長打も飛ばしていたから、「足」にしか興味がないような口ぶりには正直、アレッと思ったが、なぜだかわからないけれど、この人に「キミが必要だ」と言われるとマジックをかけられたように、首は縦にしか振ることができなくなっていた。

しかしいま、素振りすらいまのいままで一度もしたことがない左でのバッティングを、これから会得しろと目の前の長嶋は言うのだ。

それでもやはり、「お前の足に賭けている」とは、殺し文句だった。

この人に言われたらしょうがない……。

そう思わせてしまうのだから、やっぱり不思議な人なのだ。

「はい、やってみます」

松本はその場で、こう言った。

それが、長嶋のマジックに松本がかかった二度目の出来事である。

帰宅すると松本は、それまで右手でしていたあらゆることを左手でやってみようと思い、トライした。もとより、この針に糸を通すようなチャンスを逃せば、もう、自分はおしまいなのだということは、承知の上なのだ。

手始めに、左で箸を持ってみた。

入院中の病室でプロポーズし、十二月には結婚式を挙げる予定だった妻・由佳は、なぜか左手に箸を持って、ポロポロとテーブルにこぼしながら食べている松本を見て、口をあんぐりさせている。

「じつは今日、監督から、スイッチヒッターに転向しろって言われたんだ」

「スイッチヒッターって、なんのこと？」

野球のルールがまるでわからなかった妻に、松本は説明した。

「……というわけで、今日からは当分、箸を左手で持つことにするから」

食事以外でも、大豆を買ってきて皿から皿へと左で持った箸で移す練習をした。さらにシャツのボタンをはめること、髭《ひげ》そり……考えうる左でできそうなことは、すべてチャレンジした。

窮地に立たされ絶対不安に苛《さいな》まれる者は、なにか強烈で圧倒的な強さにすがりたい、包まれたいという心理が働くものである。

たとえばある者にとっては、それが宗教であり、神だったりする。

だが松本には、長嶋茂雄という強力な〝父性〟が目の前で手を差し伸べていた。

最後のチャンスをモノにしなければいけないという悲壮感と、なんだか、あやつられているかのような少しの恍惚感。ふたつを抱えて向かったのが、松本の伊東キャンプだったのである。


鳥かご、とその道の人は呼ぶ――。

ピッチングマシンから十八メートル四十四センチ離れたバッターボックスまでを、緑色の鉄骨で囲い、その上から同じ色のネットですっぽりと覆った、巨大な直方体のことである。

秋の深まりつつあるこの時期の伊東は、まだ朝の陽が昇り切らないうちは深々と冷えている。澄んだ空気は乾燥していて、グラウンドの土も硬い。

いま、この伊東スタジアムのファール・ゾーンに設けられた鳥かごの中で律動している、一人の男の全身から熱い湯気が立ち上っている。

傍らで見守る男が時折、言葉を吐いているのが、彼の口から出る白い息でわかる。

鳥かごの中でスイングしている松本匡史と、外からネット越しに檄《げき》を飛ばしている、長嶋茂雄であった。

午前六時。

カン、カン、と小気味よく断続的に響く打球音が、宿舎で寝ている同僚と周辺住民にとっては、さながら目覚まし時計のような役割を果たしている。

もうこんな朝の光景が幾日もつづいて、当たり前になっていた。

バットを縦に振れの意味

「初日、移動して宿舎に着いた夜は、左で素振りをしていました。翌日の午前練習が始まると、私はいきなり、長嶋さんから鳥かごに呼ばれました。そして『打ってみろ』と」

生まれて初めて入る左バッターボックスで、松本のバットは当然のごとく、空を切った。

「違う、違うんだ」

すぐさま長嶋の怒声が静寂の地平に轟いた。

腰を素早く回転させろ、とか、コンパクトに腕をたたんでまずはバットに当てろ、というような左でのミートの仕方を指示してくれるのだろうと待っていると、ぜんぜん違う類の言葉がつづいた。

「いいかマツ。バットを縦に振れ！　上からバットを振り下ろして、球を捉えるんだ」

なんだか意味がわからないことを言われた。

松本がポカンとしていると、長嶋は目をカッと見開いて説く。

「いいか、来年から、後楽園球場は人工芝になる。マツ、お前はホームベースに打球を打ちつけるつもりで、高くバウンドさせて、その間にファーストベースを、ダーッと駆け抜けるんだ！」

松本は、ハイ、のひと言だった。

これが、長嶋が松本に施した三度目のマジックであった。

なにがなんだかわからないけれど、いまはとにかく、この人の言うことを聞くしかない。

言われたことができなければ、もう使ってもらえないんだということは、わかっていた。だから言われるがままにバットを振り下ろしてはみるものの、どだい、当たるはずがない。

「ふつうにスイングすれば、何回かやれば多少は当たるようになるかもしれないんですが、上から振り下ろせと言われても、当たらないですよね。もしも右打席で同じことをやれと言われても、当てるのは難しいと思うんです。

百二十キロくらいのマシンスピードですが、垂直にバットを振り下ろすんですよ。もし当たるとしても、ボールが来る直線と、スイングが直角に交わる本当にその一点しかないんですから」

この松本へのスイッチ打法の指導に関して、当時、バッティングピッチャーとして帯同していた所憲佐はこう見ている。

「松本以前にそういう叩きつけるバッティングをする打者はいませんでした。アメリカの野球事情に詳しかった監督は、人工芝でどれだけボールが跳ねるのかを見て、松本の俊足と結びつけたんだと思います。

『お前にホームランはいらない。叩きつけて三遊間にゴロを打てば、お前の足ならヒットになる。そうすれば確実に盗塁で二塁を盗める』と。後に活躍するイチローのセオリーの原理ですよ。それだけ監督には、先見の明があったということです」

鳥かごで二時間も上から振り下ろす空振りを繰り返し、それが終わると松本は、他の選手が順番に打っているシートバッティングに合流した。

ここでも、鳥かご同様、上から振り下ろすスイングを指示された。

中畑、篠塚らが快音を響かせ、きれいな直線を描いて打球を弾き飛ばす中で、松本のスイングはひとつもボールに当たらない、かすりもしない。

ティーバッティングになれば、他の選手は直接ネットに打球を放り込んでいるのに、松本が長嶋から指示されるのは、

「ワンバウンドさせてネットに入れろ」

周りを囲むマスコミからすれば、ずいぶん〝変てこりん〟な光景に見えたに違いない。この様子を報じた新聞の見出しには、「お嬢さんスイング」というものがあったし、総じて、「松本の復調はないだろう」という批評をされた。

ともあれ、まったく当たるはずがないそのスイングで、初日の午前練習は終わった。

松本は考えた。

《並大抵の練習量では、この難題はクリアできない。クリアできなければ、自分には道はない》

夜練習の素振りでは、他の選手たちが引き揚げた後も、一人、一時間以上も長くバットを振り続けた。そうしてすでに同僚たちが寝息を立てて——あるいは鼾《いびき》をかいている宿舎へと戻り、翌朝は早起きして鳥かごに向かう決意をし、吸い込まれるように蒲団に身をまかせた。

とにかく人一倍やるんだ

朝六時、眠い目をこすりながら蒲団をはねのけ、寝静まっている周囲を起こさないように静かにユニフォームに着替え、部屋を出て、鳥かごを目指す。

人一倍、とにかく人一倍やるんだ。

そうして冷えるグラウンドに出ていくと、すでに先客があった。

誰あろう、長嶋茂雄だった。

「なんでいるんだと思いますよね。でもいたんです。長嶋さんからすれば、私が朝、来るか来ないかと見ていたのかもしれない。でも私からすれば、『アーッ、しまった。先を越された』という思いですよね。とにかく『おはようございます』と叫んで……」

ダッシュして鳥かごに向かうと、昨日と同じ振り下ろしスイングが再開された。
七時になるころには、選手たちがグラウンドに下りてくる。
長嶋は鳥かごを離れ、選手を引き連れて周囲の散歩に出た。
松本は一人残って、鳥かごで当たらないボールに向かい続けた。
この日の朝の流れが日課になり、伊東キャンプ終了まで毎日、続けられた。
鳥かごは松本の〝貸し切り〟状態になった。

朝の鳥かご、練習時間のティー、シートバッティング、夜の素振り……。松本のスイングは一日千回を優に超えた。

江川卓によれば、練習中ずっとスイングしている松本の指はバットを握った形で固まってしまい、練習が終わると他の選手に引き剝がしてもらっていたのを見たことがあるという。

松本は言う。

「とにかくね、手の皮がボロボロに剝けてしまって、血が出るし、痛みも通り越えると感覚が麻痺します。手袋をしても、その手袋がすぐ破けますし、破れた皮膚とバットが血で癒着してしまうんです」

その、まさしく〝血糊〟がべっとりとついた、ボロボロに破れた手袋は、伊東キャンプ中、十二枚を数えた。

フライひとつ満足に捕れない悔しさ

スイッチが最大の課題だとすれば、もうひとつ大きな課題は外野へのコンバートであった。

午後の守備練習。

外野手は一カ所でのシートノックで右へ左へと動かされ、走らされる。コンバートが課題の松本は、その全体のシートノックが終わった後も、一人、ノックが待ち受けていた。

「これは何時間もやらされました。コーチの打ってくる球は、捕れそうで捕れないところばかりに飛んでくる。私は外野経験が皆無だったわけではないので、コンバートしてもフライなんか、簡単に捕れると思って高をくくっていたんですね。でも、ぜんぜん捕れないんです。やっと追いついたと思うと、ポロッとグラブから落ちるし。それは悔しくて、悔しくて……」

あるとき、延々とつづいたノックがようやく終わると、松本は外野につっぷしてしまった。

《俺はフライひとつ満足に捕れないのか――》

バッティングでは、いつまでたってもボールにバットが当たってくれない。

守備でもこんな体たらく。

悔しさ、惨めさ、不安……。

それらがいっぺんにこみ上げてきた松本は、グラウンドに這いつくばって涙を流していた。それを遠方に見ていた長嶋は、内野ノックの手を中断して、松本のところに両の親指を立てながら駆け寄ってきた。

「どうした、マツ。ケガか？　大丈夫か……」

そうして覗き込むと、松本の頬が涙で濡れている。

しばしのあいだ、松本の嗚咽《おえつ》が続いた。

それを黙って見守っていた長嶋は、ポツリとこう、つぶやいた。

「いいなあ、マツ、〝涙汗〟か――」

柔らかいその声を耳にすると、松本はいろんな感情がどこかにスーッと消えていき、温かさに包まれたような気がした。

伊東に来てはじめて、心が安らぐのをおぼえた。

成果の実感がない不安が

三週間を超える伊東キャンプで、江川と西本はライバル心をむき出しにして互いに切磋《せっさ》琢磨《たくま》し、二宮は、角はサイドスローを体得した。中畑はマンツーマンの長嶋のノックで魂の真剣勝負をし、打球の飛距離が格段にアップした……。

それぞれが有形無形の進歩と成長を遂げた中にあって、松本は、

「これといった成果は実感できなかった」

と言う。

それどころか、

「自信すらなく、伊東キャンプが終わってもシーズンが始まるまで、不安で不安でしょうがなかったんです」

では、松本にとっての伊東キャンプとは、なにをもたらしたものだったのだろうか。

まず、伊東キャンプ後のシーズン成績を見てみよう。

直後の八〇年シーズンは七十一試合に出場し、打率二割七分八厘、盗塁二十一とまずまずの成績を残した。

長嶋解任後の八一年シーズンから松本はセンターに定着し、百十五試合で打率三割三厘と初めて三割打者となり、盗塁も三十三で三十超え。

そして八二年は盗塁六十一、八三年は七十六と二年連続でセ・リーグ盗塁王となり〝青い稲妻〟の異名をほしいままにした。

三歩進んで二歩下がっていた男は、一秒間に地球を七周半する閃光にたとえられるまでに、変身したのだ。

後に目覚ましく活躍できる選手にするために伊東キャンプで長嶋が植えつけたのが、目に見える成果ではなかったということが、まず言える。

松本自身はこう振り返る。

「長嶋さんに言われた、上から振り下ろす打法は、技術論からすればふつう、ありえないんです。でも、気持ちでそれを、私はずっと心掛け続けました。ホームベース寄りに転がせばいいんだ、という意識が植えつけられたと思うんです。すると、徐々にその打法でボールに当たるようになっていくんですね。

実際にはふつうにスイングしているんですが、気持ち的にはつねに長嶋さんに言われたスイングを心掛けていました。三割を超えるようになり、盗塁王を獲ってからも、調子がいいときはそれが守られているときだったんです」

逆にその心掛けを忘れてしまうと、フライを打ち上げたり、ヒット性のライナーが、野手の正面をつくようになったという。

「引退が近くなったころには、周囲からよく言われましたよ。『いい当たりが出だしたら、マツは終わりなんだ』と。だから長嶋さんの教えは間違っていなかったんです。よく、スイッチにトライする人間が、いい当たりが飛ばせないからといって、簡単にあきらめてしまったりします。

でも私は、『なんで辞めちゃうのかなあ』と思う。なぜなら私は、〝いい当たりを飛ばす〟のとは逆の方法を指導されて、スイッチし、それで成功したんですから」

そして、伊東キャンプでは結果がまったく見えなかったにもかかわらず、その後も松本にひとつの打法を追求させ続けたことも、長嶋の先を見据えたプランニングであったといえるのではないか。伊東キャンプで〝不安〟が残ったからこそ、その先も松本は、目に見えない努力を続けることができたのだから。

彼は安打製造機になれる

長嶋は、伊東キャンプで松本に課したスイッチにまつわる指導を、こう振り返る。

「人工芝に叩きつければ、もともと持っているマツの俊足で、彼は安打製造機になれる。そういう、相手をキリキリ舞いさせるような痛快な一番バッターになってほしかった。松本の短所を修正するよりも、長所を伸ばしてあげようと思ったんです。

その分、マツへの要求は厳しいものになったかもしれないんですが、彼はよくついてきて〝自分の能力を最大限引き出す〟能力を身につけてくれた」

そして、「涙汗」と言った真意については、こんなふうに語る。

「生半可の特訓で、プロの選手が泣いたりしない。命をかけて取り組んで、でもなかなか結果が出ない。そんな中でも死に物狂いでやっていく中で、血と汗とともに流す涙は美しいと、私は思った。だからマツの涙を、私は〝涙汗〟と表現したんです。そういう汗を流している選手と、そうでない選手では、ぜんぜん進歩が違う」

松本は、自身の選手生活を振り返るとき、長嶋の施した指導とその真意が身に染みてわかるのだとしみじみ言う。

「伊東キャンプ以前の私は、いま振り返れば、ほとんど努力と無縁できてしまった選手生活でした。もしも手術していなければ、ケガのせいにして努力せず、数年で引退していたかもしれない。それを救ってくれたのも、長嶋さんでした。
それから、結果が出ないのに努力をし続けなければいけないというのも、長嶋さんに与えられた課題だったからできたと思うんです。じつは伊東キャンプ直前に長嶋さんに言われる半年以上前、最後の脱臼をする少し前ですかね、岩本二軍監督からも、スイッチを勧められたことがありましたが、そのときは『そんなの無理です』と断ってしまったくらいですから」

そして松本は、彼の人生にとっての伊東キャンプの存在を、

「自分の道を変えた一カ月間」

と表現した上で、こう言う。

「私は長嶋さんに教わることができたから、その後があったと思います。しかし、いまの若い世代や子どもたちには、長嶋さんではなく、私たちやもっと下の世代が、教えていかなければならない。長嶋さんから伝えられた〝道〟を、『長嶋さんだから』ではなく『私』や、ほかの誰からでも、これからの世代に伝えていかなければならないと痛感しているんです。それができてこそ長嶋さんへの恩返しなんだと思っているところです」

脱臼、手術……絶望の中で窮地に立たされ、長嶋茂雄という、力強く温かい〝父性〟に導かれて開花したのが、松本匡史の野球人生であった。

だがしかし、長嶋は一代限りのカリスマであって、教え子の誰しも、長嶋になることはできない。それでも、松本は松本として、師から伝授された〝たましい〟を次世代につなぐという命題を持ち続けているのである。

野球よりも就職を考える学生

八七年の選手引退後、八九年より巨人で守備・走塁コーチや二軍監督を歴任し、〇六年には東北楽天ゴールデンイーグルスでヘッドコーチを務めた。

巨人でのスカウト職を挟んで、一八年には一年間、プロ野球独立リーグ・ルートインBCリーグの滋賀ユナイテッドベースボールクラブの監督を経験。

そして二〇年四月、首都大学野球連盟所属の玉川大学硬式野球部・特別コーチに就任し、翌二一年より同監督を務めている。

「現役時代、長嶋監督にご指導いただいたのは、プロ選手として、プロ野球で活躍するための技術であり、精神でした。結果が伴わなければ、否応なく淘汰される世界です。しかしいま、私が指導するのは大学野球の学生たちです。

もちろん、プロを目指す選手を育てる目標もありますが、玉川大学から上を目指す者は、一割もいればいいほうなんです。最近の学生はおしなべて堅実で、各学年の部員に面接しても、ほとんどは、野球よりも就職を念頭に置いている」

物心ついたころから不況下の日本社会しか知らない世代の学生にとって、大学生活で求めるのは、夢より現実であるという。

しかし松本は、自身が受け継いだ長嶋の野球にかける精神が、いまの若い世代にも通ずることについて、あきらめてはいないようだ。

「長嶋監督から伊東で教わったのは『ゴロの打ち方』です。『ホームベースに打ちつけなさい』のひと言でしたが、伊東では一度も当たらず、結局、引退するまで当たりませんでした。ただ、その意識が、自分の中で『ああしよう、こうしよう』と試行錯誤を続ける習慣づけとなった。後々になって、そのありがたみに気づいたものです。

学生たちには、その〝意識〟をわかってほしい。私が観察していて、気づいた点は指導しているんですが、それをあれこれ考えて、やってみて、ダメで悩んで……という経験こそ大事なんです。それがチャレンジする意思になるし、答えが出なければ相談してほしい」

学生がトライして、うまくいかず、悩み抜いたうえで監督に相談する。そして監督は、正面から回答する。いまの学生に対しての向き合い方を、松本監督はそう捉えている。

「野球を通じて築いてほしいのは、生活力であり、人間力です。人生には、いいこともあれば、辛いこともある。人にどうこう言われるよりも、自分で考える。そして活かす。四年間の学生生活で、人生観を形成してほしいと思っています」

松本匡史はいま、道を伝えているのである。

第5章 角盈男

俺はダメだったんだ

新人王・角盈男《みつお》の化けの皮が、ものの見事に剝がされた。

それは〝二年目のジンクス〟などといわれる、生ぬるいレベルのものではなかった。


俺で大丈夫かなあ……、でもたぶん、なんとかなるはずだ。

そんな不安と期待でデビューした七八年のプロ初年度に、天を仰いでから大きく振り下ろす変則的な投球フォームと、そこからリリースされればどこに収まるかわからない荒れ球は〝いい意味〟で功を奏し、並みいる大打者たちの目をくらます効果をもたらした。

たとえば、広島東洋カープの山本浩二には、シーズンを通して一本もヒットを打たれなかった。

角盈男はキャンプでの投げ込みでフォームが固まった。（写真＝産経新聞社）

六十試合に登板して五勝七敗七セーブポイント。その成績によって、セ・リーグ新人王に選ばれたのだ。

自分でも半信半疑だけれど、なんとか通用するし、相手打者も打ち損ねてくれている。おまけに勲章までもらった。

俺でもやっていけるんじゃないか、そう、ここまでの野球キャリアの、すべてを我流で過ごしてきた、俺でも。なんとか、だましだまし、このプロ野球の世界で生きていける——。

そう思ったが、甘かった。一年目は振ってくれた荒れ球を、当然のごとく見送られる。思うところにボールが決まらない。焦れば焦るほど、手元が定まらない。フォームが安定しないから、どこに投げたらいいのかも判断できない。もうマウンドで、なにをしたらいいのか、わからなくなってくる……。

一イニング四連続四球というセ・リーグのワースト記録を二度も出した。そして、ついたあだ名が〝ノーコン病〟。やっぱり、俺はダメだったんだ——。

そのシーズンオフに伊東キャンプが開催される年、後にジャイアンツのリリーフ・エースとして活躍する角盈男の置かれた立場は、そんなものだった。

「もともと僕の投手としてのキャリアは、我流なんです。そう、誰からも本格的なピッチング指導なんて受けたことがなかった。小学校から始まって、中学、高校と進んでもね」

東京・恵比寿で自身の経営する昭和レトロのバー『m-129 スナック・バール』のカウンター越しに、百八十三センチと長身の角が背を傾けて、こう言う。

一九五六年六月二十六日、角盈男は鳥取県米子市に生まれた。

男ばかりの三兄弟の末っ子だから、「三男」と名づけられた。

長嶋、王に憧れて二人の兄にキャッチボールをしてもらって過ごした小学生が、

「巨人の星になりたい――」

と願うようになったのは、長兄が中学三年生の若さで病死してしまった小学五年生のときのことだった。

小学校の野球チーム――リトルなどの少年団ではなく草野球チーム――に入ると、恵まれた体格に目をつけてピッチングを指導したのは、監督である用務職員だった。

六年時、全国小学生健康優良児大会に県代表で選ばれたとき、すでに百七十二センチの身長で、全国の同学年一だったという。

進んだ美保中学校はプロ野球で三百五十勝を挙げ〝人間機関車〟といわれた大投手、米田哲也の母校だったが、角が入学したころの同校は、野球部の活動は熱心ではなく、監督はノックもまともにできなかった。

しかしここで、角はピッチャーで四番として、県大会優勝に導く活躍をみせている。

米子工業高校時代は一年時にチームが甲子園に出場するも、自身は補欠選手でアルプススタンドから声援する役目だった。

最後の夏の県大会では鳥取西高校に対し大乱調で敗退。

三菱重工三原に就職して社会人野球の世界に身を投じることになった。

「一年目に与えられたポジションは、投手ではなく一塁手でした。ピッチングより打撃を買われての入団だったんですね」

ところが二年目にはチームの主力投手がプロ転向、引退などで一気に手薄になってしまった。

投手失格の烙印を押されたとばかりに落胆していた角に、もう一度チャンスが巡ってきた。ここで、投球練習中になんの気なしに投げたボールが捕手の手元で落ち、結果、チェンジアップを修得して武器になった。

七六年夏の都市対抗野球予選ではチームは敗退したが、優勝した広島マツダの補強選手に選ばれ、後楽園球場の晴れ舞台に立った角は快投を演じ、準決勝進出に貢献した。

棚ボタの新人王

そこに目をつけた読売巨人軍からドラフト三位で指名を受けるが、三菱重工三原のチーム事情もあって七七年は一年留任し、その秋のドラフトで巨人に三位入団する。

「アマチュアでのキャリアの中でも僕は制球力があったわけではなかった。いいときはいいんですが、ボールが定まらなくなると極端に崩れてしまう。プロ一年目は、半信半疑のなかで投げてみたら、たまたま歯車がうまく嚙みあったという結果だったんだと思う」

プロに入れば初対戦の打者ばかり。

自分も緊張するが、相手打者だってこの新人投手がどんな球を放るのか、皆目、見当がつかない。真上から投げ下ろされる剛球がズバッと差し込んでくるかと思えば、次の球はとんでもなくコースを外れたりする。

荒れ球がセ・リーグの主力打者を幻惑し、成績以上に風変わりなその投球法が注目され、あれよあれよという間に、新人王に輝いた。それは、〝棚ボタ〟の受賞だった。

「自分でも、嬉しいっていう感情などではなく、『嘘だろ？』っていう。いい意味の誤算で、本当にこんなにうまくいっていいのかなという思いもあった新人王でした」

しかし、自他ともに〝だましだまし〟やって成功していた角の我流のピッチングでは、ボロが出るのも早かった。

二年目のシーズンに入ると、前年は振ってくれていたはずのボールを、平気で見逃される。一度フォア・ボールを出すと途端にコントロールが利かなくなり、ボール、ボール。置きに行った球をジャストミートされて大量失点を生む。負の連鎖が角のマウンドでの居場所を奪っていく……。

「一年目は不安定ながらも、僕のいいところばかりを周囲は見てくれた。でも、二年目は、それがそっくり剝げ落ちてしまった、そういうことだったんです。もちろん、立て直しをしようとするんですが、ボールが手につかない状態で、『安定したピッチングをするにはどうしたらいいんだろう』という疑問ばかりが先に立って、なにも進まないどころか、後退ばっかりだった」

二年目のジンクスとは、もともと高い投球技術や、制球力を備えた選手が陥るスランプのことである。

しかし生まれてこの方、我流のピッチングを通してきた、いや我流で過ごすしかない環境だった角には、一年目の成績自体が、ビギナーズ・ラックの枠を一歩も出ないものだったのだ。

築き上げたとばかり思っていた〝新人王〟は、砂上の楼閣でしかなかった。

この七九年シーズンの八月一日、対広島戦で、一イニング三死球というワースト記録をつくった西本聖の後を受けて登板した角もまた、負の連鎖をそのまま引き継いで、ワイルドピッチで同点にされた。

宿泊する世羅別館で、腰タオル一丁の長嶋茂雄から西本と二人で、鉄拳制裁を受けたのだった。

「監督は、正座している二人のあいだを行ったり来たりしながら、顔の前を通るたびに、バチン、バチンと」

長嶋はそのとき、

「お前ら、なんで逃げるんだ！　命まで取られるわけじゃないだろ。勝負しろ」

まさに鬼の形相だったが、角にとっては心が痛かったという。

監督は泣いていた

「監督の負けたときの振る舞いというのを、ベンチで僕らも度々見ています。甲子園の火鉢を思いっきり蹴りあげたり、帰りのバスではカーテンを引きちぎったり……そういう監督の激情の振る舞いが記憶にありましたから、殴られても仕方なかった。

でもそれ以上に、あのときは怒っているというより泣いているように感じられたんです。『どうして俺の気持ちをわかってくれないんだ』と、半分、悔し涙を流しながら、叩いているような顔に見えました。見返してやりたいという気持ちもあるけれど、じゃあ、なにで見返すことができるのか、『いまの俺のピッチングじゃあ、とても……』っていう、歯痒くて、ふがいない気持ちばかりでしたね」

この出来事の後、西本は持ち直して、三連続完投で三連勝するなど活躍の兆しを見せたが、角のノーコンは一向に変わらなかった。

とうとう九月には、ファームに落とされた。

「ああ、俺は監督の期待に応えられなかった落伍者になってしまった。もう二度と、浮上できないかもしれない——」

持ち前の反骨精神でピンチをチャンスに変えた西本は一軍に定着してシーズンを終えた。

この年に入団した江川卓には、スピード、球威、コントロール、すべて一級品の素質で埋めようのない差を見せつけられていた。

片や、何度も登板の機会、挽回のチャンスを与えられながらストライクひとつ満足に取れないでいた角は、ファームで絶望の淵を彷徨《さまよ》っていた。

そんな角にもたらされたのが、秋のキャンプ開催と、自身がその開催地である伊東に招集されるという報であった。何度も期待を裏切った弟子に、飽きもせず最後のチャンスを与えたのは、もちろん長嶋茂雄である。

投げ込みで自然とフォームが固まる

投手コーチの杉下茂と高橋善正は、投球フォームを変えればまだ角はなんとかなると考えていた。顔が天を向くまで上体をそっくり返らせて振り下ろす角のオーバーハンドだが、リリースの前にはなぜか肘がたたまれて、下がった位置から投げ込むというフォームになっていた。肘が不安定なままだと、当然、球離れがバラバラになって制球力が悪い。

我流の欠点を見抜いた両者は、肘を上げることで、肘から相手に振り下ろすフォームに改造することを角に提案した。

伊東キャンプで角が課せられた練習は、ただシンプルに、

「肘を上げて、とにかく投げ込め」

だった。

「とにかく、初日の午前練習から、日がな一日、僕は投げ続けました。言われる通り、肘を上げる

ことだけを心掛けて。なにかを変えなければ、僕には後がないことはわかっていたし、それに従うしか、もう道はありませんでしたからね」

なにかを変えるときは、極端にやらなくてはいけない。角は全投球にそれを意識して、ひたすらキャッチャーミットめがけて投げ続けた。

しかし、投げても投げても、思うように肘を上にして振り下ろすことができない。できなくても、何百球と投げ続けることを要求される。

「肩の許容範囲なんて、お構いなしの投球練習でした。『ケガしたら、もう帰ってもいいぞ』というのがコーチの口癖でしたからね。でも本当にケガして帰ったら、もう僕にはチャンスがないこともわかっていた。

一日五百球も投げ続けるにはどうすればいいのか。投げ込んでも、投げ込んでも、思うように投げられないから、だんだん腕の角度自体が、下がってきてしまったと思うんです。何百球も投げるに耐えうるフォームを、体が自然と選択したというかね」

肘を下げないで投げることを念頭に置いた角のフォームは、いつしかオーバースローの角度から、下がってきて、横から描く軌道に変わっていた。

そうすると、肘を下げずに何百球も投げ込むことができることに気がついた。

「横手投げをしようなんていうのは、これっぽっちも考えていなかったんです。僕の中では、とにかく、肘を下げないようにとばかり、その一念でしたから。そして、ある日突然、ポーンとはまったような感覚でした。『これなら、肘を下げずに何百球も投げられるぞ』と。

自分のイメージと、腕の振りと、スタミナ、そしてキャッチャーミットに届くボール。すべてがパズルのように、ポーンとはまったんですね」

それは、伊東キャンプが始まって一週間ほど経った日のことだった。

何球投げても、疲れないそのフォームから繰り出されるボールは、自然とキャッチャーの構えるミットのど真ん中に吸収されている。ボディ・ムーブメントもスムーズだし、思い通りの球威で、とにかくストライクが入る。

ノーコン病と揶揄《やゆ》された角が、抜本的にフォームを変えることで制球に開花した瞬間だった。

「真っ暗闇に、いきなり全面の太陽が照らしてきた感覚でした」

八方塞がりの状況で、視界は真っ暗でままならない。その中に小さな光ではなく、いきなり燦々《さんさん》と、日の光が輝いていた。

燦々と照らす太陽とは、長嶋茂雄その人を形容するに最もふさわしい代名詞のようなものである。

「見えた！　これなら、投げられる」

角はブルペンにいながら、小躍りしたくなる衝動を抑えきれなかった。すぐさま、高橋コーチの元に飛んでいき、

「このフォームで、サイドスローで投げさせてください」

そう申し立てた。

高橋は杉下と相談した上で、長嶋監督の考えを聞こうと角を引き連れて向かった。杉下はこう言った。

「監督、しかしながら、これは大冒険です。ダメなら投手生命は終わりになる」

すると、長嶋はこう答えたという。

「いいじゃないか、角が自分でそうしたいと、練習を重ねて言っていることなんだ。そこに賭けてみよう」

そして、角に向かって、

「いいか、お前の好きなようにやりなさい、ああ、思う存分にな。俺が責任を取るから」

そうすると長嶋は、向日葵のような笑顔をたたえて、右手で角の背をポンと叩いた。

永遠に投げ続けよう

それから、角は連日、サイドスローのフォームを会得するべく投げ続けた。

「何百球も投げることがノルマだった伊東キャンプが、投げたいだけ、いつまでだって投げさせてくれる、ありがたいキャンプに変わったんです。こんなにありがたいことはない。僕は永遠に投げ続けようと思った」

自分自身にも、打者に対しても〝だましだまし〟投げていた角が、なにかに憑依《ひょうい》されたかのように一心不乱に投げ続けている。

詰めかけていた番記者たちは、その奇妙な光景に首をひねった。彼らの疑問符は、このキャンプ中、松本のスイッチでの〝お嬢様打法〟につづいて二度目のことだった。

新聞各紙には「角、横手投げに」という見出しが躍ったが、文面は、

「あのダイナミックなフォームが失われた角は、自ら持ち味を放棄した」

という否定的な論調ばかりだった。

「確かに右バッターが多い野球においては、左のサイドスローは基本的にはタブーなんです。縦の角度がなく、ボールの軌道も見分けやすいですからね。でも自身もサイドだった（高橋）善さんも、『いいボールが行くんなら、左でも横手でいいじゃないか』と後押ししてくれたし、僕にも自信がありました」

周囲の見方は、オーバースローからサイドスローに移行したというものだったが、角自身は、

「これが俺のフォームだ！　というものを見つけたら、それがたまたまサイドスローだったというだけのことなんです」

マスコミの論調など〝どこ吹く風〟で、角はサイドスローを身につけることに、一意専心した。それは、やはり松本が、とにかく左で上から叩きつける打法の修得に明け暮れて、スイッチに成功したのと同じく、角を大きく変革させるという、長嶋の伊東キャンプにおける最大の功績のひとつになった。

非常識にしか活路がなかった

後年、リリーフエースの地位を不動のものとした角は、長嶋の後を受けた藤田元司監督からこう言われている。

「角のフォームは、腰の回転が横だ。それなのに上から投げていたんだから、バランスが悪くなって当然だったんだよ」

その角の成功例をヒントに藤田が助言し成功させたのが、後の百八十勝投手・斎藤雅樹のサイドスローへの改造だったという。

だが角は、だからといって、このサイドスローへの転換の成功例は、万人に当てはまるものではないのだと強調する。

「僕の成功例を挙げて、たとえばコントロールの悪い左投げの学生に『サイドにしろ』というのは、成功するかというとそうとも言えない。もともと右バッターに見やすくなって、リスクの方が、大きいですからね。

僕のはね、非常識なんです。でもそれしか活路がなかったというか、理屈ではなく伊東キャンプで、来る日も来る日もあれだけ投げ込んだ末に出てきた、体が出した結果だったんです」

角はここで、王貞治の一本足打法を例に挙げる。

「ピッチャーが足を上げたときに、自分も足を上げてタイミングを取る。それは、打撃不振だった若いころの王さんが、苦肉の策で、穴が開くほど畳をすり減らして、素振りに専念する中で、体得されたもので、とてもじゃないが、子どもたちに教えるフォームではない非常識なもの。

僕のサイドスローも、セオリーからすれば非常識。でも、体に染み込ませて、そこから体が自然と出した答えだから、初めて成功できたんだと思う」

そして絶望感に苛《さいな》まれながら向かった角を、暗闇から一気に太陽の下へと導いたのが、伊東キャンプの存在だった。

「無我夢中で、それを信じるしかなくて、野球に初めてドップリと浸かったのが、伊東キャンプの一カ月でした。いま思うと、あれだけキツい練習は、それまでのキャリアで初めてのことでしたが、江川さんのように『抜く、抜かない』という余裕は微塵もなかった。

当時、僕からすれば、江川、西本というのは完成品です。僕は『投手・角盈男』を探しに行くというレベル。僕にとっては『自分探し』の場所で、それだけ必死だったんです」

野球人生で初めて経験するキツさの中で、自分探しのために黙々と投げ続けた角には、いつしかキツさも喜びに感じるハイテンションな状態ができ上がっていたという。

「走らされるのは大嫌いな僕でしたが、フォームの改造で太陽が昇って以来、苦しい練習が、苦にならなくなった。いえ、むしろ、楽しくて楽しくてしょうがないというアブノーマルな状態というんでしょうか。でも、そういうモチベーションで臨んでいるときは、人間、すごく伸びているものなんですよね、振り返ってみれば。

伊東キャンプを終えたときに考えたのは、『楽しんでやれる練習と思えれば、伸びるんだ』ということ。伊東キャンプのあとは、練習であろうが緊迫した場面での登板だろうが、怖いものなど、なにもなくなったんです」

人生の〝緒〟が伊東キャンプ

伊東キャンプを完遂した角は、八〇年シーズンに十一セーブを挙げて、抑えの切り札として定着した。

八一年には二十セーブを挙げ、チームの日本一を経験した。その後、八九年まで巨人に在籍し、日本ハムファイターズ—ヤクルトスワローズと移籍して通算九十九セーブポイントを挙げた角は、九二年のシーズン終了後に引退。

九五年にはヤクルト、九七年には長嶋監督下の巨人で、投手コーチを務めている。

さらには評論家、テレビタレントとしても活躍し、現在は解説や全国を回る講演活動に加えて、恵比寿のバーを経営している。

「引退後、タレントをやってみたり、コーチをしてみたりと、いろんなことを経験してきましたが、つねに『自分がなにをしようか』と考えるとき、原点になっているのが、伊東キャンプです。

野球人は、マウンドにいるときには恍惚と不安が支配していますが、引退した後の第二の人生のほうが苦労が多いということに、引退して初めて気づくものです。その後の人生で、失敗することだってある。でも、そんなとき、『たとえどん底に落ちたって、ここに戻ればまた、這い上がれる』と思ってガムシャラになって頑張ろうとする、その原点が、伊東キャンプなんです。原点……言い換えれば〝緒〟みたいなものかもしれない」

伊東キャンプが自身の人生の〝緒〟となっているのだと角は言う。

そしてそのような〝緒〟を持つ人間は、ピンチにも強いのだ。


二〇一四年、角は前立腺がんの闘病を経験している。

同年二月に発覚したがんは、ステージⅡの中程度の症状であり、放射線治療などを経て克服することが幸いにもできた。

だが、伊東キャンプの〝戦友〟の中には、同じがんという病で倒れる者が出ている。

一四年八月に中井康之（享年六十）が食道がんで、一六年四月に山本功児（享年六十四）が肝臓がんで旅立っているのだ。

「こればっかりは、みんな、なりたくてなるわけではない……。僕の場合は前立腺という部位で、すぐ命にかかわる度合いが低く、進行も遅かったのが、幸いしたと思うんです。

もちろん、発覚したときは『まさか自分が――』という思いでしたが、僕は現役時代、リリーフ投手でしたから、どんな局面が待っていようと切り替えようと思えた。絶対にマイナスを引きずるわけにはいかないと」

決してマイナスを引きずらず、切り替える。つまりは、必ずプラスに転じること。

まさに恩師・長嶋の前を向く姿勢を肝に銘じ、伊東キャンプでの経験を〝緒〟とすることで、角はがん闘病にひとまずの決着をつけた。

そして――。

「これからの人生、どんな形でもいいので野球界に貢献したい。それは、あきらめていません」

いまはシンプルに、こう思って前を向いている。

一日一日を全力で生きよう――。

第6章

篠塚和典

長嶋監督が、お前を一位に指名したんだ

「野球部三年の、篠塚くん、野球部の篠塚くん、大至急、職員室に来てください――」

午前の授業中、教室で数学の問題集とにらめっこをしていた銚子商業高校三年生の篠塚和典は、校内放送のスピーカーから流れる呼び出しがなにを意味するのか、薄々はわかっていた。

一九七五年十一月十七日。

この日は年に一度のプロ野球新人選択会議、いわゆるドラフト会議の当日だったのである。

とにかく同級生の熱い視線を、軽く上げた右手で受け取って職員室に向かうと、そこでは授業中にもかかわらず、待機していた教師たちが黒山の人だかりとなって、相次ぐ電話に応対している、一人の教師を囲んでいた。

二度の首位打者に輝いた篠塚和典の原点は伊東だった。
（写真＝産経新聞社）

教職員たちが篠塚の到着に気づくと、その中心から受話器を置いて立ち上がったのは、野球部の斎藤一之監督だった。

「おお、来たか、篠塚……いい知らせだ！」

「はあ……」

「たったいま、連絡があった。ドラフト一位だぞ」

「ええ、まさか……」

「本当だ、しかも、巨人軍だぞ！　長嶋監督が、お前を一位に指名したんだ」

十八歳、学生服姿の紅顔の美少年は、鳩がマメ鉄砲を食らったような顔になった。

「ドラフト一位」「ジャイアンツ」「長嶋監督」……。

今年は甲子園に行けなかったし、湿性肋膜炎の風評で、マスコミやプロ野球関係者から、「病弱」のレッテルを貼られていたボクが、なんで？

周囲の職員たちの拍手と歓声を一身に浴びながら、篠塚はまだ、半信半疑だった。

《四番、サード、篠塚くん――》
場内アナウンスの甲高い声に導かれると、銚子商業二年、十七歳になったばかりの篠塚は、一礼して左のバッターボックスに入った。
甲子園球場に詰めかけた五万余の大観衆と、ブラウン管の向こうで見守る日本中の野球ファンの注目の的だった。
同郷出身の国民的英雄で憧れの長嶋茂雄よろしく「四番・サード」で出場したこの全国高校野球選手権大会で、篠塚は生まれて初めての〝日本一〟を経験した。大会成績は十九打数八安打、うち二本塁打で打率四割二分一厘、堂々のスラッガーとしての活躍だった。

それが、巨人に一位指名されるドラフト会議の一年三カ月前、七四年八月のことである。

しかし、高校時代の篠塚の活躍は、ここが頂点だった。

甲子園から銚子に凱旋し、祝勝会の嵐の中で新チームの中心として再スタートを切る九月には、原因不明の微熱で調子を崩していた。

診察を受けた病院では、湿性肋膜炎と診断された。

「すぐに入院したほうがいいでしょう」

その病気は、肺の外部を覆う胸膜に炎症が起き肺に水がたまるというもので、過度な運動は一切禁止された。三カ月の入院の後、徐々に体を慣らしていたものの、医師から運動を全面解禁されたのは七五年四月のことだった。

最後の夏の県大会は、準決勝で習志野高校に敗れ、甲子園出場はならなかった。

プロ野球、社会人、大学進学と、三つの選択肢があった篠塚だが、百七十六センチ、六十八キロと〝高校スラッガー〟としては小柄で軽量、なおかつ肋膜炎が〝持病〟とみなされ、わずか一年でマスコミの下馬評が著しく下落しているのを悟っていた。

恩師の斎藤監督からは、

「お前には野球センスがある。体さえしっかり治して、筋力・体力をつければ、今後も野球人生が送れる」

こう励まされたが、自身もこの体軀では、大型選手の多いプロ野球でやっていくのにはまだ不安があり、社会人野球を視野に入れていた。ドラフト会議の一カ月前にはある社会人チームへの入団が内定し、篠塚はそこで、イチから体をつくり直し、技術を磨く心づもりでいた。

だから、十一月のドラフト会議は〝他人事《ひとごと》〟で済ませるはずだった。

しかし——。

《読売ジャイアンツ、第一回選択希望選手、篠塚利夫（当時）、千葉・銚子商業——》

よもやの報に半信半疑だったのは、篠塚が当時置かれていた境遇を考えれば、無理もないことだった。

巨人に一位指名された喜びはひとしおだったが、篠塚はそれよりも、

「ボクでやっていけるんだろうか」

その不安の方が上回った。

ドラフト会議から数日して、銚子商業野球部の後援会長のセッティングで、長嶋茂雄巨人軍監督との会談が持たれた。

直立不動で長嶋の到着を待っていると、ドアが開いて風が舞い込んできたように感じた。

そして、小さいころからの憧れ、長嶋茂雄が満面の笑みを浮かべて、悠然と入ってきた。

「いやあ、篠塚くん。元気そうじゃないか、どう、ロクマクのほうの加減は？」

節の太い右手を差し伸べられて、高校生の篠塚は思わず片手で握り返してしまっていた。

なんと返答したのかは、覚えていない。

長嶋さんの目はエメラルド・グリーン

「記憶に残っているのはね、目が、長嶋さんの目が緑、いやグリーンだったんです。エメラルド・グリーン！　その瞳に、吸い込まれるような印象を覚えていますね。それまではもちろん、テレビでしか観たことのない人です。国民的スーパースターが、自分の目の前にいる。そして、パッとそ

の目を見たら、エメラルド・グリーンだったんです」

東京の閑静な住宅街にある自宅のリビングで、ソファーに腰を下ろした篠塚は昨日のことのように思い出して、こう話す。

四度獲得したゴールデングラブ賞の黄金に輝くグラブのレリーフ、ジャイアンツ時代の背番号「6」のユニフォーム、〇九年に打撃コーチとして参加した第二回ＷＢＣ日本代表のユニフォーム……。それら数々の輝かしい経歴を彩るアイテムが陳列される中で、ひと際目立って壁の中央に掲げられているのが、『ＮＡＧＡＳＨＩＭＡ　３』のジャイアンツのユニフォームだ。

これは、第二次長嶋巨人政権で打撃コーチを務めた際、長嶋が監督としてつけていた背番号「3」のユニフォームを譲り受けたものだという。

篠塚自身がプロ野球生活を振り返る上で欠かせないのが、長嶋茂雄の存在であることは、これを見ればよくわかるが、じつはドラフト会議の一年も前から、長嶋が篠塚に目をつけていたことを、篠塚は初対面の長嶋の口から直接聞いている。

ジャイアンツを背負って立つ選手

「篠塚くん、僕はねえ、昨年の甲子園で、キミに目を奪われたんだ。キミの天才的なミート、しなやかなボディ・ムーブメント、ずっと注目していた。僕は将来、キミがジャイアンツを背負って立つ選手になることを信じて疑わない。どうかね、篠塚くん。同郷のよしみとしても、ひとつ僕に、キミの将来を託してくれないか」

他球団が、篠塚の体調面や体格面を不安視してドラフト指名を控えた中で、目の前に下りてきた〝雲の上の人〟から、

《シノ、一年前から待っていた――》

こんなラブコールを受けて、弱冠十八歳の野球少年が、落ちないわけがなかった。

さらに……、

「長嶋監督はね、僕の『練習も競争も厳しい巨人でやっていけるんだろうか』という不安も見抜いていたんです。『キミは三年くらい、ファームでみっちり鍛えるから』と。即戦力ではなく、将来のレギュラーにするためにという、長嶋さんの計画を聞いて、すごく安心しましたね」

この七五年のドラフトで、一位指名も噂されていた駒澤大学の中畑清は三位指名で入団している。その中畑を押さえて一位指名を受けた篠塚が、他球団からはノーマークだったことを考えると、長嶋は監督を丸二年務めたこの時点で、すでに〝将来のジャイアンツ〟への構想を描いていたのだとも言える。

ともあれ、こうして、篠塚のプロ野球生活はスタートを切った。

「ミスターに言われた通り、当初はファームでの生活でした。その中で周囲を見ていても、どちらかというと『なんだ、こんなものなのか』と、非力な自分でもやっていけるんじゃないか、という安心感もあった。それから、高校時代もスラッガーでしたから、じつはまだホームランに魅力を感じていたんです」

不安と、少しだけの自信で始まった篠塚のファーム生活。

だが一度上を、一軍を見てみれば、まだ王、張本などV9の主力メンバーは、圧倒的な長打力で存在感を示していた。

篠塚のプロ野球での最初の選択は、自分がどのようなスタイルの選手生活を送っていくのか、というものだった。

「やっぱりね、本物が目の前にというか、目の上にいらっしゃるんです、たくさん。王さん、張本さん、外国人もいましたし……。そういう人たちのバッティングはやはり豪快だし、年季が入っていて堂に入っている。そこに割って入っていかなければ、レギュラーというか一軍で活躍できないということは、高卒の俺にも、薄々わかっていた」

この世界で生きていくための転換

篠塚はここで、ホームランを狙うスラッガーというそれまでのイメージを捨てる覚悟をしていた。ヒットを重ねて首位打者を狙うのも、打者の醍醐味ではないかと。

そしてそれが、後に二度の首位打者に輝くことの嚆矢《こうし》となったと、篠塚は振り返る。

「それは自分の活かし方の問題です。俺は〝短打を量産する方向に行こう〟と自然に思えた。けっこうそれを、入団してすぐに感じることができた。『そうしなきゃ、この世界で生きていけないな』と気持ちの転換ができたから、よかったと思うんです」

話は逸れるが、第二次長嶋政権下の九五年からと、〇六年からの第二次原辰徳政権下において、篠塚は打撃、守備走塁、総合など、コーチ職を歴任している。

その中で彼自身の経験を基に指導した選手には、篠塚の入団初期の選択を「うまく理解できた」選手と「そうでない（なかった）」選手の二通りを、やはり見てきたのだという。

「たとえば、仁志（敏久）なんかは、中距離ヒッターとしてときに本塁打も放ちましたが、俺から見れば、やはり、ヒットを量産する選手像に自分を持っていければ、さらに活躍できただろうなという選手でした。素晴らしいセンスを持っていたんですが、やはりアマチュア時代までの『自分はホームランバッターである』という意識を捨てられず、『ヒットの延長線上にしか、ホームランはないんだ』という意識までには至らなかったんだと思う。
そういう場面は何度も見ているし、『わかってくれなきゃ、変わってくれなきゃいけない』と思って何度も起用したけれど、我々スタッフの期待を理解してくれなかった部分も、あったかもしれない。ただ、あのにじみ出る生意気なほどの負けん気が、彼の大きな魅力だったとは思いますが……」

篠塚は、「自分がいま、なにを求められているのかを、いち早く理解すること」が、プロ野球で大成する最大の条件のひとつであると見ている。

この当時「短打で行くのが自分の道である」とファームの早い段階で気づいた篠塚は、首脳陣の目に留まり、徐々に一軍での出場機会を得て行くことになるのだ。

一軍デビューは二年目の七七年八月五日、対大洋戦、「七番、ショート、篠塚」とコールされた。土井正三、河埜和正と、内野のレギュラー陣がおしなべて故障したタイミングで、初ヒットを放ち、守備でも四併殺を成功した。この年、二十四打数五安打の一軍成績。

翌七八年は七打数二安打に止まったが、十月の阪神戦で初のサヨナラヒットを放ち印象を残した。

そして、七九年。

引退してコーチに就任した土井から、背番号「6」を譲り受けた篠塚は、九十打数二十五安打、打率二割七分八厘の好成績を収め、本格的なレギュラー獲りが視界に入ってきた。

篠塚にとっての伊東キャンプは、そのような好タイミングで訪れた。

キャンプ前夜の篠塚は、次のようなポジティブなモチベーションを抱いていた。

《土井さんが抜けて一年。V9メンバーは、王さん、高田（繁）さん、柴田（勲）さんしかいない。自分が頑張りさえすれば、レギュラーは目前だ。長嶋さんの話だと、相当、厳しい練習が待ってい

そうだけれど、それを苦しいものだと思わず、逆に楽しむくらいの気持ちでレベルアップしよう》

長嶋流ティーバッティングとは

江川、西本、角ら投手陣は、徹底的な投げ込み。松本は鳥かごでのバッティング、中畑はシートノック……。それぞれに課題が与えられた伊東キャンプの中で、篠塚が特に集中的に取り組んだのは、ティーバッティングだった。

一見、最も地味に思える基本的な打撃練習だが、これが後の選手生活に、さらには指導者としての考え方にも大きく影響したと、篠塚は振り返る。

「本来、ティーはミートの感覚を覚える、あるいは忘れないで維持するための、練習前練習のようなものです。でも、ミスターが考えて与那嶺《よなみね》（要）さんと指導してくれた伊東キャンプでのティーは、まったく違いました」

それは、真ん中の球ではなく、高め、低めの明らかなボール球が放られて、それを足腰の上下を駆使してミートするという、長嶋流のティーバッティングだった。

「頭の位置に来る球に、バットを上から出して叩いてミートするには、腕を振り下ろさなければ、理屈上できない。でも、脇が空いていたら、いくらティーでもネットにいい打球を打ちこめません。脇を締めて両腕を上体にくっつけたまま、肘を曲げたまま、上から打ち下ろすという練習なんです。

低い球もそう。今度は足腰を瞬時に、スクワットのように膝を曲げた状態に下ろして打ち込む。ミスターは『これができれば、真ん中の球を打つ技術なんて朝飯前なんだよ』と」

そしてこの練習法は、同時に最良の筋力トレーニングを行っているようなものだとも聞かされた。

「ミスターが現役のころはもちろん、俺の時代に入っても、しばらくバーベルを上げるなんて習慣はありませんでした。それよりも、ミスターは自然派の筋力強化を重視していた。このティー練習を毎日反復すれば、スイングで全身を強化できるんです。

それから、いまのウェイト・トレーニングは見た目はマッチョになってカッコいいかもしれないけれど、どうしても、直線的な軌道でしか筋肉を鍛えられない。まずは本来、〝強筋〟とはなんのためのものなのかを理解しなければいけないと思う。

すなわちそれは、いかに打撃や守備につなげることができるかを、最優先すべきということなんです。だとすれば、野球の技術を高めながら、柔軟な筋肉をつくっていくミスターの理論は正しかったんです」

伊東キャンプを経た後、二度の首位打者に輝いた実績を誇る篠塚だからこそ言える、説得力あるトレーニング理論である。

しかしこの練習法、トレーニング法も、自身がコーチになってからは選手に理解させるのにひと苦労なのだと、思案顔になる。

「ティーをやらせてもね、いまの若い選手たちはやはり、真ん中の球を打ちたがる。『そうじゃないよ。高め、低め、バットを出すトップ・ポジションを、下半身の柔軟性でつくってから打ち分ける技術が得られれば、真ん中なんて練習しなくてもできるようになるんだよ』と。

それから、『本当に高い球、低い球を試合で打たなければいけない局面も、出てくるんだよ』と、噛んで含めて説明しなければいけない時代になりました」

そして、それを理解しようとし、その練習を反復・継続できるか否かで、進歩に大きく影響するのだとも。

「たとえば坂本勇人といえば、若手のころから派手なバッティングや振る舞いが目立ったかもしれません。でも、勇人は実際、かなりの努力型でした。かつて僕が高め低めのティーをやらせてみたとき、最初は『なんで？』という顔を勇人もしていた。

でも、説明してあげると、興味を持ったんでしょうね、その後は、俺が見ていないところでも、高め低めの球をティーで放らせて、それをミートする工夫を重ねていた」

坂本勇人が、外角低めのボール球を、体を泳がせながら手首を返して引っ張ってホームランするのは、ままある光景だった。

たとえば野村克也は生前、その打法を「セオリーでは到底考えられない」と発言したことがあったが、篠塚からしてみれば、「俺がミスターから教わって勇人に教えたことを、彼が努力してモノにした結果」だと、目を細めて称《たた》える。

「あれはあのコの練習で身につけた技術にほかなりません。相手バッテリーは打者の癖を読んで、『ここに投げておけば大丈夫』という球を放りたい。高め、低め、あるいは内外角と苦手なコースがある打者にはバッテリーは安心なんです。

でも勇人はそれをつくらせない。すると、バッテリーは投げる球がなくなってくる。それがバッティングの幅を広げる練習の意味です。俺が何度も説明しているうちに、勇人は『これを継続してやらなきゃいけないんだ！』という気持ちになったんでしょう」

ミスターが見本を見せてくれた

篠塚自身は、伊東キャンプで伝授されたその練習法を、伊東後にも取り入れて体に染み込ませることに成功した。

では、なぜ継続するという意識を持つことができたのかというと、それは取りも直さず「ミスターの信念ある指導のお陰」と断言する。

「バッティングだけじゃない。シャドープレーと呼ばれる、正面、逆シングル、左、右、ワンバウンドの捕球……この野手の体さばきの基本を、流れるように見せてくれるのがミスターなんです。考えてみてください。伊東キャンプ当時は、まだミスターは四十代前半で、現役と同じくらい体も動いていた。

あれだけのスーパースターなんだから、俺ら一軍半やファームの若手の動きを見ていて、『俺だったらこうするのに――』という、歯痒い、もどかしい思いもあったでしょう。でも、それは絶対に口にしませんでした。その代わり、ご自身の体を目いっぱい使って、俺らに見本を見せてくれたんですね」

篠塚はそれを、長嶋が「指導者としても我々の全尊敬を集めてやまない」所以だと話す。

「指導者がもし、『なんでこれができないんだ』と言ってしまったら、もしミスターに言われたら、選手は『ミスターだからできるんでしょ』と斜に構えてしまうもの。俺も若い選手から『篠塚さんだからできるんでしょ』と言われたら返す言葉がなくなってしまう。だから、いつも指導していて思い出すのは、『ミスターだったらどう教えるかな』ということです。

俺は選手が疑問符を浮かべた表情だったら、とにかくいっしょにやってみる、見本を見せてみる。それでも疑問が解消しないようなら、いっしょに考える。指導者も、実践して、態度で示す労を惜しまないことが大事だということは、ミスターの姿を見ていて叩きこまれましたね」

技術の面で、後に指導者になっても残る大きな教訓を得た伊東キャンプでの篠塚だが、もちろん、他の選手と同じように、体力面でもシゴかれている。

歩いたこともあった

「シートノックでいうと、中畑さんばかりが、ミスターとの千本ノックのイメージを独占しているように思えるんですが……」

　こう苦笑いを浮かべて、篠塚は続ける。

「千本ノックはみんな同じですよ、野手はみな経験しました。ノッカーは、ミスター以外にも土井さんもいるし、一時間半から二時間のノックは当たり前にやったんです。俺らのころは、ファームでも相当シゴかれましたが、それでも伊東キャンプでの練習量は、限度を超えるものでしたね」

　江川や中畑が震え上がった馬場平での坂道ダッシュとランニングは、篠塚には少し違う思い出が残っているという。

「最初に連れて行かれたときは、『どこに連れて行かれるんだ⁉』というのはありましたけど、走るのは俺、自信があったんです。それから……最初のダッシュこそ、ミスターが見ているけど、上に登り切っちゃえば、あとはポイント、ポイントでしかコーチも見ていない。俺、いま初めて言うけど、歩いちゃったこともあったんだよ……」

　篠塚は少年のような、いたずらっぽい笑顔を浮かべて振り返った。

「いやいや、それは一回くらいだよ、ホントに。基本は俺も負けず嫌いだし、『何分で帰ってこい』と言われれば、意地でも帰った。とにかく、午前のバッティング、午後のノック、その後にやってくるんだからね、馬場平が。でも、それをすべてこなしていたから、強い下半身ができたと思うんです。

　いまは科学的トレーニングが主流になってきて、練習量は当時に比べれば圧倒的に少なくなってきた。俺は、下半身を鍛える＝体力・精神力の強化だと思っている。ケガをするときは、ほとんどが下半身から来ます。下半身が弱いと上半身にも悪影響が出る。スイング、守備でバランスが悪くなっている状態のときに、肉離れを起こしたりするんです。
伊東キャンプ当時のトレーニングは、器具を一切使わなかった半面、ケガに強い心身をつくるという理に適ったものだったと考えます。だから、伊東キャンプを経てレギュラーになったメンバーの多くは、年間を通して故障が少なく、タフな現役生活を送っているでしょう」

その技術面、体力面でポテンシャルを引き上げられた伊東キャンプの最終日、篠塚は馬場平で、ある掟破りを長嶋に仕掛ける。

「……ああ、あれですか。あれは中畑さんに、けしかけられたんですよ。『おい、シノ、監督を引っ張り出せ。お前、なんか言え！』って。俺もこんなにキツい練習をやってきて、でもミスターは、『ハイ、もたもたしてんなよ！』って声を、ヘラヘラ出してるだけ。
なぜか馬場平でだけは、自分から実践してくれなかったからチクショーと思ってね……。だからミスターの前を通り過ぎるとき、『カントク、いっしょに走れよ！』って言った」

上司に対してこれはとんだ無礼だが、篠塚の中には、長嶋だったらこの呼びかけに応えてくれるに違いない、走ってくれるに違いないという希望的な予測もあったという。

「だから俺も、言えたんだと思います。まさか還暦も過ぎた方には言えないでしょう。でも俺の信じているミスターなら、やってくれるだろうと。そしたら、ホントに『なにを〜っ』って手にパッパッと唾をして、ダーッと行ったんですよ。
それで、登り切ってなだらかなジョッグのところは、歩いているだろうなと想像していたけれど、ミスターはきっと、全力で走って来たんだろうね、こっちに戻って来たときの必死の形相を見て、『やっぱり思った通りのミスターだ！』と感動したんです」

「シノ、来年は開幕からレギュラーで使うぞ」

伊東キャンプ後、八〇年シーズンでは百十五試合に出場して二割六分〇厘をマークした。技術に加えて体力面でも、もう年間を通してフル出場できる自信が、篠塚にはついていた。

実際、八〇年シーズンの後半には、長嶋から、

「シノ、来年は開幕からフルに、レギュラーで使うぞ！」

嬉しい言葉をかけてもらっていた。

このままいけば、自分を見込んで育ててくれたミスターに恩返しができる——。

篠塚がそう思ったのも束の間、最終戦の翌日に、長嶋の電撃解任のニュースが流れる。

「それまでジャイアンツで自分がやってきたことが、ミスターと一緒に過ごした日々が、走馬灯のように頭の中を回っていました。これまでやってきたことはなんだったのかと……」

テレビで観て初めて知った篠塚は動転し、先輩の河埜や中畑に電話をかけている。

一様に暗い彼らの口ぶりで、長嶋の解任が事実であることを認めざるを得なくなった篠塚は、迷いなく長嶋に電話した。

「俺は『ミスターのために』という気持ちが強かったから、いるうちにレギュラーを獲れなかったという情けなさを感じたんです。それで、『なぜなんですか、自分もいっしょに辞めます』と言ってしまっていた……。

でもミスターは『お前、そんなこと言うな。この世界は、監督が替わったから辞めるというわがままは通らない。やってきたことは活きるんだから。監督が替わってどういう体制になるかわからないけど、どんなことがあっても、伊東キャンプを乗り切ったことを忘れるな』と」

これにより、「ミスターのために優勝したい」と願っていたそれまでの気持ちよりも、「俺が首位

打者を獲って、ミスターの指導の正しさを証明してやる」という思いが、篠塚の中で強くなっていった。

しかし八一年、原辰徳が加入すると、開幕はまさかのベンチスタートだった。

このときは逆に、長嶋から電話で激励されている。

「お前、腐るなよ。絶対にチャンスが来るから。そのときに結果が出せるように、試合を意識した練習をやっていけば、必ず結果が出るから」

するとそのチャンスはすぐに巡ってきた。中畑が左肩の負傷で欠場し、原がサードにコンバートされると、五月九日の大洋戦で、「三番、セカンド」でスタメン出場。五打数四安打四打点という見事な活躍で、以後のレギュラー・ポジションを手繰り寄せた。

この年、百十六試合に出場して打率なんと三割五分七厘。首位打者こそ阪神タイガースの藤田平にわずか一厘差で譲ったものの、翌年以降も年間打率で三割以上をキープした。

そして、八四年に三割三分四厘、八七年に三割三分三厘の打率で、首位打者に輝くのである。

三十代中盤にさしかかる九〇年以後は腰痛の悪化に悩まされ、出場試合数が百以下に落ちた。

しかし九二年に第二次長嶋政権が誕生すると、現役続行への炎を燃やし続けた。

そして九四年十月二十九日。長嶋茂雄が監督として初めての「日本一」を決めた、その胴上げに参加すると、シーズン終了をもって、引退を表明。

翌年からすぐさま、コーチング・スタッフとして長嶋ジャイアンツに参加した――。

俺にとっての〝聖地〟

輝かしい成績を収めた選手引退後、指導者としても順調に実績を積み上げてきた篠塚は、いまの野球界に、そして将来を担う子どもたちに、長嶋茂雄とその教えを伝えていかなければいけないのは自分である、という使命感を抱いている。

「ミスターの存在も、我々が過ごした貴重な日々も忘れられてしまってはいけない。そういう危惧《きぐ》があります。我々伊東キャンプを過ごしたメンバー、その後にジャイアンツで育った後輩、アテネに参加した代表選手たち……事あるごとに、ミスターに教わったことを話していくべきだと思う」

そして自身の今後の立ち位置については、次のように考えている。

「俺はまだ、指導者としてはジャイアンツとＷＢＣのコーチしか経験していないんです。他球団を経験してみたい気持ちもあれば、小学生の子どもたちを、イチから育ててみたいという願いもある。『線が細い』と言われた俺が、長嶋茂雄という人に出逢い、鍛える中で、一線での選手生活を送ることができた。この経験をいろんな場所で、伝授して行かなければいけない」

では、篠塚和典の人生にとって、伊東キャンプとはどのような存在なのだろうか――。

「やっぱり、自分がプロの世界でこれだけ認められるようになったスタートラインなんです。精神力、技術力を蓄え、育ててくれた場所。自分が野球キャリアを振り返って話すとき、必ず出てくるキーワードが『長嶋茂雄と伊東キャンプ』です」

そして、こう締めくくった。

俺にとっての〝聖地〟なんです、あの伊東キャンプは――。

第7章

中井康之

長嶋茂雄が揮毫した居酒屋『なかい』

都営地下鉄大江戸線・大門駅から地上に出ると、潮の香りが漂ってくる。

半キロほど先には、東京湾に面した竹芝桟橋があり、反対側には徳川家の菩提寺である増上寺が、聳《そび》えている。

慶長年間からこの一帯は門前町として栄えてきた。メインストリートから一本入った芝神明商店街にあるのが、居酒屋『なかい』である。

夕刻、まだ陽の落ち切らないうちから、この店の暖簾《のれん》を仕事帰りのビジネスマンたちが、次々にくぐっていく。店前のネオン看板には流暢《りゅうちょう》な筆文字で「なかい」と、ひら仮名で揮毫《きごう》されており、「書・長嶋茂雄」と印字されている。

ドラフト一位入団の中井康之は引退後、居酒屋店主に。
（写真＝産経新聞社）

ここの店主は、一九七三年にドラフト一位で読売巨人軍に入団した、中井康之である。

十七坪の店内はカウンター、テーブル席、そしてジャイアンツ中継を映し出す大型スクリーンのある掘り炬燵《ごたつ》式の小上がりがあり、内装はシックなグレーと黒でまとめられている。カウンター横のカレンダーには、客の名前と人数が各日に記されていて、この日もすぐに、予約の団体客がやってきた。

「いらっしゃいませ〜！」

先ほどまで奥の厨房《ちゅうぼう》で料理を仕込んでいた大きな体軀の男が、入口のドアが開くと同時にフロアまでスッとかけてきた。中井康之であった。

スポーツ刈りと色黒の肌が特徴的な中井は、

「ようこそ、お待ちしていました」

笑顔で団体客を小上がりにうながす。

この六人の客は、みながジャイアンツのホーム用のユニフォーム・レプリカに身を包んでいて、それぞれの背中に、お気に入りの選手のネームと背番号を背負っている。

これから始まる「対横浜ＤｅＮＡ」戦を特等席で観戦するために予約したのだという。

客層は近隣に勤務するビジネスマンのほかに、マスコミ関係者、そして団体予約の常連客が多い。

「ここ十年くらいかな……特にウチのような個人の飲食店は、どこを見ても厳しい状況がつづいている。でもね、まだこうして、ジャイアンツファンがいてくれるから、ウチは幸せなほうかなと思うんですよ……」

客の注文した名物の馬刺しを丁寧に皿に盛りつけながら、中井が言う。

引退した八四年十一月のオープン当初から、東京・護国寺に二フロア、九十人を飲み込む大きな店を構えていたが、〇七年五月に経営規模を縮小する形で、この芝大門に移転してきた。

長引く不況の中、店をたたむ同業者は後を絶たなかったが、『なかい』は常連客とジャイアンツファンに支えられて、なんとか経営を続けてきた。

気づけばもう、二十八年が経っていた——。


一九五四年八月七日、京都府生まれの中井康之が本格的に野球を始めたのは中学生のときだった。地元の西京商業高校（現・京都市立西京高等学校）に一般入試で入学すると、野球部の監督に肩の強さを見初《みそ》められ、投手になることを命じられた。

甲子園出場経験はなかったが、ジャイアンツが一位指名したことで、中井は当時〝巨人の隠し球〟と注目された。プロ同期生には、たとえば中日ドラゴンズに一位指名された鈴木孝政がいて、彼も「甲子園経験なし」組だった。

「上京して初日、冬の多摩川グラウンドに挨拶に行ったときの光景は忘れられないなあ。俺は詰襟《つめえり》を着ていて『京都・西京商業から来ました、中井康之です——』と大声で叫んで、パッと周りを見たら……王さん、柴田さん、高田さん、堀内さん……V9のメンバーがズラリ。

そして中央に長嶋さんがいらっしゃった。テレビでしか観たことのない人たちが『ワーッ、目の前にみんないる！』って」

一位だから五年いられる

いつかは自分も、この人たちのようなスターになりたい——。

大きな期待を胸にファームから出発した中井だったが、わずか三カ月で挫折している。

「いまのようにバッティング・ピッチャーが、たくさんいない時代。一軍選手が調子悪くなると、特打に来るじゃん。すると俺なんかが、来る日も来る日もずっと投げさせられる。雨の日でもお構いなくね。ちょうど梅雨時のこと、毎日雨で重くなったボールを投げていたら、一週間くらいして、朝起きたら右肩が動かなくなっていた。わずか五メートルも投げられない体になっていたんだ……」

治療には半年を要し、復帰後も投手を続けたが、「一度登板すると一週間は腕が上がらないような」悲惨な状態だった。五年半の投手成績は、ファームでのわずか四勝四敗。

まさに〝鳴かず飛ばず〟の成績だったにもかかわらず、その間リストラ要員とされなかったのは、ひとえに「ドラフト一位入団だったからではないか」と中井は言う。

「うん、二位でも、三位でも、クビになっていたと思う。周りにはそういう選手がいっぱいいた。実際に先輩に言われたことがあるんです。『お前は一位で入ったから、黙っていても五年いられるんだぞ』と。でももう、その五年も過ぎてしまっていたから、球団は、『もう一年置いておいて切ろう』とでも考えていたんじゃないかな」

その六年目の七八年シーズンあたりには、中井は自身がアウトロー組にあることがわかっていたし、グラウンドでの取り組みにも熱が入らなかった。

「ファームに五年もいると、もうベテランなんですよ。俺はベンチの後ろで、タバコを吸いながらバットスイングするようなもので……まあ、遊んでいるわけですよ」

そのころ、たまたま二軍は野手不足で、岩本堯二軍監督から中井は野手への転向を言い渡される。

これが、功を奏した。

「不思議なもんでね、ピッチャーを辞めた途端、翌日から肩は調子いいし、腰もキレた。外野手は別に、何百球と投げなくていいわけでね、ぜんぜん恐怖がなくなったんだよね。

それと、ピッチャーでは錆《さ》びついていたけど、打撃も守備も、プロで教わるのは初めてでしょ、真っ白だったから吸収できたと思うんです」

滑り込みセーフで球団に残った中井は、この年、ファームで首位打者と打点王の二冠に輝いた。

「あと一本、八号目が出ればホームラン王だった」というから三冠に等しい活躍だったことになる。

そして七九年シーズンで、〝遅れてきたドラフト一位〟が初めて一軍に登録された。

「よし、これからだっていう思いは俺にもあったね。二軍ではベテランでふんぞり返っていたけど、一軍ではペーペーなんだから」

この年、九十二試合に出場して七十四打数。一試合に一度あるかないかという打席数でいわゆる代打要員の扱いだったが、二割五分七厘という上々の成績を収めた。

そして秋、伊東キャンプを迎えるのだった。

守備要員が呼ばれた理由

「まあ、『若手を中心に少人数で行く』って聞いていたから、俺のような守備要員は、呼ばれるとは思っていなかったんだけどね。呼ばれたメンバーの中に自分の名前があったんで、『長嶋さんも、少しは期待してくれているのかなあ』と。そんな長嶋さんの形相が、伊東キャンプでは違ったんだけどね。

江川だろうが、篠塚だろうが、スター選手に対しても徹底的に、長嶋さんはシゴいていた。俺も外野ノックは、日がな一日延々やっているという印象しかなかった。でも、この伊東キャンプでは、俺も死に物狂いで頑張ったんだ。選ばれたという喜びが、長嶋さんが見てくれるという思いに応えなきゃという気持ちが、あったからね」

最終日に馬場平を長嶋が走ったのは、他の選手たちも回想しているが、中井の記憶が他と違うのは、「長嶋さん、一周して帰って来たとき、真っ青な顔してただけじゃなく、もどしてたんだよ」。笑顔で振り返る中井の、新証言である。

中井は、この地獄の伊東キャンプで得たものを、次のように言う。

「内外野に分かれてコーチがつきっきりのノック。走り込み、そしてあれだけスイングした。そういう最高に濃密な練習ができたうえで、なおかつ体を壊さなかった。俺にとっては、これが大きかった。けっこう人間っていうのは、強いもんだと思いましたね。

まあ、みんな若かったし、目の前からＶ９の人たちがいなくなるのもわかっていた。ポジションが空くから、レギュラーを奪える。それと、ＯＮに球界がおんぶに抱っこだったじゃん。『王さんもあと何年間だな――』という寂しい想像もしていたけど、『王さんがいなくなった後のプロ野球が、どうなるんだろう？』っていうのは、すごく思っていた。そういう使命感も、俺たちにはあったんじゃないかな」

充実感と着実な成果、そして「これだけやっても自分の体は壊れなかった」という自信をもって八〇年シーズンに臨んだ中井だったが、出場機会は増えなかった。

外国人の助っ人がふたつのポジションを埋め、後輩の松本匡史が力を発揮し出していた。

さらに長嶋が電撃解任され藤田新監督体制になると、出場機会は激減した。中井は、レギュラーポジションを獲ることが難しくなっていることを自覚していた。

そして、河埜和正の負傷のフォローのために内野手の川相昌弘が一軍昇格するのと交代で二軍に落ちた八四年五月、球団から通告をされる。

「ハッキリ言われたのは『お前、来年は契約しないからな』ということです。俺は『では自由契約ですか？』と聞きました。それなら、来年は他球団でプレーできる可能性もあったから。でも球団は即座に『いや、任意（引退）だ』と言うんです。当時のシステムでは『＝クビ』だということ。酷いものでした……」

家の代わりに店の看板を書いてもらう

そのころ、中井はすでに結婚し、長男が生まれて一家の主だった。

球界に残ることすら許されない身では、齢三十にして第二の人生をスタートしなければならない必要に迫られていた。そして決めたのが、飲食店の経営だったのである。

「もともとね、選手のころからも居酒屋の雰囲気が好きでね、仲間たちで、みんなでワイワイやる中で、『辞めるときが来たら、この道がいいな』という希望があったんです」

五月に引退勧告された中井に、その年から監督に就任した王貞治から「十月のシーズン終了まで選手登録を解かない」という特例の確約があったため、中井は「給料をもらいながら」水面下で、出店の準備を始めることができた。

そして、引退直後の十一月、『護国寺　なかい』をオープンしたのだ。

店の看板の題字を恩師・長嶋にお願いしたのには、こんな経緯があった。

「八〇年に長嶋さんが監督をお辞めになった後も、年一回の伊東会で、お目にかかっていました。そのとき『自分が持ち家を建てたら表札を書いてください』とお願いしていたんです。でも、家を建てる前に資金を、ぜんぶ店のオープンに回しちゃったから、『看板を書いてください』と変更になったんですよ」

いまも、店の壁面には、中井の現役時代の写真や記事の数々がディスプレイされている中央に、長嶋の毛筆の揮毫「なかい」が、額装されて掲げられている。

八四年のオープン当初から、店の経営は順調に進んでいた。

最盛期には板前を三人雇い、フロアスタッフも常時四人、そして中井は、ファンや常連客のテーブルをひとつひとつ回り、現役時代の話、長嶋の話……客を笑顔にさせた。

しかし、世の中小企業経営者が軒並みそうであったように、中井にも等しくそれはやってきた。九一年のバブル崩壊による不景気である。

「それでもね、崩壊後の五年間くらいは、バブルぼけというのかな、お客さんは、いついてくれていた。少し経つと、それまで割烹や料亭に通っていたようなクラスの人たちが、ちょっとランクを落として、ウチのような居酒屋に来るようになったんです」

それでも、バブル崩壊の余波は確実に押し寄せていた。九〇年代後半からは年々売り上げが減少し、下降線を辿った。中井は経営規模の縮小に迫られた。

若い職人は少しでもいい条件の他店に移り、フロアのアルバイト・スタッフも減った。板長の横で中井はいっしょに包丁を握り、仕込みから調理までのノウハウを覚えた。

そして、〇七年、「社長」ではなく「個人事業主」として、大門で新たなスタートを切ったのである。

いま、『なかい』は店長で板前の中井、フロアスタッフは女性のアルバイト二名と計三人で切り盛りしている。

従業員の長谷川康子（愛称・やっちゃん）は、一〇年ごろより店の客となり、いまはアルバイトとして働くようになっている。学生時代にソフトボール経験があり、腹から発する大きな声で客に親しまれる彼女が、中井のことをこう評する。

「中井さんはここ大門に、なんのツテもなく店を出したんです。でも古くからある地元の商店街の方にも積極的に溶け込んでいって、いまでは地元の常連さんが多くなった。『中井さん、中井さん』と気軽に声をかけられる飾らなさが中井さんのよさだと思う。きっと、天狗のまま引退したスター選手だったら、こうはなっていないんではないでしょうか。

　それから、私には持病があって、フルタイムで働くのには自信がなかったんです。そんな私に、中井さんは、こうおっしゃってくれました。『毎日、なんにもしていないなんて、もったいないじゃない。いいよ、時間は短くてもいいから、ウチで働きなよ』。その言葉に勇気づけられて、頑張る気になれたんです」

　この日は早上がりだったやっちゃんが、カウンター席で生ビールを片手にこう話しているうちに、店の暖簾をビジネスマンらしい若い男性がくぐった。中井が応対すると、会社の宴会の予約をと、初めて訪れたのだという。

元プロ野球選手と知らない客も

　その男性が、中井にこう聞いた。

「パブリック・ビューイングもやっているんですね。あっ、ポスターもいっぱい張ってある。店長さんはジャイアンツファンなんですか？」

　一瞬の静寂を置いて、笑顔を浮かべた中井が、人差し指を自分の鼻に当てて返す。

「……私、元プロ野球選手なんです」

　すると男性は、

「あっ、そうなんですか。それは失礼しました――」

こう言って、「でもなんか、当日が楽しみです」とつけ加えると、そそくさと出て行った。板場に戻ってきた中井がカウンター越しに、苦笑いしながら言う。

「ああいう、俺の現役時代を知らない若い人たちも、来てくれることがあるんですよ。それはここ（大門）に来てから気づいたことです。でもそういう若い人たちが新しいお客さんになってくれるのも、護国寺からの長い常連さんが、いまでも来てくれているからなんです。それで細々とだけど、続けてこられたんですからね……。

ただ正直言って、いまも苦しいですよ、こういう商売は。長い不況のあと、リーマン・ショックだったっけ？　あんなことになって、大型のチェーン店が今度は〝激安〟で幅を利かせてきました。あれだけ安い客単価で大規模経営されてしまうと、俺たち個人店は、どうあがいても太刀打ちできないんです」

バブル崩壊、実感なき景気回復、〇八年のリーマン・ショックによる世界同時不況……呼ばれて久しい「格差社会」の中で、中小企業や個人事業主へのしわ寄せは、止まるところを知らない。

前が見えない不安の中で、日々、大変な重圧に耐え、家族の生活を守るためになんとか、生きている。それはなにも経営者に限らず、会社員でも同じことだろう。病気や、ハンディ・キャップと向き合いながら懸命に生きている人もいる。

中井は、そのような市井の多くの人が暮らす世界に下りてきて、溶け込んで、自分も同じ場所で生きていくことを選んだ人間である。苦しいながらも気を吐いて、力強く、生き抜く姿勢を示す。気取らずに、周囲を和ませながら。

壊れない自信をつけてもらった

その中井はいま、自身が七九年に経験した、あの伊東キャンプが自分にとってどのようなものであったと見ているのだろうか――。

こう問うと、中井はしばし黙って考えて、応えた。

「……言えるのはね、俺は『体が壊れなかった』っていうことなんだ。あれだけやっても、壊れないという自信がついたのが、伊東キャンプだったというのかな。経営は、いまだって厳しいし、この先どうなるかはわかりません。日本の政治といっしょですよ、お先真っ暗でね。

『ああ、今日はよかったなあ』と思っても、次の日になると閑古鳥のことがある。『昨日あれだけ断ったのに――』と。そんなもんですよ。でもね、なんだかんだ言って、二十八年だものね。続けることができたのは、『店が壊れなかった』ということじゃん」

伊東キャンプで「体が壊れなかった」、そして「壊れない自信を長嶋さんにつけてもらった」という経験が、今日も「店が壊れることなく」中井が経営を続けられる糧になっていると言えるのだ。

そして、自分にとっての長嶋茂雄という存在を、市井の人になって二十八年になる中井は、次のように表現する。

「うまく表せないかもしれないけど……なにしろ、俺にとっては雲の上の存在だった人が、一緒に風呂に入ってくれたり、飯を食ったり、伊東会ではゴルフを……。そういうことをできたのが最高の思い出なんです。憧れというレベルではなく、まったく違う世界の人だから。そんな人と一緒にいる夢のような時間というのが、俺にも確かにあったんだよね……」

そう言って中井は上を見上げると、少し遠い目をしたようだった。

先ほどから小上がりでは、大型スクリーンの「巨人×横浜ＤｅＮＡ」戦の生中継を眺めながら、団体客が一喜一憂していた。

「ああ、ダメだ、ゲッツーだ、最悪だ」

「ああ〜、ラミちゃんだよ、やっぱりやられたよ、同点ホームランだって……。だから言っただろ、チャンスつぶすとこうなるよって」

するとホームインしたラミレスの横で、いっしょにパフォーマンスしておどける横浜ＤｅＮＡ監督・中畑清の満面の笑顔が、スクリーンに映し出された。

中井はそれに目をやると、こんなことをポツリとつぶやいた。

「中畑さん、もっと早い時期に監督になってほしかったな……。伊東キャンプのメンバーの中で、セ・リーグの監督は初めてでしょ。ほかにもできる人間が、いっぱい残っているんだから。もっとみんな、活躍できると思うんだよ、俺たちは――」


（二〇一二年十一月）

追記

二〇一四年八月九日、中井康之は食道がんでこの世を去った。

享年六十、その二日前に還暦を迎えたばかりの早すぎる旅立ちだった。

結婚して三十三年の妻・万千子が夫の身体の異変に気づいたのは、すぐ前の大晦日、店の商いを納めて帰宅した中井の様相を見て初めてのことだった。

増上寺の門前に店を構える居酒屋『なかい』は年末年始が書き入れ時で、特に暮れは、大晦日の最終営業まで幾日か、中井は出ずっぱりで店に寝泊まりするのが恒例だった。

だから発見が遅れてしまったのかもしれない、と悔やむ気持ちが万千子には残った。

選手時代には野球のことを、店を出してからは経営のことを、家ではほとんど口にしないのが、中井という男だった。

身体の具合がちょっと悪くたって家族には、なにも言わないし、痛い、辛いなどと口にしたこともない。そんな夫が元旦からいつになく具合が悪そうで、とにかく身体が重そうで、すぐに病院に行った方がいいよと万千子は言ってみたものの、今日開いている病院などないのだ。

結局、一月三日に商い始めの準備で中井は店に向かい、その足で店からほど近い大学病院を自ら受診した。数週間にわたって何度も検査を受け、妻が主治医から説明を受けたのは、一月終わりのことだった。すでにステージⅣなのだと言われた。

がんがどこまで広がっているかの説明を受けたことは覚えていない。けれど、思い返せば、前の年の十月くらいからか、なぜか夫がしきりに胃腸薬を服用していた姿が記憶にある。人知れず異変を自覚しながら、それでも忍んでいたのかもしれないと考えると、いまさらながら不憫《ふびん》で、慈しみが増すのだった。

七月には川崎市内の病院に転院し、体力はめっきり衰えたが、最後までリハビリに努めた。

見舞客が来れば笑顔を見せ、八月七日の満六十の誕生日には、京都から来た姉たちと話が弾んで、日がな上機嫌だった。

しかし二日後に容体が急変し、八月九日、午前四時三十分、中井は永い眠りについた。

「横浜で監督をなさっている中畑清さんが、何度もお見舞いに来て主人を励ましてくださいました。最後も、明け方に飛んできてくれて、自宅に連れて帰るまで、ずっと一緒にいてくれたんです」

そう振り返る万千子は、こと夫婦間に「これといって最後の会話などなかったのだ」と思い返す。

「主人は、あらたまった話は得意ではなくて、最後まで日常会話でした。ただ、亡くなるちょうど一カ月前のことでした……」

転院したばかりの病院でリハビリする夫を見守り、病院をあとにして電車に乗り込もうとすると、万千子の携帯電話が鳴った。夫からの着信だった。

慌てて電話に出ると、中井は、

「今日、誕生日だったね……」

そんなことを言われたのは、はじめてだった。

「私の誕生日なんか、いつもはぜんぜん覚えていないんですよ。それか、まったく違う日に言ってきたりしたことはあった。だから、『こんなふうに言ってくれたのは、はじめてだなあ』と、それが印象に残っているんです」

思えば、第二のステージとして選んだ居酒屋の主人として、気取らない笑顔を見せてきた中井は、こと家族への愛情表現は不器用で、淡々としていた。

けれども通ずるのは、誰に対しても「いつも変わらない中井康之でいた」こと。

「たぶん、主人は幸せな人生だったと思います。『プロ野球を引退したらお店を持ちたい』というのは、結婚前から聞いていました。結局、ふたつの夢を叶えられたんですから」

葬儀の折、店の常連客だった幾人かが万千子に声をかけ、以来、自宅を訪ねてくれるようになったという。

「主人は仕事の話を家でしませんでしたから、交友関係も知りませんでしたし、お店のお客さんも存じませんでした。それが、いまでも数人で、たまにウチに遊びに来てくれるようになったんです。護国寺のころからの、息の長い常連さんたち。主人のことを忘れずに思っていてくれるんです」

居酒屋『なかい』の看板は、今宵も灯り続けるようだ。

第8章

二宮 至

〝駒大三羽烏〟の二宮至はコーチとして福留孝介を育てた。
（写真＝産経新聞社）

野球すなわち、人間教育である

「お前、なんで野球やってるんだ？」

いまの学生あたりにこう聞くとする。なんて返ってくると思いますか？

大学に進んでまで、野球を続けるというのは、プロ野球や社会人野球の選手、あるいは指導者になりたいとか、そういう夢や目的があるもんです、ふつうは。

でも彼らには、往々にしてそれがない。

「野球を辞めちゃうと、お母さんの楽しみがなくなっちゃうから、悲しむから――」

こうですよ、ビックリしますよ。

家族のためにとか、支えてくれている人のために、プロになって稼ぐという理由であれば、それはそれで大きなモチベーションのひとつですよ。それであれば、努力もできるでしょう。

けれど彼らは、努力しようとしない。

「バットを振れ」と言えば、「はい」と言ってするけれど、言われたことを言われただけやっているのは、内発的要因ではないんです。

まあ、やるだけマシなんだが、やっていることと、そこで得るものがまったく一致していかないから、身にならないんだ。

要するに、目的がない。

目的がないから、言われたことを頭に取り込もうとしない。

打っても響かないし、ちょっと手を上げようものなら、今度は本当にお母さんが出てきますよ、そういう時代です。

逆に、素行の悪い者でも、試合になればいい活躍をする場合がある。度胸はあるから、ここぞというときに強さを発揮するんだね。

ただ真面目で正しい奴は度胸がないから、これは本番になるとアベレージ以上の仕事はできない。

僕は駒澤大学で太田誠監督に徹底的に厳しさを叩きこまれ、巨人では長嶋監督に、野球に対する情熱を肌で教えられた。

野球すなわち、人間教育であるというのが、僕の指導者としての考え方なんです。

それで就任して四年間、まだ海のものとも山のものともつかない子どもたちを、手取り足取り、教えてきたつもりです。

挨拶、礼儀、規律正しい生活……。それを第一に教え、守らせてきた。

守れない者は、どんなに技術があっても、試合に出さなかったこともある。

人間形成は、「勤勉」と「規律」を重んじる学生野球の最大の目的だと思ってきたから。

でも四年経って、大学からは、

「勝たなければ、強いチームをつくらなければ、あなたを雇う意味がない」

こう言われました。

優勝できなかったから、四年間の契約を延長してもらえなかった。

結果を残すための策がなにかは、僕の長年の経験からわかっていた。

腰パンを穿いて、サンダルで学校に来て、髪の毛はボーボーでも力のある者は試合で使えばいい。

その方法で結果を残してきた、高校野球のある強豪校の有名監督がいました。

新設したチームの指揮官として外部から迎え入れられ、甲子園の常連校として定着させた。素行がよくなくても、その子の性格をつかまえて、うまく使うから勝てる。

でも、そのチームから卒業していった子たちが、大学で、プロで活躍したという話をほとんど聞きません。

僕だって同じ方策を取れば結果を残せただろうし、生き残ることができたはずだ。

でも、僕には理念があった。

そこで人間を教育しないと、社会に出てから困るのは、本人なんですよ。

僕は学校の先生をやってきた教育者だから、ある程度、真っ当にして社会に送り出そうとした。単なる野球バカではなくてね。

だから、いい素質があっても朝練をサボるような者は、決して試合に出さなかった。

ユニフォームを着させないことで、その意味をわかってもらいたかったから。

ただ、そうしていると、チームとして、大学としての結果を残せない。その方針を学校側がNO

と言った。それだけの話なんです。

いまは、失職中の身です。

いろんなところに職を探しているところなんですが、なにしろ、もうこの年齢ですからね。なかなかいい就職先はありません……。

でも、ひとつ夢があってね……。

僕には、なにぶん巨人を自由契約になって、引退して一般社会人になったときに取得した、教員免許がある。

これが最大の強みです。

どんなにプロ野球で活躍した選手や指揮官でも、教員の立場で学生を指導できる人は、なかなかいません。一般人になったからこそ、僕はそれができる立場なんです――。

龍馬みたいにプロで名を残しちゃる

「よし、俺も龍馬みたいに前のめりに生きて、プロ野球の歴史に名を残しちゃるぜよ！」

読売ジャイアンツに入団して二年目の二宮至は、自宅に三日間籠りっきりで読破した司馬遼太郎著『竜馬がゆく』の最終巻のページを閉じて、心に誓った。

自分と坂本龍馬が同じ十一月十五日生まれだという事実を知って、運命だと思った。

龍馬は命日も同じ十一月十五日であり、それが暗殺されてのことだと知ると、維新の志士として〝義戦〟した龍馬の熱い血が、自分にも流れているのではないかと若き青年は興奮した。

ちょうど、いよいよ一軍に昇格できるという時期と重なったこともあった。

土佐を出奔して京都、江戸と中央に出て明治維新の立役者になった龍馬の姿に、広島を出て駒澤大学を経、ついにスター球団・巨人の一軍に昇格する自分をダブらせると、胸が躍った。

駒澤大学時代はセンターを守り、東都大学野球リーグ戦でベストナインを通算五度受賞。四年時には、第四回日米大学野球選手権大会の日本代表として「日の丸」のユニフォームを着た。同僚の中畑清、平田薫とともに〝駒大三羽烏〟として大学球界で名を馳せていた。

そのうち中畑は、十一月のドラフト会議で三位指名を受け、いちはやく巨人入りを表明していた。指名されなかった平田も巨人入りを希望し、交渉の機会を待っていた。

だが二宮は、そこに足並みを揃える気はなかった。

もともと、地元である広島東洋カープからの指名を待っていたが、実際のドラフト会議では名前を呼ばれなかった。そこで二宮は、進路を社会人野球にシフトチェンジしようと考えていたのだ。

すると幾日かして、大学の恩師・太田誠のところに、中畑を指名した巨人軍・長嶋茂雄監督が訪れて、会談を持った。

「いやね、太田監督。どうでしょう。せっかく中畑クンを三位で指名させていただいたんですから、ここはひとつ、三羽烏全員で引き受けさせていただけないもんでしょうか」

その会談の旨を太田から聞いて、二宮は意思を問われたが、そこでは即答しなかった。

「俺の実力では、巨人の一軍で活躍することは難しいんじゃないか——」

なにがなんでも巨人という決意もなく

七五年、長嶋監督の就任一年目こそ、球団史上初の最下位に終わったものの、もともと選手層が厚いスター集団・巨人では、自分の居場所がないのではないかという不安があったのだ。

二宮が決断に至ったのは、ドラフト会議から一カ月後の十二月二十五日、同春の全日本大学野球選手権大会優勝の〝ご褒美〟として中畑らチームメイトと行ったハワイ旅行から帰ってきてのことだった。

「長嶋さんが直接来て、言ってくれたことだし、三人いっしょに行けるんだし、もとよりプロには行きたかったんだから、俺もお世話になればいいのかなあ」

そうして、「なにがなんでもプロで、巨人で」という決意もないまま七五年末に巨人に入団した二宮は、一年間をファームで過ごした後、七七年のシーズンインよりついに一軍昇格を果たすことになったのである。

「よし、ここからだ、レギュラー獲ったるぜよ。大海に出ていくときが、俺にもついに来たっちゃ」

意気まいて走りだしたその年、ベテランの張本勲の交代要員——いわゆる〝守備固め〟の役割を担った二宮は、代打、代走という形で計百八試合に出場している。

だが翌年以降、その勢いでレギュラーポジション獲りという流れにはつながらなかった。

七八年には出場試合が五十五試合とすぐに半減し、七九年にはたったの十三試合に落ちていた。

たまに出るのは、終盤七、八回の代走だけで、打席はせいぜい一度回ってくるか来ないか。

まだ二十代半ば——。

これから将来が拓けていくはずの青年にとって、この坂を転がるように減っていく出場機会は、諦観を抱かせるに十分なものであった。

「まあ、誰かのサブみたいな存在じゃないですか。本当にレギュラーを獲れる、獲れないという争いではなく、しょせん、誰かがケガをしたときのサブ要員だったということなんです」

そんな「誰かの代わり」のような使われ方ばかりしていれば、だんだん、「ここで活躍するのは、難しいんじゃないか」と絶望的な気分になってしまうものだ。

「こんなんでプロと言えるのかなあ……」

気持ちがドーンと落ち込み、〝青春の蹉跌《さてつ》〟に苦虫を嚙み潰していた二宮のところに舞い込んだのが、伊東キャンプ開催の報であった。

中畑、江川、西本、松本、篠塚……後のスター選手が飛躍を期待されて招集されたこのキャンプだが、二宮は「自分には声をかけられた役割が違ったのではないか」と話す。

「与那嶺要さん（当時二軍外野守備・走塁コーチ）が僕を推薦してくださったからなんです。その理由は定かではありませんが、おそらくは、他のメンバーに比べて僕が一軍での出場数が多かった。二百試合近く出ていましたから、一定の力量がわかっていたということなんだと思います。だから本当は、伊東キャンプは十八人ではなく、十七人だったはずなんです」

藁にもすがりたい藁が伊東キャンプ

メンバーのなかの外野手は、投手から転向したばかりの中井康之や中司得三、肩の脱臼癖で手術したばかりの松本匡史など、一軍では力を発揮していない未知数の選手ばかり。

その彼らの力と成長を判断するための比較材料として、言ってみれば〝物差し〟のような役割で呼ばれた二宮だったが、それでもチャンスだと思った。

「特にその年あたりは、試合に出られなくなる不安で一年をずっと過ごしてきた。ファームにいる選手が『なかなか一軍に上がれない』という悩みではないんです、彼らは登り坂なんだから。

僕は早めに一軍に上がってしまって百試合以上出たあと、次の年から出場機会が激減していった。『ああ、これが限界なのかなあ』という絶望感が支配している中で、『まだ、あきらめたくない』という藁《わら》にもすがりたい気持ちがあった。その藁が、伊東キャンプへの招集だったんです」

そして同時に、自分に手を差し伸べてくれた首脳陣に対しての感謝もあった。

「与那嶺さんはもちろんのこと、その推薦に『ＯＫ』と言ってくれた長嶋監督、青田昇さん（伊東キャンプよりヘッドコーチに就任）など、僕を推してくれた方々のために、『裏切れない』という気持ちも強かったんです」

そうして伊東キャンプ初日を、他のスターメンバーとは微妙に違うモチベーションで迎えたのが、二宮だった。

「そうですか。中畑は『行くのが嫌だった』って言っていましたか……。江川は『夜、寝るのが怖かった』と？　僕はね、『怖い』とか『嫌だ』という気持ちは一切なかった。〝拾いもの〟のようなチャンスだし、これを起点に〝伸ばす〟ことができるのか、それとも〝終わる〟のか……そういう瀬戸際だったんです。とにかく、『このチャンスをモノにしないと、もう野球で飯が食えない、俺のプロ野球人生は終わりなんだ』と。ここで思う存分に練習して、来年に望みをつなげるんだ、という心境でしたから」

プロ入りのいきさつ、交代要員としての使われ方、出場機会の激減……。

二宮のそれまでは、あらゆる場面において、なんらかの〝あきらめ〟が伴い、切なさのただようものだった。それが、もう後がないという瀬戸際に追い詰められたとき、〝やるしかない〟という切迫した感情を生み、〝やってやるぞ〟と前を向くモチベーションを二宮に抱かせることになった。

窮すれば通ず――。

この一念で飛び込んだ二宮を待ち受けていたのは、しかし想像できない、それまで経験したことのない〝合宿〟だった。

単純に時間を費やすような練習

「秋のこの時期に宿舎を借りて、朝から晩まで練習するというのは、プロ野球界初のことでした。だからまず、『どんな練習をするんだろう?』という想像すらつかなかったんです。スケジュールだって、たとえば『午前——守備』、『午後——打撃』くらいしか書かれていないし、何時から何時までというのも決められていなかった。

『次はこれをやるぞ!』と言われたら、みんなで一目散にそれをやりはじめる。バッティングと言われたら、ずっとバットを振り続ける。守備と言われたら暗くなるまで、見えなくなるまでずっとボールを追いかける。そんな単純なひとつのことにずっと、時間を費やすような練習は、それまでの野球人生にはなかったことでした」

伊東駅からバスで伊東スタジアムに到着したときの第一印象は、「こりゃ近いね」だった。

「宿舎に着いて荷物を下ろすと、階段の下が、もうグラウンドなんです。その距離たったの十メートルくらい。こりゃ、どんなにヘトヘトになっても、這ってでも、宿舎に帰れるなと思いました。明日からの練習でなにが待っているかは、なんとなくそこで、みんな予感していたと思いますね」

だが、もとよりなにが来ても、それを自分のものにするしかない二宮は、肝がすわっていた。

「眠るのが怖かった」という江川らと違い、グッスリ安眠できた二宮は、翌朝の練習からひたすらバットを振り続けることになる。

「僕は、時間で比較すると、なにをしていたかというとバッティングばかりやっていた。ティー、フリー、素振り……。それで守備は、たまにやったというくらいの記憶しかありません。でもなぜか土井正三さん(当時守備走塁コーチ)に『セカンドをやれ』と言われ、コンバートされたんです。

篠塚や平田がいるのに、『なんで俺が?』と思いながらね。まあ、ずっと外野で来た僕ですから、これはいい勉強になったんです。いま思えば、貴重な経験でした」

午前練習の終わりの時刻も決まっていない。

頃合いをみてマネジャーが「そろそろ時間です。昼食ができていますよ」と声をかけに来ると、長嶋が、

「よーし、じゃあ上がろうか」

甲高い声で叫ぶ。

それでようやく午前練習が終了する。

それが午後一時近くになっていることもあったという。

昼食をはさんでの午後練習も、二宮はひたすらバッティング練習だった。午前中は、鳥かごでのピッチングマシン打ちか、バッティングピッチャーの投げる球を打つシートバッティングだったが、午後練習はピッチャー陣がグラウンドに出てきてのフリー打撃となった。

「一日千本はスイングした」という打撃練習で、手袋はすぐに破れた。

次にその下の皮膚は血マメになり、それもすぐに破れ、血が噴き出してくる。

「痛い、痛いと言って、破れた手の上からテープをグルグル巻いて、またバットを握る。そうするとテーピングが血で余計に硬くなり、バットを握った状態で固まってしまうんです。だからバットを離すときがいちばん痛い」

丸まったままの手からバットを引き剝がす。

そこに血がべっとりとついた、穴の開いた手袋が見える。

破れてボロボロになった血染めの手袋の残像が、二宮はいまも記憶に残っている。

「長嶋さんは、とにかく『野球は打てば勝つんだ！　徹底的に打つんだ』と。あれだけ振り続けた

わけだから、翌年は本当に飛距離が出たんです。俺にこんな長打力があったのか！　と思うほど、センターオーバーも出るようになっていましたからね」

英才教育以外の何物でもない

後に、それだけ如実な成果があらわれるほどの打撃量をこなした二宮だが、伊東キャンプのもうひとつの名物・守備練習では、中畑ら内野陣とは別種の厳しさがあったという。

「僕ら外野は、ノックの時間はせいぜい一時間くらいだったんですが、伊東の場合は、時間の長さじゃないんです。外野手は四、五人と、ふだんのノックの半数ほどしかいない中でノッカーが二人つく。それでグルグル回っていくから、自分の番が来るのが通常ノックの四倍も早い、多い計算になる。僕の感覚では優に二時間を超えているような密度の濃さなんです」

　右へ左へと動かされ、走らされるノック。

　呼吸は乱れ、息が上がり、「よく体が動いたなあ」というほど厳しいものだったというが、二宮はそれを〝英才教育〟という独特の言葉で表現した。

「人数が少ないからコーチ陣の目も行き渡りますし、こちらは抜くことができない。少人数でやった伊東キャンプは、やはり英才教育以外の何物でもないんです。要はそれを、〝英才教育〟だと思えるかどうか、〝ありがたいこと〟だとわかるかどうか」

　不退転の決意で臨んだ二宮は、それを肌身で感じていた。だから、自分に降り注がれるノックの雨あられが、幸福のシャワーに感じられてならなかった。

　この広大なキャンバスを縦横無尽に駆け回ること、それでしか、自分の選手生命をつなぎ止める千載一遇のチャンスはつかめない。

同じサイクルでノックを受け続けた松本が、あるときセンターでうずくまり、心配して駆け寄った長嶋が吐いた名言、

「いいなあ、涙汗か――」

この出来事も記憶にはないほど、二宮はこのとき、一心不乱に没頭していたのだ。

「松本は手術をしたばっかりで、痛みが相当あったんだろうな。でも、そのときの僕は、人のことなんかかまっていられなかったんですよ。誰が脱落しようが、ケガしようが、それどころではない、自分が完走することがすべてだった。『俺には人生がかかっているんだ』とね……」

脇目もふらずにバットを振り、ボールを追いかけ続けた期間中、やはり、夕刻の馬場平での陸上トレーニングは、特筆すべき思い出があるという。

「草ボーボーのデコボコ道で、傾斜も急。その坂の上には、なにがあるか見えない。『こんなところを走るのか？』と目を疑う急傾斜ですよ。それを長嶋さんは、『まあ一キロくらいはあるだろうけどな、いいから走ってこい』と」

限界を自分で決めない

走力に自信があった二宮は、最初の一周はなんとか走り抜けた。

だが、スタート地点に帰ってみると、腿もふくらはぎも、パンパンに膨れ上がっている。

「あれだけバッティングして、ノックで動かされたあとに走るんですからね。何周も進めるうちに、どうしても足が回らなくなってくるんです。それがあるとき、中日の休みの前日くらいかな、長嶋さんが『今日は十周だあ！』と。こんなの無理だと思ったけど、やってみればできちゃうんだよね。いま思えば、あれがいちばんキツかったけど、やればできるんだ。最終日にも十周があったから、

計二度やったことになる。

人間っていうのは、不可能はないんだということを、長嶋さんは教えたかったんだと思う。『自分で限界を決めるな』ということを。やったら必ずできる。あの人は若いころ、それを自分でやってきたんじゃないかなあ。限界を自分で決めるなというのが、僕の伊東キャンプでの教訓です。みんなそうかもしれない。あの一カ月、あんなにバットを振り続けたことはない。学生時代も含めて。あれがみんなの土台になったはずなんだ」

そして最終日、長嶋が馬場平一周を、青息吐息で駆け戻ってきたのが、伊東キャンプ打ち上げの合図だった。

終わった、やり遂げた――。

二宮は感慨にふけると同時に、もうひとつ、気力が全身に充満しているのを実感していた。

「自分の体に自信が満ち満ちてきたというか、『これで来年が楽しみだな』という希望が湧いてきたんですね」

そこで二宮が感じていたのは、もっとやったら、自分を追いこんだら、さらにすごいことになるぞということだった。

しかし、自分には来年があるという希望と同時に、それを活かすチャンスが果たして巡ってくるのだろうかという不安が、依然、二宮の頭を支配していた。

明けて八〇年シーズン。

中畑、江川、松本らが一軍メンバーとして目覚ましい活躍を見せ、ひのき舞台に上がっていくのを横目に見ながら、二宮は一年を通してファームでの生活を強いられた。

ひとつの「不安」が的中した形だが、一方では「自信」が成績となって表れた。

八〇年、八一年とファームでの打撃成績が二年連続でリーグ二位となり、本塁打も二十本近く残すことができたのだ。巨人の一軍での華々しい活躍こそないが、野球で「飯を食っていく」ことは、なんとか続けられそうだった。

それは、伊東キャンプがもたらした、二宮にとっての〝成果〟だった。

一軍の戦力が充実し、八一年には藤田元司新監督の就任一年目で日本一となっていた巨人では、二宮は自分がレギュラーを獲るチャンスが薄くなっていることに気づいていたが、プロ野球は巨人だけではない。

ファームでの二年連続の実績は、他球団のスカウトの目に止まるに十分なものだった。この八〇年、八一年のシーズンオフに、広島カープ、南海ホークス（当時）両球団から、トレードの話が持ち込まれた。

〝討ち死に〟すらなく現役に幕

これはチャンスだった。巨人よりも戦力が劣るこの両チームであれば、自分の力は十分に、一軍のレギュラーに値する。

自信に満ちた二宮は、この話に乗りたかった。

「活躍の機会があれば、ぜひ行きたいです」

だが、思わぬ壁が立ちはだかるのだ。

両球団は無償でのトレードを願ったが、二宮のトレードには「有償」の条件がつけられた。お金を払ってまで二軍の二宮を獲得する余裕を、両球団は持ち合わせていなかった。二宮の淡い希望は、二年連続で叶わなかった。

「ピークの二十五、二十六歳を、ずっとファームで過ごしてしまった。グーッと気力・体力が充実しているときに一軍に上がることができなければ、力はしぼんでいってしまう、だんだん落ちて行ってしまう……」

現役引退は八三年、三十歳でのことだった。

巨人がリーグ優勝を果たしたその年のシーズン中、二宮は二軍の大洋ホエールズ（当時）戦で、デッドボールを受け、右手を骨折してしまう。

療養中の二宮が球団から「自由契約」を言い渡されたのは、日本シリーズが始まる十一月に入ってからのことだった。

「ふつう、もっと早く言われるはずです。他球団のテストを受ける準備ができる九月あたりには。実際、赤嶺なんかは九月の時点で言われていたから、僕は『俺は（自由契約では）ないんだ』と。でもなぜか、言われたのが十一月でした」

ケガからの回復具合をみて二宮を日本シリーズで使おうとでも、球団は考えていたのだろうか。だが、逆の方向で考えれば、それはすなわち、他球団に移籍されて活躍されては困るという会社側の「飼い殺し」のようにも映る。

「それ（自由契約）を通達された時点で、僕はいくつかの球団に打診に行ったんですが、『すでに枠が埋まっている』と。それで行き場を失って、結局、引退です。まあ、そういう人生ですよね、僕は……」

江川卓が渾身のストレートを小早川毅彦（広島カープ）にホームランされて引退を決めたのは、〝武士の討ち死に〟だった。

だが、龍馬のように「前のめりになって死にたい」と願い続けた二宮の選手人生は〝討ち死に〟

する舞台すらなく、ひっそりと幕を閉じたのだった。

引退後の人生設計を立てる間もなく武器を奪われた二宮は、無職になった。

二年前に、妻・淳子と結婚して家族を持つ身となっていた彼は、「なにを考える間もなく」就職活動しなければいけなかった。

「野球界に残るという選択肢もあったんです。ダイエーが数年後から球団（福岡ダイエーホークス、現・福岡ソフトバンクホークス）を持つという話が水面下で進行していて、僕は紹介されて中内㓛オーナー（ダイエー創業者）の秘書にお会いしているんです。

話は、とりあえずは大阪にあるスポーツ用品販売の店舗経営に携わってほしいというものでした。ただ、女房と相談した結果、『いまさら大阪に行くのはどうか』ということになって、お断りしてしまったんですね」

結局、妻の実家である北海道旭川市に移って、旭川市教育委員会の嘱託職員として働くことになった。

妻の父親が当時の旭川市長と懇意だったことから決まったこの就職が、後の指導者として、二宮の運命を好転させることにつながるのだから、人生とは、なにが幸いするのかわからない。

「配属は教育委員会の社会体育課で、仕事の内容は、市民マラソンやスキーのバーサー大会の事務局での企画・運営でした。僕はそこで、ある程度、デスクワークを覚えた。それまでこの方、野球ひと筋に過ごしてきた人間にとって、これは大きかったんですね。裏方の仕事を覚えましたから。

そのころ、教育長に『あなたは野球が専門なんだから、野球を教えたらどうかな』と言われたんですが……」

それには、野球界の〝悪法〟プロ野球選手協約が抵触する。

プロ野球に携わる人間は、引退後十年しないとアマチュアに教えることができないというルールだった。

「だったら十年待てばいいんだ。まずは教員の資格を取りなさい」

二宮は教育長のその一声で、教員資格を取得することにした。

大学を卒業していたことに、はじめて感謝した。

得意な野球を教えられる喜び

先生になる――。

元プロ野球選手からの大きな転身だが、そのモチベーションには、スキー大会などで子どもたちと接してきた経験が大きく影響していた。

「スキーを小学生に教えたりするんです。僕は未経験者だったから、毎晩ナイタースキーに行って、一生懸命覚えて滑れるようになった。でも、それを児童に教えると、子どもは飲み込みが早くて、すぐ滑れるようになるんですね。また、子どもだから、滑れるようになると素直に喜ぶ。無邪気に笑っている。そんな姿を見ているのが、いつしか自分の楽しみになっていました。

　僕ら夫婦には、子どもがいませんでしたから、『ああ、子どもが喜ぶのって、こんなにいいものなんだな』と。それに気がついたとき、『俺の得意な野球を教えられたら、もっといいだろうにな』と。プロ野球で得たものを子どもたちに伝えなければいけないと、次第に本気で思うようになってきたんです」

自分を活かせる道は、なにもプロ野球の世界だけではない。この子たちの喜ぶ顔を、野球を教えることで、ずっと見ることができる。そんな喜びも、あるじゃないか。

そう、自分が主役になるだけが、男の人生ではない。誰かのために、しかも未来ある子どもたちのために、自分の経験を活かすことができるのなら、それも立派な男の人生である。

二宮は、プロ生活の八年間で書きためていた日記を掘り起こし、自分が得てきたものを振り返ることで準備を始めた。

妻と上京し、不動産会社に就職して働きながら、教員免許を取得すると、野球協約の「十年」の縛りがなくなる九二年に、目黒区のシニア（中学生）チーム『目黒西シニア』の監督に就任。

ここから、二宮の野球指導者としてのキャリアが始まったのだ。

「中学生というのは成長過程で、野球でいうと『いちばん真っ白な時期』なんです。小学校を卒業したばかりのころは到底無理だったことが、二、三年生になって体ができてくると、目に見えて、できるようになってくる。振れなかったバットが振れるようになり、捕れなかったボールが捕れるようになる。言われたことも、飲み込みが早くて、日々成長していくのがわかるんです。これが、なによりの楽しみでした」

同地区のシニアチームでは、二宮のような本格的な元プロ出身の指導者がいなかった。その中に彼が入れば、子どもたちの技術が高度でなくても、そこそこ勝つことができるようにチームとして上達していく。

「はじめは選手を九人集めるのがやっとのようなチームでした。野村沙知代さんがオーナーをしていたチームに、二十点も取られて大敗していた。それが、一年経ち、二年経つと、選手が集まってくるようになって、最後の五年目には連勝するようになったんです」

その九七年、目黒西シニアは全国選手権に出場し、三位の成績に輝いたのだ。

少年野球の指導にのめりこんだ五年間を経て、二宮はプロ野球界に復帰する。

「外野の守備を」中日からオファー

その奇縁を演出したのは、中日ドラゴンズ監督当時の星野仙一だった。

「現役時代は試合で挨拶するくらいしかなかったんですが、星野さんの奥さんが広島の方で、広島商業出身という僕の経歴が目に留まったんではないですかね。

九七年は名古屋ドーム元年だったんですが、中日は最下位になってしまっていた。外野が広くなって、外野守備の穴が目立ったんでしょうね。八月ごろに電話がかかってきて『外野の守備をみてくれないか――』と」

その秋に契約する運びとなった大きな理由はふたつあった。

ひとつは、サラリーマン生活に比べて、プロのコーチは年収が倍増すること。

もうひとつは、素人集団だった中学生チームを全国三位にまで導くことができた自分の指導力を、プロ野球の世界で試したかったこと。

不遇の現役時代を通して成しえなかったプロ一軍の最高の舞台で、指導者としての責を任されることの意義。

巡りめぐって二宮は、もう一度、プロ野球の世界で、今度は指導者としてのユニフォームに袖を通すことになったのだ。

丸六年に及ぶ中日ドラゴンズ守備・走塁コーチとしてのキャリアの中で、二宮は後に一流選手となって活躍する多くの選手のコンバートを成功させている。

初年度に指導を任されたのは、井上一樹と関川浩一だった。

「井上はピッチャーから野手に転向した年でした。関川は阪神からキャッチャーで獲得したばかりの選手でした。この二人を、星野さんから『なんとか一人前の外野手にしてくれんか』と。素人を外野手のレギュラーにしたようなもんですよ」

二宮の特訓を受けた井上と関川は、すぐこの年から頭角を現し始め、外野手として定着。翌九九年には井上が二十一試合連続ヒット、関川が年間打率三割三分を記録するなど中心選手として活躍し、リーグ優勝の立役者となった。

福留孝介を一年でゴールデングラブ賞に

そして、なんといっても二宮の中日時代の最大の功績は、福留孝介にほどこした〝英才教育〟だった。

九九年シーズンからプロ生活を始めた福留は、打撃こそ一定の成績を残したが、守備の不手際が目立っていた。遊撃手でエラーを連発し、一年でサードにコンバートされるが、ここでも失策は絶えず、打撃も不振に陥った。

〇二年、この年から監督に就任した山田久志はベテランの領域に入りつつあった立浪和義を本格的にサードで使う意向を示し、福留は外野に回さざるを得なくなった。

山田からは「福留をセンターにコンバートしてほしい」と打診されたものの、二宮はライトへのコンバートを主張した。

これには目論見があった。

「守備範囲が広いセンターは、最初にコンバートされて守るには難しいんです。でもライトは左手にファウルラインがあるから、守りやすい。それと福留には強肩があるから、ライトからの補殺で活かせると考えた。それで山田監督に『ライトだったら、一年でゴールデングラブ賞を取らせますよ』とホラを吹いたんですよ」

ここで二宮は、福留をマンツーマンで徹底的に鍛える方針を取った。

「春のキャンプからずっと、特訓です。ノックは一切しないで、大きなライナーを後ろに追いかけていく足の運び――ステップの反復練習です。ノックをしないのは、ボールを実際に追いかけると足の運びがおろそかになるから。そうではなく、最短距離を移動することを、体に染み込ませなければいけないんです」

ボールを見ずに後ろにダッシュしていく。我慢して我慢して、まだ振り返らない。そのステップを踏む練習を繰り返していけば、捕球の技術はあとからついてくる。

二宮は噛んで含めるようにその理論を説き、着実に実行させた。そのうえでフリーバッティングの際に、一人、ライトを守らせた。

福留は来る日も来る日も、打者の打球だけを追いかけていた。

「不足分のゴロの捕球、バックホームの仕方は、全体練習のあとに僕が居残りでノックしたんです。そこで十本、ストライクがキャッチャーミットに返ってきたら、ようやくその日の練習は終わり、というふうに」

二宮の狙いはズバリと当たり、コンバート一年目にして福留は巨人の高橋由伸を抑えて、本当にゴールデングラブ賞を受賞した。

バッティングも本来の勝負強さを取り戻し、〇三年には松井秀喜の三冠王を阻止して首位打者に輝いた。

「福留にしても、井上にしても、彼らはレギュラーを獲っていない選手だった。『絶対にレギュラーになりたい』というハングリー精神があるんです。そこに指導者は、うまくプランを当てはめていってあげればいい。『こうしたら使ってもらえるよ、一生懸命頑張りなさい』と導いて、ゴールが近づいてきたときに、一気に開花するんです。

井上なんて『ピッチャーとしてはクビ』と言われたんだから、ふつうその時点で〝ゴミ箱行き〟なんです。福留だって、内野でショートに回されてもダメ、サードもダメ、ライトがダメならもう、〝塀の外〟しかなかった。だから、僕の言うことも素直に聞いたんです。そんな〝ゴミ箱行き〟の選手が拾われて『レギュラーにしてやる』と言われれば、みんな目の色を変えてやるもんですよ」

それは選手時代、実力はあるにもかかわらず、一軍での出場機会を与えられることなく、志半ばにして引退を余儀なくされた二宮だからこその〝慧眼《けいがん》〟だったのかもしれない。

二宮が自身の経験を踏まえて諭すとき、岐路に立たされている選手の耳には、それが説得力を持って迫ってくるはずなのだ。

外発的要因と内発的要因

「中日なんかには、チャンスがいっぱいあるんだと。巨人はコンバートしても、結果が出なければ待ってくれないでしょう。ダメなら、よそから引き抜いてくる。するとそのポジションは埋まってしまう。僕は、それを経験してきたから、『ここを逃したら、終わっちゃうよ』と選手に言えるんです。

福留もそうだった。もともと、パワー、走力、肩の強さ、この三つを併せ持っていて素質はあった。それが実戦に出ることができたからこそ、言われた通りにやれば捕球できることがわかった。『ああ、これでいいんだ』という繰り返しで、ますます練習に身が入るんです。でも出してもらえなかったら、それは実現できないんです」

そのマンツーマンの指導は、二宮が伊東キャンプで経験した〝英才教育〟と同じ密度を持つものであった。

「僕にしても、中畑や松本にしてもそう。ああいう密度で指導者と選手が接すれば、絶対にモノになります。要するに、いかに選手の自主的な向上心を掻き立てられるかが、指導者としての最大の役割なんです」

二宮はそれを、「外発的要因と内発的要因」というふたつのキーワードを持ちだして、説明する。

「外発的要因とは、たとえば殴られながら『お前、あと百本やれ』と強要されるようなもの。内発的要因とは、そうではなく、『自分からやろう』という自発的な気持ちから出るものなんです。

だから僕は、伊東キャンプの話は出しますよ。『自分が考えている限界は、限界なんかじゃない。手が剝けて、これ以上バットを振れませんというところまでやってみて、はじめて限界がわかる。俺は伊東キャンプでやったよ、教わったよ。手が血だらけで固まって、バットから離すのが痛かったから、ずっと握っているくらいだった、そうしたら翌年、すごく打てたよ』ってね」

伊東キャンプで二宮が得た教訓は、

「自分で限界を決めるな」

という、長嶋茂雄が現役時代からずっと体現してきたことそのものだった。

練習時間は決められていない、限界は自分で決めるものではない、一歩踏み出したとき、おのずと先が見えてくる――。

それを二宮から伝授された福留が、〇四年には、長嶋ジャパンのアテネオリンピック日本代表に招集され、〇六年の第一回ＷＢＣでは日本代表の世界一に貢献、後にメジャーリーグに挑戦した。

長嶋はアテネオリンピックアジア予選の代表選手招集の際、

「君たちは野球界の伝道師になってほしい」

と願いを込めた。

その二十四戦士の中にいた福留は、二宮が二十五年前に長嶋から施された〝英才教育〟の教訓をもって一人前に育てあげた選手だったのである。

これは言ってみれば、二宮自身が〝伝道師〟だったことにほかならないのではないか。

「うーん」とひとつ、沈思黙考したうえで、二宮は話し出した。

「……それがやっぱり、いままで僕が、指導者をやってきているということなんじゃないかなと。長嶋さんの発想は雄大で、つねに人が考えつかないような大きな世界で物事を考えている。チームだけのことではなく、十二球団のことをつねに考える。日本のプロ野球界だけではなく、ワールドワイドな視点で野球を捉えている。

そんな長嶋さんから僕が教わったのが、『限界を決めないこと』。そしてその根底には、野球に対する情熱があるんです。伊東キャンプは僕に、そんな野球観を発見させてくれたキャンプでした」

浪人中にDeNAから復帰要請

中日ドラゴンズの後、二宮は○四年、台湾のＬａ Ｎｅｗベアーズでの打撃コーチを経て、○七年から四年間、松本大学野球部監督として学生を指導した。

「学生野球は人間教育の一環」という指導方針で、学生たちの自発性を引き出そうとしたが、早急に大会成績での結果を求める大学側の意向に反することとなった。基礎からの人間教育は時間を要するものだったのである。

二宮は、二期目の契約延長なしに、四年で大学を去った。

「教員の立場で学生を指導したい」と言って〝指導者浪人〟していた二宮に、思いがけないところから声がかかったのは、一一年師走の慌しい時期のことだった。

盟友・中畑清の降って湧いたような横浜ＤｅＮＡベイスターズ初代監督就任で、外野守備・走塁コーチを打診されたのだ。こうしてプロ野球界に復帰した二宮は、後の一六年には二軍監督に就任、一七年シーズンまで務めて横浜を退団した。

そして一八年七月から、学生野球の指導に舞い戻るのである。

北海道・星槎《せいさ》道都大学硬式野球部監督への就任。

かつて一期のみで果たせず仕舞いだった「野球における人間教育」を、六十代半ばとなって再び学生と対峙した二宮は、どう実践しているというのだろうか。

「もちろんいまも、学生野球の最大の目的が『人間形成』であるという理念は変わりません。そのうえで、いまの学生に伝えているのはふたつ。

対戦相手をつねにリスペクトすること。当たり前ですが、野球は相手があってこそ試合ができる。とにかく尊敬の念をもって闘っていくことを教えています。

そしてふたつめは、何事にも全力であること。キーワードは、全力投球、全力疾走です。甲子園を目指す高校時代は全力疾走していたのに、大学生になった途端に、がむしゃらさがなくなります。学生野球がいまひとつ、熱に、盛り上がりに欠ける理由は、そこではないかなと」

星槎道都大学が所属する札幌学生野球連盟は、一部リーグが「札幌六大学野球リーグ」と呼ばれているが、二宮が就任後の同学はそのリーグ優勝のうえ、一九年には全日本大学野球選手権大会に出場するなど、実績も着実に重ねている。

いま、北広島市にある広大な敷地で日々、学生たちに「全力疾走」を説く二宮は、自身の指導者キャリアにおいても現役只中の充実ぶりをみせているのだ。

「同年代で野球の現場に携われるのも、限られてきています。そんな貴重な経験をさせてもらえるには、まず健康でなければいけないし、この年齢になっても、まだ若い人たちと野球で向き合えることに感謝しているんです」

恩師・長嶋の背中に学んだ指導者像を具現する行路に、二宮はチャレンジしている。

北の大地に伊東の土を、馬場平の峻険な光景を、いま二宮は重ねているのかもしれない。

第9章 中畑 清

中畑清、命がけで頑張って参ります

二〇〇四年七月二十五日のことになる。

東京・世田谷、閑静な住宅街に位置する、駒澤大学キャンパスの広場は、夕刻、四千人を超える人々でごった返していた。

折からの猛暑の中、訪れた参加者の目的は、盆踊り——。

これは駒澤大学同窓会東京都支部が主催する「駒沢ふれあい広場第二回盆踊り大会」というイベントで、「駒澤大学と地元の方々の交流を」という趣旨で企画された催しだった。

午後五時、同支部会長（当時）を務める大男が、櫓《やぐら》の上に浴衣姿で登壇すると、参加者たちから大きな拍手と歓声が沸き上がる。

中畑清であった。

中畑清は「長嶋の教え子というプライド」を胸に刻む。（写真＝産経新聞社）

「今年も、地元のみなさまとの盆踊り大会を盛大に開催させていただきます。中畑清、終わりまで踊り続けますので、みなさんも盛り上がっていきましょう！」

読売巨人軍の選手時代は〝ヤッターマン〟の愛称で親しまれ、得意のセリフは、

「絶好調！」

根っからのお祭り男は、やはりこういう舞台がよく似合う。

『東京音頭』『世田谷音頭』などのメロディに乗せて、それぞれ浴衣姿の参加者たちが壇上にいる中畑を中心に優雅に踊り歩き、回っていく。

さらに『きよしのズンドコ節』では、サビの「キヨシ！」のコールにあわせて参加者たちが右手を突き上げる。中畑は、それに応えて上機嫌であった。

すっかり日が落ちて、提灯のあかりが目に鮮やかな時間帯になってくると、中畑は小さな子どもを肩車して再登場。参加者たちの前をひと回りした。

この子は、もうすぐ満二歳になる孫・凜だった――。


盆踊りは佳境を迎えていた。

訪れた人は、午後八時の時点ですでに前年より二千人も多く、六千人を超えたという。中畑家は家族総出で、傍らの模擬店で「焼きそば屋」を出していた。

近い将来、焼肉料理店の出店を目指している長男の淳が、鉄板のうえでコテを自在に操っている。

「三百食分用意したんですけど、もう売り切れちゃいそうですよ」

バンダナ代わりに巻いたタオルを乗り越えて、汗がしたたり落ちる。

祭りの最後は、やはり中畑清の挨拶だった。

「今日はどうも、ありがとうございました。あと十日もすれば、長嶋ジャパン、アテネに向けて、日本を発ちます。この中畑清、命がけで頑張って参ります。ぜひ皆さんに金メダルの報告ができるよう、全力を尽くして参りますので、ご声援、よろしくお願いいたします！」

すると中畑には、この日来場したファンが寄せ書きをした日の丸の旗が、贈呈された。

「絶好調」

「金メダル」

「フォア・ザ・フラッグ」

真っ白な旗が真っ黒に見えるほどに埋め尽くされた、激励のコメントだった。

それをしげしげと見つめると、アテネオリンピック野球日本代表ヘッドコーチの中畑清は、唇を噛み締めた――。

長嶋茂雄「五輪監督」に求められたもの

オリンピックにおける野球競技は、八四年のロサンゼルス大会から公開競技として実施された。日本代表は川崎製鉄水島の宮本和知（後にジャイアンツ入り）や明治大学の広沢克己（後にスワローズ入り）ら社会人や学生で構成され、金メダルを獲得。

続く八八年のソウル大会では、野茂英雄、古田敦也、野村謙二郎ら、これも後に、プロ入りするメンバーを揃えて銀メダルに。

正式種目となった九二年のバルセロナ大会では銅メダル、九六年のアトランタ大会では銀メダルとなり、〇〇年のシドニー大会から、史上初めて現役プロ野球選手の参加が決定された。

古田、松坂大輔らを中心にプロ・アマ混成チームが構成されたそのシドニー大会では、三位決定戦でオールプロの韓国チームに敗れ、初めてメダルを逃すという事態を生んでいた。

そこで日本の野球界は〇四年アテネオリンピックにオールプロで臨むことを決議し、「プロ野球選手のみの日本代表チーム」を全日本野球会議が統率する運びとなった。

そして〇二年、アテネオリンピック野球日本代表監督に就任したのが、前年に読売巨人軍監督を勇退し、同終身名誉監督となっていた長嶋茂雄だったのである。

しかし、この〝ミスタープロ野球〟長嶋茂雄の代表監督就任は、日本のプロ野球界がかつて経験したことのない未曾有の出来事へと発展していくことになる――。

そもそも考えてみれば、アメリカ発祥で、これだけ日本で国民的人気を誇る競技に、世界最高峰を極めるトーナメントが設定されていないこと自体、不思議なことだったのかもしれない。

プロ野球は二リーグのペナントレースで覇権を争い、日本シリーズが国内の年間最優秀チームを決める闘いと位置づけられていた。外国人選手の招聘《しょうへい》や交流試合を通して、世界のレベルを感じることは国民にはできたが、チャンピオンシップを争う国際的なトーナメントなど、概念自体が野球ファン・関係者の頭には微塵もなかったのだ。

もちろん、先述したように公開競技としてオリンピックに採用された八四年のロサンゼルス大会から、アマチュアの代表チームが活躍を示していた。第一回こそ日本は金メダルを獲得しているが、八八、九二、九六年と銀メダル、銅メダル。世界一を獲れなくなった。

だが、日本プロ野球界は当初、それを他山の石のごとく無視し続けた。

「日本プロ野球こそが最高峰」

との意識があったのか否か、確かなのは、ハッキリとそれに「関わらない」という姿勢を見せてきたことである。

ところが、九三年にプロ化したサッカーのJリーグ人気は沸騰。

ワールドカップやオリンピックでのサッカー日本代表の活躍、そしてそれを支持するサポーターたちの熱狂を見るにつけ、野球人もようやく「世界」という選択肢を現実のものとして考えるようになっていく。

野茂英雄、イチロー、松井秀喜……。

野球の世界で最高峰とされるメジャー・リーグの場に単身乗り込み、しっかりとその地に存在を根付かせていく彼らの活躍。

やがてメジャー・リーグも傘下選手の米国代表チームへの選手派遣を解禁したことで、遅ればせながら日本プロ野球界もその重すぎた腰を上げ、オリンピック派遣を決定したという流れであった。

しかし、松坂大輔、中村紀洋らプロの投打の主軸を、アマチュアとの混成チームに初めて投じた○○年のシドニー大会は、なんと史上はじめて、メダルを逃してしまう。日本のプロ野球界にとって、この現状の打開策は、もはや「長嶋ジャパン」しかなかったのである。

長嶋は、現役選手時代に、メジャー・リーグでのプレーを切望していたといわれる。だが当然、「読売巨人軍」の看板が、それを許すはずもない。また、そんな時代でもあった。

国際感覚豊かな長嶋が世界を見て感じていた大きな壁。そこにチャレンジしていくという機運をつくるのもまた、日本のプロ野球を黎明期から支えてきた人間の役目かもしれない。

いや、国を代表して闘うのは、長嶋茂雄の使命だったのである。

齢七十を前にした長嶋をして、陣頭指揮を執るよう突き動かしめた理由は、

「国のため」

シンプルにこれだった――。

人目につかないところでお茶でも飲もう

日本代表チームを組閣するにあたって、長嶋が最初に呼び出したのは、愛弟子の中畑清だった。九三年の第二次長嶋ジャイアンツにヘッドコーチとして要請して以来のことだった。

　中畑はその様子を、こう振り返る。

「うん、なぜかオヤジ――オヤジって俺は言っちゃうんだけどさあ――長嶋監督の節目、節目っていうときに、俺はその傍らにいるんだけれど、それはオヤジに置かせてもらっているんだよ。もちろん、押しかけ女房でもしたいくらい、子どものときから憧れている人だけどね。その人から呼ばれるってことは、こんな幸せってのはないよ。

　でも、アテネの要請のときは笑わせてもらった。最初は電話で言われたんだけど、

『電話じゃね、ちょっとキヨシ、あれだから、お茶でも飲もうか一緒に、ちょっと人目につかないところでな。行きつけのスポーツジムのところにラウンジがあるから、そこはあまり、人がいないから』

　それで、そこに行ったら、もういっぱい人が来てるの。その目の前、いちばん目立つところに、オヤジがいるのよ！

　もう、おかし過ぎて突っ込めないけどね、本人は屁でもない。言ってることと、やってることがほとんど違うんだから。だって目立ちたいんだもの、基本的には。本人はさ、目立っちゃいけないような話をしたいと思ってるのよ。でも、そのやり取りをそのまま本当は見せてあげたいっていうサービス精神が、元来メチャクチャある人だから。それは、俺は手に取るようにわかるから。同じ

性格だからね」

　その光景が目に浮かんでくるほど「らしい」エピソードとは正反対の過酷な試練が二人を、長嶋ジャパンを、その後、待ち受けていた。

「最高責任者・長嶋茂雄っていう立場は、俺らとはやっぱり違う。『オヤジを勝たせよう』と俺たちは思って闘ったけれど、当のオヤジは、『日の丸を背負う』っていう意識が、誰よりも強かったんだ」

　長嶋ジャパン、スタッフ・選手の顔合わせとなったミーティングの際には、長嶋の希望で会場に特大サイズの「日の丸」を掲揚した。

　出陣前に、必ず「君が代」を全員で歌って行くことも、長嶋の提案だった。

「それくらい、『日本代表』ということを、意識していた。まあ、いまの選手たちにしてみれば、ちょっと異常かなと思えるくらいのものはあったかもしれない。

　でも実際に、若い選手たちがそれに対してシラケていたらダメだったんだろうけれども、アテネの選手たちには、その長嶋さんの気持ちが、とってもよく伝わっていた。理解した上で、国の代表に恥じない闘いをしなきゃという使命感があったんだ」

　かくして長嶋ジャパンは〇三年十一月、オリンピック出場権をかけたアジア野球選手権に臨んだ。

　上原浩治、松坂、和田毅ら、球界屈指のエース陣が、それぞれ中国、チャイニーズ・タイペイ、韓国戦で完璧に近い内容の投球を見せた。打撃陣も、城島健司、高橋由伸ら錚々《そうそう》たるスラッガーが、キャプテン・宮本慎也を中心に、つなぎのバッティングを徹底。

　終わってみれば、三勝〇敗。アジア予選をトップ通過し、アテネへの出場権を獲得した。

「あれほど、イメージ以上の試合展開で勝てた試合ってのは、なかったんじゃない？　三戦終わっ

た時点で、オヤジも、

『三試合でワン（一）失点？　完璧な野球したな』

って、誇らしげだったからね。期待通りの力、それ以上のものを出してくれたからね。もともと力のある選手たち。その底力を引き出すのは、やっぱりハートとハートなんだなってことを、つくづく感じたんだよね」

プレッシャーを楽しめ

だが、その裏では、日本代表としてのプレッシャー、日の丸を背負って闘うことの重圧が、長嶋とスタッフ、そして選手たちを重く支配していたという。

「アジア予選のあと、監督はベンチで声を出しすぎて、声が嗄《か》れてしまってさ。もちろん俺も嗄れちゃったんだけど、監督はちょっと赤っぽい顔をしてたんだよな、妙に。限界に近いところのプレッシャーで、あの三試合を闘っていたんだな。『予選は当然、通過できるもの』という周囲の楽観視の中で、あれだけのプレッシャーを感じていたというね。あんな姿を見たことないから。いつも、我々には、

『プレッシャーを楽しみなさいよ。プレッシャーを感じながら野球をできるなんて、ホントに幸せなんだから』

ってつねにお客さんを楽しませることを第一に考えて、いろんなハッスルプレーを提供してきた人だけにさ、まったく違う世界を感じていたんだと思う。プロ野球で、自分が監督として指揮を執ってきた中にもなかったような、初めて味わう世界があったはずなんだよ」

一枚岩を感じさせたアジア大会での長嶋ジャパン。すべては金メダル獲得に向けて順調に進んで

いたはずだった。

だが、誰もが予想だにし得なかった大事件が、このアジア予選後に起きるのである。

それは〇四年三月四日のことだった——。


長嶋茂雄、倒れるの報。「あり得ない！」


中畑がその報を聞いたのは、同日夕刻のことだった。

「その日……俺はオフだったんだ。気の合う仲間たちと一緒に、馴染みの店にいた。そこで、ああでもない、こうでもない、とワイワイ楽しくやっていた。そんなとき突然、携帯電話が鳴ったんだよな」

《長嶋茂雄、倒れる——》

それは、馴染みの新聞記者からだった。

「長嶋さんが倒れて入院したと聞いたんですけど、なにか詳しい情報は入ってますか？」

慌てふためいたような口調で、挨拶もそこそこに、いきなり聞いてきた。

もちろん中畑は、そんなこと知る由もない。

「知らない、知らない。骨休めなんじゃないの？」

とりあえずはそう答えて、ひとまず電話を切った。

「寝耳に水って、こういうことを言うんだろうな。それくらい俺には、あまり深刻に受け止められなかったんだ、最初はね。というのも、オヤジはアジア予選が終わった直後も、疲れて三日くらい、倒れて……っていうか骨休めの意味でも入院してるんだよ。その数カ月はホント、全日本を含めてだけれども、ものすごくハードな過密スケジュールを送ってきていた。だから、また疲れが出たのかなくらいに、俺は思ったんだ」

　すると、しばらくしてまた、今度は別の人間から電話が入った。

「もしかしたら、深刻な容態かもしれないですよ」

　その後、電話はひっきりなしにかかってくるようになり、その内容は、中畑の想像とは裏腹に、耳を疑うような深刻な報告へと次第に、変わっていった。

「脳卒中らしいです」

「かなり危険な状態のようですよ」

　そしてとうとう、夜のニュースで、アナウンサーがこう読み上げるのを聞いた。


――今日午前、プロ野球・読売巨人軍終身名誉監督で、アテネオリンピック野球日本代表監督の長嶋茂雄さんが倒れ、東京女子医大病院に運ばれました――


「でも、そんなニュースを聞くに及んでも、俺にはとても、イメージが湧かなかったんだよね。『長嶋茂雄が、脳梗塞で倒れる』っていうこと自体が、オヤジのイメージに結びつかないんだよ。あり得ない！　って、それでも思っていたんだ……」

　長嶋よろしく、この中畑も、ハッスルプレーを身上とし、つねにチームのムードメーカーとなるべく潑剌《はつらつ》と、選手生活を送ってきた。

「絶好調男」

「ヤッターマン」

　そんなニックネームをいちばん喜ぶのが当の本人であるほど中畑は、生来、明るい人間であり、お祭り男である。

病気とは無縁だと思っていた

その中畑が「あの日」のことを語るときだけ、伏目がちになった。

ややあって少しだけ上目遣いになり、やがておぼろに視線をさまよわせた。

「いっつも元気でさ、とにかく身体には人一倍、気を遣ってる人だから。タバコは吸わないし、酒もそんなに飲む人じゃないしね。

それから朝の散歩もね、必ず欠かさずやっているし……ただ、以前はジョギングをしていたんだけれども、倒れる直前は、『ジョギングができないんだよね、キヨシ。最近ね、ほんとに散歩くらいしかできなくなってきたんだよ』って、俺にもこぼしていたことがあった。でも、欠かさず散歩は続けてたんだよ。だからそういう元気な姿っていうのは、俺には先入観でね、継続して焼きついてるから。倒れたと聞いても、前回のときのように、骨休め程度のものなのかと……ホントに信じられなかったんだ」

長嶋がどういう状況に置かれているのか——その正確な情報は、中畑ですらつかめなかった。

「記者会見が開かれるという状況を聞くに及んで初めてだよね、事実を事実として、受け入れなければと思うようになったのは。それくらい、長嶋茂雄っていう存在に対して、病気とは無縁の存在だっていう先入観で来てしまった。

逆に言えば、それだけの、期待と呼ぶには大きすぎる期待を、俺も含めて、オヤジの存在に掛けすぎてきてしまった。そのことの代償もあったのかもしれない……」

ここで中畑は、

「でもそれはな……」

と前置きして、続けた。

「それは、誰もが初めての経験の中で、これ以上ないプレッシャーを背負ってオヤジが進んで日本から出て行ったことの証明なんだよ。

言ってみれば、もはや、なにも冒険する必要のない位置にいる人。危険を冒さずに生きていくという選択肢だってあったはずなんだ。それを敢えて、勇敢にチャレンジすることに、自分の身を置いた。こんなこと、長嶋さん以外に、誰ができるって言うんだよ」

中畑の口調に熱がこもっていた。気がつけば、両の手は、拳を握り締めている。

そして両目は、潤んでいくようだった。

「あれだけ底抜けに明るく、天真爛漫で楽しい人が、まったく笑顔がなかったアジア大会の一週間だった。監督室ですら、ジョークも笑いもまったくなかったんだ。

それほどの真剣勝負は、俺が巨人軍のコーチのときも経験がなかった。オリンピックは一発勝負なんだ。日本シリーズでもそれは比較にならないからね。高校野球、大学野球と始めてきて、プロに入って、そこでもなかったような初めて味わう世界だったんだよ。

日本の野球界全体の代表として、日の丸をつけて行く。なおかつ、オールプロで行く。ってことは、日本のプロ野球そのものを評価されてしまう初めての舞台だったんだ」

そう、それこそが、長嶋と野球日本代表の本当のプレッシャーだったのだ。初めての足跡を残すための舞台、しかも長嶋ジャパンでトライする。

「野球界の伝道師になってほしい」が口癖

「これしかないっていう〝決定版中の決定版〟だったんだから、長嶋さんの『命』がかかってたと思うんだ。『長嶋さんの人気＝プロ野球』として歴史をつくってきた、そう俺は思っている。その位置付けを、人生をかけて意識していたんだと思う」

長嶋が倒れた直後は、選手たちにとっても、言い知れない動揺が走ったことだろう。マスコミの取材に対して代表選手がこぞって口をつぐんだことからも、それは容易に察しがついた。

しかし中畑はアテネに向かう選手たちに、長嶋茂雄の思いを繰り返し、噛んで含めるように伝え続けた。まずは、キャプテンの宮本へ、つづいて三浦大輔ら中堅選手たちへ、そして、将来を担う松坂らへ——。

「『フォア・ザ・フラッグ、フォア・ザ・チーム』ってことを掲げたオヤジが、なんで二十代中心の若いチーム編成にこだわったかというとね、

『君たちは野球界の伝道師になってほしい』

口癖のようにいつも言っていた、この言葉を伝えたかったからなんだ。選手たちに、野球の原点、つまり『チームのために闘う』ってことを、自分の姿を通してメッセージとして送りたかったんじゃないか。そう思うよね。次の世代、また次の世代にも、伝えていってほしい。そんな切なる願いがあったんだよ。そんなメッセージを、このオリンピックという世界レベルの大会を通して送りたかったんだよ。

プロ野球の観客動員が落ちているってことは、それだけ、試合に、選手に商品価値が落ちているってことなわけでしょ。それはジャイアンツだってそうじゃない。それはなぜか？

選手たちも、まずそこに気づきなさいよと。強い精神を持った者たちが力を合わせて見せる最高

のプレー。それを提供できればお客さんはついて来てくれるんだっていうものを、自分たちの行動する姿で見せたかったというのが、長嶋ジャパンだったんじゃないの」

長嶋はそれまでも、野球界の危機を感じるや、必ずそこで立ち上がってきた。

監督として二度目の巨人のユニフォームに袖を通した九三年もそう。Jリーグが発足して、プロ野球の危機説が流れたそのときに、野球界のために一肌脱いだ。

そういう節目、節目で、必ず表舞台に出てきたのが、長嶋だったのである。

「アテネのことも、先を見ていたんだ。予選に通るかどうかもわからない段階で、アテネに行って、前年六月の段階で、〇四年の準備をしてきたんだから、あの人は。宿舎からなにから、ぜんぶあの長嶋さんが『ここでいい、ここではダメ』というのを自分でしてきたんだよ！　球界の危機を察知しての監督就任だったと俺は思うんだ」

そんな中、無念、倒れた長嶋。

中畑は、選手たちにこう伝えたかった。

《その監督のために、俺は闘う！　みんな、一緒にやろうじゃないか！　ほら、監督の椅子に長嶋さんは、いつも座っているじゃないか！》

人生はやっぱり人間運

その年の八月五日、長嶋監督不在のままアテネに向かうことになった成田空港で、中畑は、次のように言っていた。

「負けて帰ってきたら、オヤジではなく指揮を執ることになった俺の責任だ。でもこれは〝宿命〟なんだよ」

そして、ひとつ息を置いて、こう続けた。

「人生はやっぱり『人間運』なんだ。いい人間に会うってのは、人生の最大の財産だよ。俺にとっては長嶋茂雄に出逢えたことが、ここまで来ることができたすべてなのさ。だから、そのオヤジのために闘う。そんなオリンピックがあってもいいだろう……」

そして迎えたアテネオリンピックの舞台。

他国が本戦である準決勝と決勝にのみ照準を絞るような「戦略」で予選を消化した中で、オールプロで臨んだジャパンは、初戦から決勝戦まで九戦全勝すること。それに賭けていた。

結果、予選リーグでオリンピック史上初めてキューバを破るものの、伏兵であるオーストラリアに敗れ、六勝一敗で予選を一位通過。

しかし準決勝でまたオーストラリアと対戦すると、苦手意識を引きずったか、〇対一で惜敗して金メダルの夢はあえなく潰《つい》えた。三位決定戦で勝利しての銅メダルに終わったのだ。

それは愚直なまでの「日本野球」であったが、考えてみれば当時の長嶋ジャパンには、こうするしかなかったとも言えるのである。

帰国便の機内で、中畑は次のように総括していた。

「少しでも余裕を持って、勝つときだけ勝てばいいっていうプランを持つには、それだけのチームを準備期間をかけて作らなければならない。いまの日本のシステムでは、それは無理だったんだ。今回俺たちが、初めてオールプロで行って出した結果。金メダルを獲れなかったという結果。それが次の材料になれば、それでいいんだよ。オヤジがなんで若い選手を選んだのかってことなのさ。

彼らは『伝道師』なんだよ。この、アテネで展開した野球経験を、次につなげていってほしい。そしていつの日か、世界の頂点に立ってほしい。そういう意識で日本の球界もいまから動いていけば、〇八年の北京では、必ずいい結果を出してくれると思う」

そう、確かに……。

オリンピックという名の世界標準に、初めて日本のプロ野球界が目を向けた。そして、その逃げ場のない闘いに、足を踏み入れた。その意味で、長嶋ジャパンは、中畑清は、重い、重い歴史の扉を開けたのだ。

しかしこのとき、四年後を語る中畑の言葉に、なぜか「俺」が含まれていなかった。

「ああ、もう俺はいいんだよ」

中畑はそう、あっさりと言い切って、続けた。

「闘い終えていま、最高のチームだと思う。その中で指揮を執れたってこと。それは、俺の人生の中で最高の舞台だったんだ。これだけのものを背負ってさ、これだけのメンバーと。あとにも先にも、俺の人生の中で、一度きりだよ。もとより俺をこの場に踏み止まらせたのは、『オヤジの笑顔を見たい』。それだけだったんだから……」

熱く魘《うな》されたような日々が続いたアテネから、ようやく成田という現実に降り立った中畑は、思いがけない人物によって出迎えられた。

麻痺の残る右手ではなく、温かいその左をそっと握り返し、それまでついぞ背中からしか眺めることのなかった〝オヤジ〟の肩を懐に抱いた瞬間、中畑はやっと、肩の荷が下りた気がした――。

五輪とWBCは舞台が違う

その二年後、日本代表は第一回ＷＢＣに参加。王貞治監督の下、宮本らアテネの経験者に加え、イチローらメジャーリーガーも参加して世界一の称号を手に入れた。

だが〇八年の北京オリンピックでは、星野仙一率いる日本代表はメダル獲得すらならなかった。そして、翌〇九年の第二回ＷＢＣで大会連覇を達成。「サムライ・ジャパン」と銘打たれた日本代表を率いたのは、読売巨人軍現役監督で日本一をすでに経験していた原辰徳であった。〇一年、勇退する長嶋の後任として巨人軍の監督になり、リーグ優勝三回、日本一、一回という実績（当時）は、原をしてすでに名監督と呼ばしめるに十分なものだった。

中畑は第二回ＷＢＣの後、こんなことをこぼしていた。

「オリンピックとＷＢＣでは、まったく舞台が違うと思うんだよ。オリンピックは日本の全競技が日の丸を背負って出ていく中で、野球は特に負けられない使命があった。でもＷＢＣは、メジャー・リーグが主催する野球のお祭りだろ？　宮本（慎也）がこう言ってたよ。

『中畑さん、オリンピックとＷＢＣでは、ぜんぜん緊張感が違いましたよ。ＷＢＣでの雰囲気は、エンジョイ・ベースボールでした』って」

要は中畑は、オリンピックの方がよりシビアなトーナメントであり、結果を一概に比較されては困ると言いたかったのだろう。だが、宮本の先の発言は、恐らくは中畑の心情を慮《おもんばか》ってのものだったであろうことも、想像にたやすい。

苦虫を噛み潰したように渋い表情の中畑は、ややあって、諦めたような笑みを浮かべて言った。

「でも……原監督のジャイアンツでの実績をあれだけ見せつけられたら、彼の指揮官としての力を認めざるを得ないんだ。大したもんだと思うんだよ……」

ともあれ、原の長期政権は揺るぎなく、中畑は巨人軍の監督になるという望みをこのころ、ほとんど失っていた。

翌一〇年五月、降って湧いたように参議院議員選挙出馬の話が持ち上がり、中畑は「たちあがれ日本」から比例代表で立候補することとなった。

一度球界から離れたら、もう二度とユニフォームを着るチャンスはなくなる——。

中畑はこの不安が頭から離れなかったが、自身の現状への起爆剤が必要だとも考えていた。

「結婚して初めて大反対した」と言う妻・仁美を十日間かけて説得し、その足で向かったのは長嶋の元だった。

もちろん長嶋も当初は反対だった。

「いいかキヨシ、ユニフォームを着て、監督として勝負しなきゃダメだろう」

だが、中畑はこのとき、なにも球界の中にいなければ球界に恩返しできないというわけではない、というロジックで長嶋のもとを三度にわたって訪れ、許可を願った。

愛弟子の決断が固いことを理解した長嶋は、次のように言った。

「そうか……キヨシ、お前だったら、そのポリシーでやれるな。よし、大いに羽ばたいてこい！」

そうして、笑顔を浮かべて中畑の背中をポーンと叩いたのだ。感涙にむせんで、いざ立候補した中畑だったが、選挙の結果は十一万票以上を得たにもかかわらず、落選している。

翌一一年三月十一日の東日本大震災後は、津波の被災と福島第一原発事故により甚大かつ深刻なダメージを負った地元・福島の被災地を、篠塚和典や俳優・西田敏行らと協力して、ボランティア訪問に明け暮れた。

明るく楽しい指導者に

アテネでの采配が評価を得られず、後輩の原に巨人軍監督としての実績で先を越され、臥薪嘗胆《がしんしょうたん》の日々を過ごしていた中畑だが、捨てる神あれば拾う神があった。

それが、一一年十二月、横浜DeNAベイスターズ初代監督就任のオファーであった。

ここでも中畑は、真っ先に恩師・長嶋の元を訪れて報告している。十二月八日、自宅を訪れると、今度は待ちに待ったと言わんばかりの長嶋が、満面の笑顔で出迎えた。

「ジャイアンツのユニフォームではありませんが……」

中畑がこう切り出すと、長嶋は、

「いいじゃないか、キヨシ。念願だったんじゃないか、監督のユニフォームは。よしキヨシ、お前の性格そのままに、明るく、楽しい指導者になりなさいよ！」

太陽のように燦々と輝く長嶋茂雄の性格をそのまま受け継いだような中畑は、幾度の挫折にも負けずに、プロ野球の監督としてのユニフォームに袖を通す機会をついに得たのだ。

中畑清の野球人生において、終始一貫して欠かさなかったことが、長嶋茂雄への三顧の礼である。

それは、長嶋のために闘い抜くと決意してアテネに向かう際に放った、次の言葉に収斂《しゅうれん》される、中畑清の人生訓である。

《人生はやっぱり『人間運』なんだ。いい人間に会うってのは人生の最大の財産だよ。俺にとっては長嶋茂雄に出逢えたことが、ここまで来ることができたすべてなのさ》

その恩義を、いつまでも忘れない。この人のために、俺は生きていこう。

自分の信じた人間についていくのは、自分が決めた生き方なのだ。それを信じていれば、いつか自ずと、道は拓けるものなのだ。

長嶋茂雄に出逢えたことが人生のすべてなのだと、中畑は言い切る。その上で「人生とは人間運なんだ」と結論づける。

では、長嶋とその中畑のあいだにあったなにが、一体そこまで言わしめるのだろうか？

それこそが、取りも直さず〝地獄の伊東キャンプ〟だったのである――。

長嶋茂雄が立教大学に進学した一九五四年の一月六日、福島県西白河郡矢吹町で九人きょうだいの八番目として産声を上げたのが、中畑清であった。

物心つくころから中畑にとっては長嶋こそが心のヒーローであり、プロ入り後に長嶋が残す数々の名プレー・珍エピソードに憧れては、いつしか自身も白球を追いかけ、伸ばした左手でつかむと一塁へと放っていた。

安積商業高校から上京、駒澤大学に進学し、東都大学野球リーグ戦を制覇。三塁手として数々の記録を打ち立て、「東都の長嶋」と言われるようになった。さらに、大学全日本代表チームに選出され、日米大学野球選手権のために渡米している。

妻の仁美と出逢ったのは、学生野球を引退後のプロ入り前、知人の紹介だった。よって仁美は、中畑の選手姿を「一度も見たことがないまま」交際をスタートしたことになる。

七五年に、ドラフト三位で読売巨人軍に入団。しかしプロの水は苦かった。

二軍生活が三年間続く。芽が出ない。

憧れの長嶋監督、その背中すら見ることができない辛い日々。

プロの選手としての将来の希望は、持てそうになかった。

「俺、もうダメだ。荷物まとめて田舎帰ろうかな……」

そんな弱音を吐いたとき、仁美は中畑にこう言ったという。

「アンタ一人くらい、私が食わして行けるわよ」

そのひと言のあと、シーズンオフの日米野球対シンシナティ・レッズ戦。

八回裏に、中畑が放った逆転ホームラン。それが長嶋監督の目に留まった。

そして翌年、晴れて一軍昇格を果たすのである。

百試合に出場して打率二割九分四厘、ホームラン十二本という上々の成績を残した中畑だったが、チームは五位に低迷してシーズンを終了した。

そして十八戦士の一人として、十月二十八日からの伊東キャンプに中畑は向かった。

チャンスと思えなかった伊東キャンプ

「五位でシーズンが終わってね、監督以下、若手選手たちが集められた。『プロ野球界に前例のない秋季キャンプをやる、しかも徹底的にシゴくからな』と。俺もそのシーズン、そこそこの結果を出したつもりだったし、本当はさらに飛躍するために『チャンスだ、これは』と思わなければいけないところだったと思うんだけど、ハッキリ言ってね、そうは思えなかったんだ……」

伊東出発前の気持ちを、中畑はいま、こう振り返る。

十月二十八日。妻・仁美と、長男で当時二歳の幼な子だった淳のあどけない笑顔を背に、大きなボストンバッグとスーツケースを携えて自宅を出る。

特急あまぎ3号に乗り込むため東京駅で待ち合わせた選手たちは、一様に表情が重く、口数は少なかった。

夕刻、十六時四十二分に伊東駅で下車して、駅前ロータリーで送迎バスに乗り込もうとすると、地元のファンが沿道に溢れていた。

夜、食堂で行われたミーティングで、ひとり気を吐くように熱弁を振るう長嶋の気迫に気圧され、選手たちはそれぞれ、素振りやシャドーピッチングに散じた。

翌朝、練習初日の午前はバッティング練習で幕を開けた。

長嶋から言い渡されたノルマは、「バットスイング一人一日千本」である。

「千本って軽く言うけどな、時間に換算してみな。鳥かごも、一箱二百八十球くらいボールは入るんだから、ずっと打ち続けても一時間はかかるだろ。それを掛ける二でこなして、六百本。あとはフリーやティーで午前練習が終わる。残りの数は夜の素振りでカバーする。それでようやく千本になるんだから……」

脱水と酸欠で食欲も喪失

とにかくバットを振り続けて午前練習を終えた中畑は、昼飯が喉を通らない。いきなりのハード・トレーニングでの肉体疲労に加え、脱水と酸欠で息をするのもやっとの状態では、食欲など湧こうはずがない。

人間の欲求は、こういうとき、ただ体を横たえたい、そう働いてしまうものらしい。

「目の前に俺の大好物のカレーがあるんだけど、それが恨めしくてたまらない。とうとう一口、口に入れたんだけど、受けつけてくれなくて、もどしちゃったんだ」

ほとんど手つかずの昼食を残したまま、薬缶の水をがぶ飲みして部屋に戻り、グデーッと大の字になった。うとうととしたのも束の間、所マネジャーが午後練習への招集をかけに来る。

そしていよいよ、前代未聞の午後練習に突入していく。

「こら、ヘタクソーッ！」

ホームベース横でノックバットを短く握る長嶋監督の怒声が伊東スタジアムに響き渡る。傍らで所が、監督に次のボールを渡す。

長嶋は次々に打ってくる。

猛スピードの打球は地面スレスレに、ほとんどバウンドせず、サードベースのやや内側で構えている中畑を襲ってくる。

右に動いてグラブを逆手に出すと、すでにボールは自分の後方に転々としている。

「おい、手が逆だよ、手が。正面に入って、腰を落として、こうだよ」

身ぶりをまじえて、長嶋がレクチャーする。

無言で脱いだ帽子をベンチのほうに投げ飛ばした中畑。

すぐさま、次の球が飛んでくる。

今度はさらに、右に大きく逸れるような低いライナーだ。

横っ飛びするが、追いつかない。

「手が届いてるよ、手が。ほら、もう一丁だ、もう一丁!」

長嶋の語尾でリピートする独特の言い回しが、中畑の脳裏に刻み込まれる。

飛び込んだときに腹部についた泥で、ユニフォームは真っ黒だ、アウェー用のライトブルーに縫いつけられた「ＴＯＫＹＯ」と「24」の刺繍《ししゅう》がつぶれている。

クソッたれ——。

なんで俺が、こんなことしなきゃいけないんだ!

中畑はまだ、自分がここで、なにをなすべきか、そもそもなぜ、ここに呼ばれたのか、わかっていない。

これ、ヘタすりゃ〝殺られ〟る

ぼんやりとそんなことを考えながら立ちあがると、今度は真逆に走らされる。

長嶋のボールはひとつバウンドして、スピードを保ったまま二遊間を転がっていく。

ダッシュして出したグラブを掠めもしないで、ボールはセンターに到達してしまう。

「おい、キヨシ、そんな体たらくじゃつかめないぞ、レギュラー・ポジションを——」

サードの定位置に戻りながら、中畑は思う。

俺、今シーズン、ほとんどレギュラー取ったに等しい活躍を、したじゃないか、なんで、こんなところで、休む間もなく走らされるんだ、これじゃあ新人、いや、学生のシゴキじゃないか。

すると打球が、正面を突いてきた。

よし、イージー！

そう思ったのも束の間、手前でグラブをはじいたボールが跳ね上がってこめかみを掠めた、空気を引き裂く鋭い音とともに。

ボールが掠ったこめかみは、すぐに熱を帯びた。

中畑はここに来て、背筋にゾクッとするような空恐ろしさを感じていた。

これ、ヘタすりゃ〝殺《や》られ〟る——。

学生時代どころじゃない。あのときは、駒澤大学名物、太田誠監督の鬼のシゴキに耐えたもんだ。ああ、自分ながら、よく耐えた。だが、プロに入ってから、こんな洗礼を浴びるとは夢にも思わなかった。

すでに夕刻、十六時を越えている秋の伊東は、もう日が美しい山々に吸い込まれようとしている。

秋の日はつるべ落とし——。

ボールは見えなくなってくる。ひとつ間違えば、命取り。ここでようやく、中畑はぼんやり考えている余裕などないことに気づく。気づくというか、感覚で反応しないと、今度はボールが、顔面を直撃してしまうかもしれない。

恐怖で中畑は、後ろからピストルを突きつけられている気分になった。

それでも容赦なく、長嶋のボールが立て続けに襲ってくる。すでに、暗闇でノックを受けている感覚に中畑は陥っている。逃げようにも逃げられない。

言いようのない切迫感、中畑はとにかく、動きを止めることだけは許されない。

次の球は見えた。ファウルラインを大きく逸れた弾道に食らいついていく。とにかく飛び込んだが、惜しくもボールは逸れていく。

「手が届いてるよ、手が。いいか、キヨシ、つかむんだ！」

延々と繰り返しているうちに、中畑の感覚はどんどん研ぎ澄まされていく。

いま、知覚できるのは長嶋の甲高い声と、打球音と、白いボールの軌道。んっ、白いボール？

真っ暗闇に近いグラウンドに、なんでボールは白く見えるんだ？

気づけば、ホームベース付近の長嶋は、ボールに石灰を塗りつけて打っていた。長嶋も必死だということが、このとき初めて、中畑はわかった。

初日のノックはここで、タイムアップだった。終わった——。

緊張が抜けて体がすっかり弛緩した中畑は、しばらく土の上で横たわっていた。

なんでこんなキツいことを

「とにかく初日は『なんでこんなところにいて、こんな練習をやっているんだ？』という、自分がそこにいることの不思議さと、『なんで、長嶋茂雄はこんなにキツいことを、しかも、自ら率先してノックバットを握るのかわからない』と。疑問符だらけの中で終えたのだけ覚えているんだよ。夕食も、なにを食べたか覚えていないということは、恐らくロクに喉を通らなかったんだろうな。その後は夜練習で、ダメ押しの素振りがあった。そこにも長嶋さんはずっとつきっきりで、みんなのスイングを見ていたからね」

二十二時、消灯の時刻を待たずして、他のメンバーと同様、中畑も「明日、なにが待っているのか」考える間もなく、眠りついていた。

翌朝、目覚まし時計など誰一人、持って来ていないのに、みなが一様に目を覚ます。

それが、松本匡史の早朝練習、鳥かごだった。

「二日目の朝はそれで叩き起こされたんだけれど、体中が重いんだよね、筋肉痛で全身が動かない。それでも、グラウンドの方で音がするから、『なにが起こっているんだ？』と。見れば、松本だけが、鳥かごの中で、長嶋さんにマンツーマンで指導を受けている。

俺はとにかく、『いかなきゃ』って。なんでかわからないけれど、松本があの長嶋さんを独占しているんだからね、うらやましかった……」

みながトレーニングウェアに着替えてグラウンドに出ていくころ、それを見計らってか長嶋は、松本の鳥かごから離れる。

その後は、みなが長嶋のあとについて、伊東の市街地を散歩する。

その時間だけが、「和ませてくれる」唯一のひとときだったと中畑は言う。

「今日もキツい練習が待っているんだろうなと、朝から俺は、キンタマ縮みあがるようにビビッているんだ。でも、長嶋さんと肩を並べて歩かせてもらうと、初めて長嶋茂雄が、俺たちのところに下りてきてくれていると実感した」

しかし、九時の午前練習から、また鬼の形相の長嶋がグラウンドで待ち構えていた。

午前のバッティング、そして午後のフィールディング……、初日と同じメニューが繰り返される。

この日も中畑は、シートノックで長嶋の打球に、右に左に動かされ、ボロ雑巾のようになっていた。

それでも、昨日よりも少しだけ早くノックが終わったかと思うと、三塁ベース横で動けない中畑を、無理矢理叩き起こす声がする。

「よーし、みんなバスに乗れ！」

長嶋の声だった。

時間にして十五分くらいバスに揺られ、山道をかき分けるようにして辿りついたのは、黄金色のススキが生い茂る草原だった。

通称、馬場平《ばばのだいら》。

その登り口は、ススキを切り拓いた二本の轍《わだち》が細長く続く急傾斜である。なんだかイヤな予感がする。

野手陣が整列させられると、口元に不気味な笑みを浮かべた長嶋が、ひと言告げた。

「よーし、ダッシュだ！」

地獄のメニューが毎日続く

舗装されていない土のデコボコ道をとにかくダッシュで駆け抜けようとするが、この急坂はもともと、モトクロスの練習用につくられたレーンであった。

二百メートルほどのその「感覚でいうと四十五度もありそうなほどの圧迫感」に襲われる坂道をダッシュしたあとは、八百メートルほど続く緩やかな傾斜をジョッグして帰ってくる。

中畑はこの馬場平へのファースト・アテンプトを、一周しただけで〝ケツ割れ〟した。

初日、二日目と練習を終えてみると、なんとなくこの地獄のキャンプの全容が、明らかになってきた。

キツいのが初日だけだったら、それはよく〝脅し〟として用いられる指導術のひとつでもある。だが、二日目は、初日の練習を踏襲しながら、夕刻になると、とてつもない坂道ダッシュを命じられたのである。

今日は一周しかできなかったが、長嶋はこれを、「毎日やるぞ！」と一人、息まいている。

この地獄のメニューが毎日、続くんだ！

そう悟ったこの日の夜、中畑はとうとう、逃げ出したくなった。

いったい、いつまで続くんだ、えっ、一カ月⁉　冗談じゃない。まだ、二日しか終わってないじゃないの……。

松本が「とにかく言われた通り食らいついて」行ったことや、西本は「一切、手を抜こうなんて考えもしなかった」という高いモチベーションでこの伊東キャンプを駆け抜けていったのに比べ、先輩の中畑は前半戦ですでに、気持ちの面で大きく後れを取っていた。

「もう明日なんか来ないでほしい」

頭の中はそれだけだった。

弱気の虫が出ていたその中畑に、だが次の日もまた次の日も、容赦なく長嶋のノックが、馬場平の坂道ダッシュが襲いかかる。

嫌々ながらも中畑が、この鬼のスケジュールについていけたのは、「自分だけ脱落してたまるか」という気持ちの芽生えからだった。

それには、三日、そして一週間と過ぎるころから感じ始めた、心と体のある変化が作用した。

「最初は全身に筋肉痛の湿布を貼って寝る日が続いた。だけど、一日、一日と経つにつれて、もちろん筋肉はパンパンに張っているけれど、痛みは麻痺してくるし、なぜだか前の日より、ちょっとでも球に追いつけるようになっている。一本追加して走れるようになっている。

俺が気がついたのは、やっぱり一週間したときだな。馬場平を走っているとき、『あれ、俺こんなに筋肉あったっけ？』って。それまで筋肉痛があったところが、強い筋肉に変わっていることに気づいた――」

そして、中畑は目の色が変わった。

なんのために、来る日も来る日も、目の前の長嶋が猛スピードのノックを仕掛けてくるのか。

なぜか――。

それは、俺自身がここで強くなるために、やらなくてもいいものをわざわざ、打ち続けてくれているんじゃないか！

やってやる、監督が「ＯＫ！」と俺を認めるまで、とことんやってやろうじゃないの！

いい顔になってきたな

それから、長嶋と中畑のマンツーマンノックは殺気を帯びていった。

長嶋はさらに容赦なくグラウンダーを打ち続ける。

中畑は捕れなくても、全打球に横っ飛びする。

わずか一センチのところでグラブをボールがすり抜けて行くと、

「こんチクショー」

グラウンドの土を叩いて悔しがった。

この伊東キャンプ中、初めて中畑が感情を露わにした瞬間だった。

長嶋はほくそ笑むと、さらに中畑にボールを打ち続ける。

「キヨシ、お前はいちばんヘタクソだな！」

「入ってるよ、入ってるよ、もったいないぞ、それっ」

次々と襲いかかるボールを、初めてグラブの真ん中で受け止めることができたとき、中畑の目は攻撃的に、長嶋を睨みつけていた。

「なんだキヨシ、いい顔になってきたな、まだまだ行けるな」

日が落ちかけた伊東スタジアムで、ホームベースとサードベースの二十七メートルの距離感で、長嶋と中畑はこのとき、命のやり取りをしていた。

自分の身を守るために、なんとかボールを押さえようとしていた中畑が、このころには自らの体を投げ出して、ボールに向かっていくようにまで変化していた。

「大怪我したくない」

から、

「この体、くれてやる！」

このモチベーションに、中畑は突き進んでいたのだ。

そして、そういうときこそ、人間、怪我などしないものである。

昨日まで届かなかったはずのボールが、ひとつ、またひとつと中畑のグラブに収まっていく。

すると長嶋は、もっと手の届かない角度まで、弾道を広げてくる。

三塁コーチャーボックスまで逸れた打球を放った長嶋が、中畑が横っ飛びをしても捕れなかったことを確認して、こう叫んだ。

「なんだキヨシ、そんなのが捕れないのか、ヘタクソ」

中畑は自分のキャパシティが、見違えるほど拡大していることをそれで実感した。

一球、一球と、それが真剣勝負であるのはわかっていた。

現役を引退して久しい長嶋が、これだけ厳しい角度のボールを打ちこんでくる。

その気持ちに、自分はさらに上回る気迫をぶつけてこそできる恩返し。

いや、そんな冷静さなど、このときの中畑は持ち合わせていない。

まだ来るのか、ミスターは――。

悔しさと、向き合ってくれる喜び、自分の限界が、まだまだこないと思ったときの言い知れない充実感。

そして次にまた打ちこまれる限界を超えた打球。

すでに思慮も遠慮もない、理性すら取っ払われ、闘争本能の赴くままに中畑は、次の左への打球に無心で飛びつくと、

「このヤロー！」

あろうことか、キャッチャーではなく、ノッカーである長嶋めがけて投げつけた。

長嶋は、ヒェーッと叫びながら、すんでのところでこれをかわした。

長嶋だって、よけなければ大怪我だ。

監督にボールを投げつけた

「そうきたか、キヨシ」

ボールに石灰を塗りたくって、また中畑に愛情たっぷりのボールを打ちこむ。

こんな非常識なノックなどない。

それでも二人は、一切手を緩めることなく、ラリーを続けていた。

「なんで伊東キャンプに俺が呼ばれたのか、その意味が、それでわかった。長嶋さんは大学時代、砂押監督から『月夜の千本ノック』を受けたという。生爪が剝がれてもボールに食らいつき、途中からはグラブを外させられて、素手で捕球していたと聞いたことがある。それがいま俺が体験していることなんだと思ったら……。『砂押×長嶋』がいま、『長嶋×中畑』に変わっているんだぜ。こんな経験、誰にもできないだろうと思ったら、俺はもう、『誰にもこれは、渡したくない』と。気づいたら、監督にボールを投げつけていたんだ」

一球入魂。

最後まであきらめないという、野球の原点のような精神を、闘魂を、長嶋は植えつけたかった。お互いの命のやり取りの中で。

そして、ギリギリのところでボールを捕ったときの、言いようのない恍惚感、自信。それは自身がいちばん経験してきたこと。

この長嶋の思いが身に染みたとき、中畑はそれまで越えられなかった選手としての一線を越えたのだ。

中日を過ぎるころには、中畑はもう、水を得た魚のように目が爛々《らんらん》としていた。毎夜、逃げ出したいと蒲団の中で願った男が、充実感を抱いて眠るまでに変わっていた。

そして、馬場平での坂道ダッシュも、ノックでの真剣勝負の方程式そのものに当てはまることに気がついた。

最初は一周しかできなかったものが、二周、三周と回ることができるようになってくる。楽々、走り抜いている自分がいる。

「毎日、強くなっていく自分がいた。その変化を自分で感じることができた。それは、監督がいちばん願っていたことなんじゃないかなというのも、だんだん見えてきたんだよね。『なんのために、このキャンプをやるんだ』ということ、『このキャンプが、自分の人生にどうつながっていくんだ』っていうこと。それが、日に日に結びついていった、意味がわかった」

あきらめないことを教えてくれた

男子三日会わざれば刮目すべし――。

なにか事をなすには、必ずそのように、日の出の勢いで成長するときが必要である。

それはなにも、野球選手のみに限らない。

いや、スポーツ選手はおろか、勝負師、あるいは市井に生きる人間にだって、自分の限界を超え、勝負をかけ、そして勝利しなければいけない瞬間は、いつかどこかで、必ず訪れる。

中畑が伊東キャンプで経験したのは、その勝負をかけるときは、いましかないのだ、という実感だった。

そしてその期間だけは、絶対に自分に嘘をついてはいけない、絶対にやり遂げなければいけない。

「投げ出したかったり、こんな辛い思いをするなら、負けちゃいたいと思うことは、誰だってあるはず。でも、敗者復活戦には勝たなきゃいけないんだ。そこで負けちゃいけないんだ。大事なのは、

『あきらめない』ということ。それを長嶋さんは、教えてくれたんだと思う」

　永遠に終わらないかと思えた地獄の伊東キャンプも、ついに最終日がやってきた。

　二十五日間にわたる猛特訓の最後に用意されていたメニューは、やはり、馬場平の坂道ダッシュだった。

　初日、坂の途中で立ち往生し、もうひと足踏み込んだら、死んでしまう……怖気《おじけ》づいていた男が、この最終日では十本軽々とクリアし、馬場平のてっぺんまで一気に駆け上がる。

　このくらいの艱難《かんなん》に勝てないで、人生の辛苦に勝てるか——。

　これほど強いモチベーションを持つに至っていたのだ。

「わずか一周でケツ割れしていた初日の俺だった。それが最終的には十周、楽々回ることができるようになっていた。

『ヤッター、やればできるんだ！』

という充実感がこみ上げてきて、なにかを乗り越えた気がしたんだ」

　全員でこの馬場平を走り切ったとき、一体感をたたえた選手たちは、全員が視線を長嶋にぶつけていた。

　中畑は若い篠塚をけしかけ、長嶋にも走らせる。

「ヘイ、ミスター、見てるだけじゃなくて、走ってみろ！」

　それに全選手が「ミスター、ミスター」の手拍子で続く。

　長嶋は手に唾して、

「なーに、お前たち、生意気に。こんなの楽勝だろ、見てろ！」

　そして齢四十三が、勢いよく急坂を駆け上っていった……。

「ワーッと、俺たちが登るような勢いで行ったんだ。で、全員が監督が帰ってくるのを待っている。そしたらね……ゼーゼー言いながら、ウンコ漏らしたような顔して帰って来たんだ。でもその登り切ったときの姿に俺は感動した。監督と選手というよりも、オヤジと俺たちっていうような、そこで初めて『人間・長嶋茂雄』に近づくことができた気がしたんだ……」

そしてそのとき、中畑清は思った。

この人に一生、ついていこう。

この人についていって、間違いはない、後悔もない——。

長嶋茂雄の教え子というプライド

この伊東キャンプを経て、八〇年シーズンから一軍のレギュラー選手として定着。八九年に選手を引退してからも、節目、節目で長嶋の傍らにピッタリと寄り添い、片腕となって献身してきた中畑。自身の転機には、必ず身の振り方を長嶋に真っ先に相談してきた。

そしてそのわけを、「人生とは誰と出逢えるかという人間運なんだ」という言葉で説明した中畑の、モチーフとなる体験が伊東キャンプ、ここにあった。

「俺は、伊東キャンプに参加するまで、そこまで自分の才能を引き出される練習はできていなかったということになる。でも、人生の中にはタイミングというものもある。鉄は熱いうちに打たなければいけない。その鉄を打つときに、誰と出逢えるのかということだと思う。

俺にはそこに、長嶋茂雄という存在があったということなんだ。だったらそれに応え続けるための人生っていうのが、あってもいいだろ」

恩師・長嶋茂雄と中畑清の絆を決定づけたのが〝地獄の伊東キャンプ〟なのだと言い切る中畑は、

アテネオリンピックの際に長嶋が選手たちに放った言葉、

「君たちは野球界の伝道師になってほしい」

この原点にやはり、伊東キャンプでの指導者としての体験が色濃く影響しているのではないかと信じてもいる。

「俺自身が『伝道師だ』なんて言わないよ、おこがましいから。でも、伊東キャンプがあったから、俺たち若手は翌八〇年シーズンで長嶋さんが退任されてからも、多くはレギュラーで活躍することができた。不遇や故障で野球界から離れたメンバーも、その後の人生で、それぞれの道で頑張っている。それには、『長嶋茂雄の教え子だ』というプライドがあるんだ。だから選手を引退してからの人生での挫折にだって、挫《くじ》けちゃいけないんだ。

そして時を経て、アテネのメンバーたちに長嶋さんが託した『伝道師』という言葉。それは伊東キャンプという出来事を受けてのことだったと信じている。だって若いメンバーを中心に構成して、将来の球界を担う選手に過酷な日々を経験させたというのは、伊東キャンプと、まったく同じ構図じゃないか」

伊東キャンプから二十五年を経た〇四年のオリンピック。

そしてその八年後、伊東から三十三年を経た一二年から四年間、恩師と同じくプロの監督としてのユニフォームに袖を通した経験にも、使命と矜持《きょうじ》を大いにおぼえる中畑であった。

「いまの選手たちに、俺たちが経験したことをそのまま当てはめるのは、やらせるのは無理があるだろう。でも、その時代、時代で、誰かが〝精神〟というものを継承していかなければならない。砂押監督から長嶋さんが、その長嶋さんから俺が、そして俺たちの世代から、これからを担う若い世代が……そうしてつないでいくのが、野球の精神だと思うんだ。

俺は横浜で二宮（至）と組んで四年間、監督を務めた。亡くなった山本功児さんに続き、伊東会では二人目のプロの監督だった。西本、篠塚らは一軍コーチ経験をし、松本たちは学生野球を指導している。そうやっていまも鎬《しのぎ》を削ることができるなんて、幸せなことじゃないか……」

　そうして、思いを巡らせるように、最後に中畑は、こう言った。

それぞれの伊東キャンプは、ずっと続いていくんだよ――。

第10章

平田薫

〝駒大三羽烏〟の平田薫は今も現役コーチとして活動中。（写真＝産経新聞社）

六十歳で脳幹出血で右半身麻痺に

どこから眺めても美しい眉の形をしていることから、その名がつけられたのだという。

古くは万葉集にもうたわれ、徳島の象徴として人々の心を照らしてきた、眉山《びざん》である。

徳島の町を舞台にした、さだまさしの小説『眉山』は映画化され、二〇〇七年に公開されている。松嶋菜々子と大沢たかお、宮本信子が主演した同作では、病を得た人が、やがて訪れる死を前に、なにを目的に生きるか、そして傍にいる人はどう関わることができるのか、が描かれた。

その話題も手伝って、今日の眉山は伝統芸能の阿波踊りに並ぶほど全国区の認知度を得ている。

眉山ロープウェイに六分ほど揺られて標高二百九十メートルの山頂に着けば、市街地はもちろん、晴れた日には鳴門海峡や淡路島、紀伊水道までが一望できるという。

その眉山展望台からみて左手、吉野川のさらに向こうには、今切川という支流がある。紀伊水道へと流れ込むこの川の河川敷は芝生が植えられ、舗装された遊歩道が、流れに沿って続いている。そこから土手に上がる斜面には、十五段ほどの石段が設けられていた。

その石段を指さして、コバルトブルーのウィンドブレーカーに身を包んだ初老の男性が言う。

「この石段ですよ。ここを毎日、階段上りさせられました。長嶋監督……ではなく、嫁さんにね」

胸に「生光《せいこう》学園」と白い縫い取りが見える彼は、徳島市にある私立総合学園・生光学園高等学校の硬式野球部コーチを務めている。

元巨人軍の内野手で、七九年の地獄の伊東キャンプに参加した十八戦士の一人、平田薫である。

「あのときはホント、手足がきかなくなって、目の動きも動かなくなって、最悪の覚悟までしたんですが、この遊歩道を見て、思い立ったんです。川沿いを歩かせようって」

平田の傍らで目を見開いて話すのが、同い年で一学年下の妻・和子である。

じつは、平田は生光学園の中学野球部で監督を丸九年務め、六十歳を迎えた直後の一四年三月、脳幹出血で倒れている。幸い発見が早く、命に別状はなかったが、右半身麻痺が残った。ちょうどその十年前の〇四年三月に恩師・長嶋茂雄が脳梗塞で倒れた後遺症と同じ、右側の麻痺だった。

還暦を迎えたタイミングで重篤な症状に見舞われた平田は途方に暮れたが、肝っ玉を見せたのは妻だった。傍らで夫を叱咤激励し、多少無理矢理にでも毎日歩かせ、階段を上らせたのだ。

すると、みるみるうちに麻痺は軽減していき、なんと二カ月もするうちに後遺症はほぼ消滅していたというのである。

しかしなぜ、妻はスパルタ式のリハビリを断行したというのだろうか。

そして、平田はいかにして、三大死因に直結する病を克服することができたのか。

それはやはり、伊東キャンプから試合での成果へと続く成功体験があったからこそのことなのだと、平田は振り返るのである。


平田薫は一九五四年二月九日、四国は香川県坂出市で三兄弟の三男として生まれた。

幼いころから体格はガッシリしており、中学一年まで柔道の稽古に励む日々を送っていた。

しかし、丸亀商業で野球をしていたすぐ上の兄が、最後の夏の予選で代打で打席に立ったものの、二塁走者が牽制死《けんせいし》したため敗戦。「一度もバットを振らずに高校野球生活を終えたのが悔やしくて」平田も白峰中学一年の秋から野球を始めた。

坂出工業高校には一般受験で入学、野球部に入部して二年から三番ショートでレギュラー出場。七一年、三年生の夏の県予選で準決勝進出したが、坂出商業に敗れて甲子園出場はならなかった。

進路は愛媛総合銀行で野球を継続することが内定していたが、駒澤大学の太田誠監督から、熱心な誘いを受けたのだという。

あまりの厳しさに脱落者が続出

「太田監督はまだ三十代半ばで就任一年目。将来を見据えた新人獲得に躍起でいらしたと思います。駒澤大学野球部の同期が五十人以上いて、香川県内からだけでも、私を含む五人が進学しました」

もちろん、この五十人の中に中畑清と二宮至もいて、後に〝駒大三羽烏〟と呼ばれる活躍をみせ、巨人に同時に入団するのだ。

さて、平田の学生時代は、軍隊式の厳しい規律、礼儀作法に加えて、先輩からの毎日の〝説教〟

で辟易《へきえき》し「挫折寸前だった」という。

「あまりの厳しさに、同学年の多くが寮を出て行きました。実家の方も心配して、母と兄が様子を見に、四畳半の一部屋に部員三人が過ごす寮を訪ねてきました」

平田にとって救いだったのは、中畑、二宮とすぐに馬が合って、仲良くなって励まし合えたこと。それに、一学年上に一人だけ、優しい先輩がいたことだった。

「下級生は、誰か一人がミスをすると連帯責任で殴られます。しかし私がミスしたとき、その先輩はさらに上の学年の先輩に対して『自分のミスです、殴ってください』と先に言ってくださった。度々、私に『大丈夫だよな!?』と気遣ってくださる方でした」

その先輩は、徳島県阿波高校出身の市原清という人だった。

翌年、二年の春に平田はベンチ入りするのだが、このシーズン中に、左官業を営んでいた父を、五十六歳で胃がんで亡くすという悲しい経験をしている。

「一年の夏に帰省したとき、ずいぶん痩《や》せていたので心配したんですが、胃潰瘍と聞かされていた。しかし二年の春季リーグ戦中の四月に、亡くなったとの報《しら》せを受けました。なんとか実家に帰った私は『もう野球を辞めよう』と思っていました。自分だけ東京で野球を続けている場合じゃないと。ところが、長兄が『実家のことは自分が継ぐから、心配しなくていいから、東京で野球を続けなさい』と言ってくれたんです」

平田は意を決して東京に戻ると、戦列に合流した。そして代打で出場した試合で二本の本塁打を放って、その後も野球に邁進する覚悟を固めた。

二年秋からショートを任され、打順は二番もしくは五番で起用された。レギュラーに定着した後のチーム成績は、三年の秋以外、すべて東都大学野球リーグ戦で優勝し、七三年秋に明治神宮大会、七五年春には全日本選手権で優勝して日本一に。

個人でも首位打者とベストナインに輝き、日米大学野球の代表にも選出された。

そして七五年秋、ドラフト外で巨人に入団することになったのだ。

入団会見で長嶋監督に言われたのは、ひと言「三人で頑張ってくれよ！」だった。

「中畑、二宮と、三羽烏で入れたのは心強かったんですが、不安が大きかったですね。自主トレの多摩川で見た、長嶋さん、王さんのＯＮ、柴田さんに高田さん、張本さん……身体の厚みが、ぜんぜん違いますし、なによりプロのオーラがあった。ただただ圧倒されました」

打撃では篠塚に負けていない

プロ入りして三年間は、もっぱら二軍生活だったが、四年目の七九年に一軍昇格して六十一試合に出場、八十二打数二十八安打十九打点三本塁打という活躍を見せている。

ポジションはセカンドでの起用で、相手先発が右の場合には篠塚和典、左なら平田という起用法が、長嶋監督には多かったという。

なかでも四月十一日、甲子園球場での阪神戦の大活躍を、平田本人はよく覚えている。

「二番セカンドで先発して、左腕の山本和行さん（亜細亜大—阪神、八八年引退、最優秀救援投手二回）から、第二打席でホームランしました。四打数四安打五打点の活躍で、王さんとお立ち台に立ったんです」

このシーズンの巨人は五位と低迷したが、平田は着実にチャンスをものにし、〝左キラー〟としての印象を強め、相手バッテリーに意識される存在となっていく。

同年オフの伊東キャンプを、このような上々のモチベーションで迎えることになったのだ。

「いい感触をつかんだシーズンで、『これからチャンスを迎えるんだ』という状態でした。すべてに期待しかなく『なんとかレギュラーポジションを取ってやる』という意気込みで気力は充実していました。守備でもシノ（篠塚）に追いつかなきゃと。打撃では負けていない、と思っていましたから」

そこで平田が掲げた伊東での目標は「力をつけてポジションを狙う」だった。

「具体的には『併殺できる守備とスローイング』ということも意識して練習しました。自分のドン臭いところを克服したかったんです。打撃では『バットの出を速く』と。私は構えたときのバット位置が低い癖があり、高い球、低い球には遅れがちでした。そこで、グリップを楽にして、トップに速く持っていく。

練習としては、ティーなどで、高いボールを放ってもらって、上げたグリップ位置からヘッドを絞るスイングです」

このように、技術面では明確な目標設定ができており、着実にそれに向けて練習を積んでいくというリズムが、平田の伊東キャンプにはあった。

しかしやはり、馬場平は「キツかった」と振り返る。

「サーキットで、タイムを全員が切れなければ終わらない。それが嫌でしたね。誰かが切れなければ、永遠に続くようなサーキットで、ケツ割れして、足もガクガクする中、一生懸命走りました。とにかく、『なにクソ！』っていう反発心があってこそ、『絶対にやってやる！』という気持ちは芽生えてくるものです。それが先行したときに、無我夢中になって走っている自分がいる。そんな気持ちになっているときは、怖いものがないと気づきましたね」

では、平田自身は、伊東キャンプでなにを得たと解釈しているのだろうか。

「苦しい練習をしたあとに、なにがあるのかという『気持ちの記憶』がつかめたんだと思います。誰でも練習はイヤなものかもしれません。それは、やる前から『あんな苦しい思いをするのはイヤだ』と思うからです。でも、一本走ったあと、二本目、三本目と続けていくうちに、次は楽になっていきます。その感覚と、気持ちの記憶です。

まず一本やってしまうこと。次は必ず楽になりますから。さらに何本も続けていれば、『終わりに近づいている』と思えて楽になります。『やれば絶対に、楽になるんだ、うまくなるんだ！』という、『気持ちの記憶』を、私は伊東で得たと思うんです」

ホエールズ移籍後〝巨人キラー〟に

伊東後の八〇年には五十六試合、八一年は二十九試合と、出場回数は減っていくことになるが、これは平田のパフォーマンスが振るわなかったのではなく、同ポジションを争っていた篠塚の飛躍が著しく、台頭目覚ましかったといったほうが正しい表現となるだろう。

平田も、出場機会は減るものの、出れば結果は残している。

とりわけ、長嶋解任翌年、八一年の日本シリーズ（対日本ハム）では、十二打数八安打四打点と、〝シリーズ男〟と呼べる大活躍を見せた。チームが悲願の日本一となったシリーズで優秀選手賞を得ているのだ。

「あれは最高の日本シリーズでした。左投手を相手に、結果を出すことができましたから」

八四年に膝の皿を骨折して戦線離脱し、巨人を自由契約となった平田だが、八五年に大洋ホエールズに移籍すると、ここから巻き返して活躍を見せている。

特に巨人戦になると必ず起用され、江川卓、西本聖、角盈男ら、伊東キャンプ参加者でエースの貫禄を見せていた投手陣から立て続けにホームランを放ち、〝巨人キラー〟の異名も加わった。
現役最後の年となる八八年はヤクルトスワローズで過ごすが、ここでも印象に残る仕事をした。四月八日、東京ドームでの対巨人開幕戦で、角から決勝の二点二塁打を放ち、スワローズは勝利。この試合は東京ドームの〝こけら落とし〟試合だったため、ヒーローインタビューされた平田は、東京ドームの公式戦で初めてお立ち台に立った男になった。

なお、後の天皇陛下の明仁皇太子殿下と後の皇后陛下の美智子皇太子妃、さらには今上天皇陛下の浩宮徳仁親王が大雪の中、足を運ばれ観戦された「台覧試合」となり、「これ以上ない、名誉なことでした」と、いまも平田の誇りとなっているのだ。

「現役生活の十三年間で、完全燃焼できたと思っています。そこまで食らいついて現役をできたのは、伊東キャンプを経験できたからだと思うんです」

その後は、八九年シーズンを最後に引退した中畑とともに、新宿で焼き肉店を出店。次に会社員生活を挟んで、香川県でも飲食店を出店するなど、店の経営者としても経験を積んできた。

そのような中で、五十一歳のときに、中学野球の指導者としての声が徳島からかかった。

その声を掛けた人物が、市原清という人。つまり前出の駒澤大学の一年先輩で、当時は生光学園高校の校長だった彼が、〇六年、中学野球部監督への就任を平田に打診したのだ。

現在は生光学園理事長である市原が、その経緯を話す。

「私は彼のプロ入り後も、引退した後も、節目節目で連絡を取り合ってきました。私が本校の高校野球部の監督から校長に就任するにあたり、考えたのは中学野球部を立ち上げること。つまり六年間で球児を育て、甲子園を目指そうと。

そのために指導者に必要なのは、技術だけでなく人間性です。ときに真剣に叱り、根気の大切さを教えられるのは、プロの選手や社会人経験の中で、さまざまな厳しさを経験してきている平田のほかにいないと考えて、相談したのです」

そして平田は快諾し、中学野球部初代監督となった。イチから球児を育成する立場で職員として環境整備しながら指導し、三年目にはヤングリーグの全国大会優勝という成果をもたらしていた。

しかし一四年三月、冒頭のように、還暦を迎えたばかりのタイミングで脳幹出血を患い、倒れたのである。

平田が当時を振り返って言う。

「寝たきりにならなかったのが幸いだったのですが、文字は書けないし、視界はボヤけてしまう。どうなるんだろうと思いました。ただ、有無を言わせなかったのは、嫁さんですよ。

毎日、河川敷に連れていかれて、一時間から二時間も、歩かされるし、階段も上り下りをさせられる。キツくてね、気持ちも閉塞してくるから、目の前の川に飛び込んでやろうかと思ったこともあります。でもね、不思議と、歩き出したら、ちょっとずつ、歩けるようになってくることに気がついたんです」

そう言うと平田は、少し空を見上げるように大きく息を吸った。そしてなにか思い出したように、こう続けた。

「それはね、似ていたんですよ、伊東キャンプのときの感覚に。あのときは、まず考えないで一本、ダッシュでもなんでもやってしまうことで、次の一本が楽になることを知った。そういう、『気持ちの感覚』がつかめたのが伊東の教訓だった。いまも、それと同じなんじゃないかとね。

学生時代に知り合って、プロ初年度のオフに結婚した嫁さんにも、いまさら不便をかけたくない。『なにクソ!』っていう気持ちが芽生えたんです。そうして歩き出したら、それまでフラフラしていたのが、あるときから、まっすぐ歩けるようになっているのに気づいた。階段を上るとき、膝を引きずるようだったのが、膝から上がっていくようになった。手の握力もついて、字も、サインも書けるまで、回復しました。視界もボヤけなくなっていったんです……」

私が鬼に見えたと思います

一気に話して一息ついた平田を受けて、妻・和子が話す。

「川に連れてきて、最初の何日かは、私のことが鬼に見えたと思います。周囲からは気の毒な夫婦と思われたかもしれないし。でも、それを気にしたってしょうがないと思いました。選手のときだって、そうでしたから。打てばいいけど、ダメなときは、すぐヤジが飛んできましたから。だから、なにを言われても平気だと、私も思えたのがよかった。

あるとき、石を川面に投げてもらったんです。そしたら、ポーン、ポーンと、石切りできていて。そのとき『ああ、この人はもう、大丈夫だな』と思えました」

伊東キャンプで「気持ちの記憶」を植えつけられたのは、長嶋という指導者があってこそのことだった。その「気持ちの記憶」によって、現役生活はもちろん、引退後、病に倒れたときでさえ、平田は困難を克服する意志を持つに至った。

そしていま、生光学園高校野球部コーチとして、現場復帰まで果たすことができたのである。

「長嶋さんには感謝しかありません。大洋に移籍してからも、『おお、平田、よう打ったな！』と、わがことのように喜んで声を掛けてくださったんです。その移籍後に活躍できたことだって、今回、脳の病気のリハビリを乗り越えたことだって、すべて伊東からです。

まず一本やることで自信になる。それが土台になって、技術はそのあとです。いまの学生たちには、それを伝えられたらいいなと思います。いまの時代は、わからなければすぐ、スマホで調べ、動画を観ることができますが、やってみないことには、始まらない。やって失敗しても、次につながるし、次の一本が楽になります。悪いことを考えるより、いいことを考える。すべてプラス思考でいれば、次の欲が出てきます。そしてそれが、蓄えになる」

話し終えると、平田は午後のグラウンドへと、しっかりとした足取りで歩んで行った。

高校球児と四十代の青年監督が待つ練習場に、現職コーチの顔で――。

第11章

赤嶺賢勇

最年少の二十一歳で伊東キャンプに参加

地獄の伊東キャンプに参加した、読売巨人軍の十八戦士は平均年齢二十三・七歳であり、まさに〝ヤングジャイアンツ〟で構成された、初の秋季キャンプであった。

そのなかの最年少が、弱冠二十一歳で参加した、右のオーバースロー投手の赤嶺賢《けん》勇《ゆう》である。

一九五八年五月二十日、沖縄県那覇市生まれ。

沖縄県立豊《と》見《み》城《しろ》高校二年時の七五年、第四十七回選抜高校野球大会に出場して甲子園のマウンドを踏み、原辰徳がいる東海大相模高校に準々決勝で敗れたものの、注目された。

翌七六年の三年時には春夏連続で甲子園に出場、秋のドラフト会議で巨人に二位指名されて入団。

肩を壊していた赤嶺賢勇は投球以外で頑張るしかなかった。
（写真＝産経新聞社）

初めての一軍登板が七九年十月二十一日、入団三年目の秋のことであり、高卒ルーキーとしてはまずまずのタイミングであろう。

後楽園球場で行われた対大洋ホエールズ最終戦は、チームの五位が決定したシーズンの最終試合でもあったが、江川が先発して七回を投げ失点〇、九勝目を挙げた試合でもある。

その江川に替わって八回からマウンドに立ったのが、一軍に昇格したばかりの赤嶺で、内容は二イニングを投げて被安打二、与四球四、失点一とほろ苦いデビューとなった。

試合後に、赤嶺はこうコメントを残している。

「アガってしまって、ボールがまったく思うところにいかなかった。スピードも普段の半分くらいで、得意のカーブもまったく決まりませんでした」（七九年十月二十二日付、報知新聞より）

当然、同年の一軍登板はこの一度きりだったのだが、赤嶺本人は当時の状況を、次のように述懐する。

「じつは、シーズンの途中で肩を壊してしまっていましてね。調整をしながら、はじめて一軍に上がった試合でした」

そして、すぐ一週間後の十月二十八日に伊東キャンプへと旅立つことになるのだ。

「私が伊東キャンプに参加させてもらうことになったのは、故障している肩を守るため、体力強化する目的だったのではないかと思います。

Bクラスになったチームは中継ぎが手薄な状況でしたので、球団のほうは、私に少しでも早く、使える中継ぎ投手になってほしいという願いがあったのではないでしょうか」

この伊東における赤嶺の強化ポイントについて、同年十月二十三日付の報知新聞は次のように記している。

《赤嶺＝一軍の練習についていく。基礎体力養成、球威の増加》

弱冠二十一ながら、肩の故障という重荷を背負って参加することとなった、赤嶺の伊東キャンプは、どのようなものだったのだろうか。

「実際、伊東に行っても、私は肩の故障がありますから、ほとんど投げていません。全力で投げたことなど記憶に残っていないほどです。

投手陣は、江川さん、西本さんはブルペンで横に並んで投げていました。私は鹿取さんか、藤城さんの横で、一緒に投げることがありましたが、軽い投球しかできませんでした。最年少の私が、軽くしか投げられなかった状態だったんです」

投げる以外で頑張るしかない

シーズン中に痛めたという右肩は、腱が損傷している状態で、炎症が酷く、「引っかかるような感じと、すごい痛みで」まったく上げられない状態だったという。

「いまでこそ、肘や肩を壊しても手術という選択肢がありますが、当時はほとんど例がありませんでした。専門医もいなくて、レントゲンを撮ったところで、そのあと、どうすることもできなかったんです」

そのような状態であるから、投げること、つまり伊東のブルペンやマウンドでアピールするのは無理だった。

最年少に求められるのは、とにかく元気のよさや威勢のよさ、声の大きさ、誰より先に動く態度などが挙げられる。赤嶺は、「投げる以外で頑張るしかなかった」と苦しかった胸の内を話す。

「伊東で投げること以外といえば、もちろん体力トレーニング、もっといえば、走るしかない状況でした。走り込みではせめて、誰にも負けないという意気込みで、練習に臨みました」

　ダッシュや階段上り、馬場平の坂道ダッシュとランニングに、切れなければ連帯責任のタイム走。

「馬場平でケツ割れしたというのは、先輩方と同じです。誰でも最初は、ケツ割れすると思います。でも、私はもともと、足が速かったんです。

　それに、ずっと二軍生活でしたから、走り込みは一軍の先輩方よりもたくさんやっていました。だから走るのは得意というか、いちばん速くなければいけない状況だったと思います。馬場平でも、先頭でゴールしていました」

　西本聖や所憲佐の述懐によれば、江川のダッシュのスピードには目を見張るものがあったというが、赤嶺は「トータルすれば私がトップでした」と言い切る。

「江川さんは、ダッシュがすごく速いのは事実です。でもスタミナは私の方がありました。だって私は高卒で二軍上がりの二十一歳、バリバリの状態です。体も軽く、いくらでも走れる。ベテランや一軍の先輩方に比べれば、私が速くてトップで当たり前なんです」

　走るのが得意であり、投手陣でもスプリント力がトップだった赤嶺は、伊東の投手陣の走り込みでも、総じて先頭で通過する立ち位置で全日程をこなしたという。

「ただ、気持ちは複雑でしたよ。ピッチャーなのに投げられないから、走るくらいしかできない。もちろん、伊東での陸上トレーニングのメニューは、私にしてみても、最も苦しかった経験です。それでも、投げられないことに申し訳なさがあるので、走り込みではせめて、先頭にいなければという思いでした。とにかく、伊東で私ができることは、ほかの方々に絶対に体力で負けないこと、それしかなかったんですから」

　よって、伊東キャンプ後も、技術的な格段の進歩などはみえず、次シーズンも肩の故障がすぐに改善したわけではなく、煮え切らない毎日だったと振り返る。

「肩の故障は相変わらず改善しませんでした。なんとか、だましだましやっている状態ですので、伊東から帰って来た後も、角さんや松本さんのような劇的な変化、目に見えた成果がありませんでした。

それどころか、高校時代は、低めのストレートを投げてもホップしていたほどだったのが、そのころは、真っ直ぐも沈んでしまう、お辞儀してしまうような感じでした」

伊東直後の八〇年シーズンを「とにかく我慢の一年」として送った赤嶺。

それでも次の八一年になると、浮上する兆しは見えてきていたと振り返る。

「球威がなくなったストレートを、なんとかカバーできるようにとナックルボールを覚えたんです。後楽園球場で、山本浩二さんから三振を取ったのは、よく覚えています」

このシーズンは一軍で三試合にリリーフ登板、五イニングを投げて被安打五、失点二、自責点二、そして奪三振二、うちひとつが、山本浩二からのものである。

「山本浩二さんから三振を取ったときは、『やったー！』という思いでした。しかしナックルは爪の強さも必要で、私にとっては、ここぞという局面で、ワンポイントでしか使えないボールでした。だから、山本さんから三振を取ったはいいけれど、それでやっていけると思えるものでは、ぜんぜんありませんでした。その後も苦しい時代が続いた。むしろ、苦しみしかありませんでした……」

赤嶺は、この八一年シーズンが、最後の一軍出場機会となった。
八二、八三年は一軍登板機会をとうとう一度も得られず、八三年のシーズン終了後に球団から、任意引退の宣告を受けた。

「自分では、もう肩がボロボロでしたから、任意引退といわれても、仕方ないと思いました。それより、苦しみしかなかった現役生活を終えるという意味では、その苦しみからは解放されるという思いはありました」

八三年の引退時、二十五歳。

高卒、十八歳でプロの世界に挑戦した若者が、夢に破れ、早くも第二の人生を歩まざるを得ない状況を迎えていたのだ。

というのも、赤嶺は引退前年に結婚しており、すでに責任ある立場だったのである。

佐川急便「営業ドライバー」に

巨人を任意引退となった赤嶺は、知人の紹介で佐川急便に入社した。

二トントラックに乗車して客に荷物を届けるセールスドライバーの仕事である。

当時は「営業ドライバー」と呼ばれていた。

営業ドライバーとは、運転業務はもちろんしたうえで、集荷や配送、料金回収のほか、顧客拡大のための営業活動など、マルチな業務が求められる。

固定給の上に歩合給があり、働き方によっては、かなりの高収入を得るチャンスがあるが、同時に個人の裁量によることとなるため、相当な激務をこなす場合も少なくない。

かつての営業ドライバーといえば「ブラック職業」の代名詞のようにいわれていた時代があった。

たとえば、ワタミ株式会社の渡邉美樹会長兼社長は、同社の創業前の二十代半ばまで、佐川急便のセールスドライバーをしていた経験があり、次のように綴っている。

《「女は風俗、男は佐川」いまはこの表現は当然、適切ではありませんが、当時は自己破産した人が向かう先を、こう言われていた時代です……過労で何度も倒れました。品物を運んでいるときに腰を痛めて、救急車で病院に担ぎ込まれたこともありました』（著書『ありのまま、愛すること。』より）

赤嶺が佐川急便に就職したのが、渡邉会長兼社長とほぼ同時期のこととなる。

「ええ、私も『頑張れば給料はいい』と聞いて、入社しました。たしかにキツかったと思います。朝早く、夜遅い。当時は朝五時に起きて、六時に出勤、二十二時半に終わって寝る……五時間睡眠で、配達が多い年末年始は会社に寝泊まりしていました」

激務に加えて、周囲の視線もやはり、気になってしまったという。

なに気ない目線やひと言が突き刺さる

「なに気ない目線、言葉にです。『巨人でピッチャーをやっていた人ですね』とか、『故障ですか……残念だったですね』などと、本当に、なに気ないひと言が刺さります。私は最後まで活躍できずに引退しているので、そこは触れてほしくない思いでした」

しかしその後、長男、長女を授かり、有無を言っていられなくなった。

「私は、自分がやってこられたのは、体力があったからだと思っています。周りのどんなドライバーにも負けない、根性と体力が私にはあった。それには自信がありました」

そしてその自信をつけてくれたのが、伊東キャンプの経験だったと言う。

「ピッチャーなのに、投げられない自分がいた。申し訳ない思いと、惨めな思いとに苛《さいな》まれていました。でも、やるしかなかった。私は走るしかなかったんです。その後も活躍できませんでしたが、その伊東キャンプの経験が、プロ野球を辞めたあとに頑張り抜く根性と体力を、私に与えてくれたんだと思っています」

佐川急便でセールスドライバーを十年務めた後、赤嶺は妻の実家がある山形県に一家で引っ越し、三十五歳の年から、十トンの大型車を操る長距離運転手として働いた。

プロ野球を引退した後も、苦しいときに思い浮かぶのは、伊東でトップで走り抜いた自分の姿と、顔を合わせれば、つねに励ましてくれた長嶋監督の笑顔だという。

「長嶋監督は、とにかく、お会いするたびに、私に『ガンバレ、ガンバレ』と声をかけてくださいました。監督に言われれば、なんだって頑張れる。その威力は、引退後も、ずっと変わりませんでした」

山形の運送会社で永年勤続した赤嶺は、二二年四月に定年退職した。長男・長女を育て上げた赤嶺夫妻には、いま孫がいるという。

第12章

鹿取義隆

「ピッチャー、鹿取！」はなぜ流行語に

「ピッチャー、鹿取！」

王貞治監督が、重要な局面になると必ず告げたこの短いフレーズは、当時の流行語になった。

読売巨人軍が優勝した一九八七年のセ・リーグ公式戦で、鹿取義隆は年間六十三試合に登板。

ペナントレースが年間百三十試合制の当時で「二試合に一度マウンドに上がった」計算であり、もちろんリーグ最多の登板記録となった。

王監督が口癖のように放った、この「ピッチャー、鹿取！」がなぜ流行語になったのかといえば、世のサラリーマンたちの日常における「あるある」な光景と見事にリンクしたからであろう。

あるときは、上司に使い勝手よく酷使される有能な部下を指して謂《い》われた。これは「酷使され

四十歳まで活躍をした鹿取義隆はドラフト外入団だった。（写真＝産経新聞社）

る」という意味のネガティブな派生語「鹿取られる」という造語も生んだ。

またあるときは、困ったときの神頼みのように、思考や選択の余地のない「一択」や「一辺倒」の意、あるいはそれに頼りっきりな状態の人を指す言葉としても謂われた。

そして、命を受ける側の耐性を示す言葉として、どんな場面、局面で呼ばれようと普段となんら変わらないコンディション、パフォーマンスを発揮できるという、まるで金太郎飴のように普遍的で安定している人を指す言葉として使われたのだ。

それらの用例のどれもが、鹿取という〝ハイアベレージ・プレーヤー〟の特性を言い得ている。

七八年秋プロ入り、七九年四月に初登板して以来、七百五十五試合に登板し、九十一勝四十六敗、百三十一セーブ。

この登板試合数の多さもさることながら、特筆すべきはリリーフ登板の数である。

プロ生活の大半をリリーフ投手として過ごした鹿取は七百三十九試合という救援登板数を誇り、二〇一一年に岩瀬仁紀《ひとき》に抜かれるまで長く日本最多記録を保持していたのだ。

八一年のバント練習での右手小指骨折以外は、大きな故障に見舞われることなく、大卒の投手として四十歳まで、丸十九年の長きにわたって安定して好成績を収め続けたことは、「無事是名馬」とたとえられる所以である。

巨人では王監督、西武ライオンズ移籍後は森祇晶《まさあき》監督と、名監督に長きに亘って重宝された印象が強い鹿取だが、その礎となったのは「七九年の伊東キャンプに参加させてもらったこと」だと、本人は言い切る。

鹿取が地獄の伊東キャンプに、どのような経緯で参加することとなったのか、そこでなにを得たのかは、伊東キャンプの前後に、それぞれ鹿取に野球観を植えつけることとなった〝二人の恩師〟

との歩みを紐解いていくことで、みえてくるだろう。

一九五七年三月十日生まれ、野球が盛んな高知県出身の鹿取義隆は、土佐山田町鏡野中学時代は軟式野球部に所属し、一年時にセカンド、二年時にショート、三年時にはキャッチャーと、様々なポジションについていた。

県内有数の野球名門校である高知商業高校に入学後、二年時にピッチャーに転向している。

鹿取の投球フォームといえば、上半身と腰の回転を合理的に連動する無駄のないサイドスロー、シャープでしなやかな横手投げがすぐに想起されるが、この「横手投げ」自体は投手転向時代からのものだったという。

そして投手になった直後の七三年、二年の夏の全国高等学校野球選手権大会に、チーム五番手の投手として出場、達川光男がいた広島商業高校に準々決勝で敗れている。

三年時にはエースナンバー「１」を背負ったが、夏の県大会三回戦で敗退し、最後の甲子園出場を果たせなかった。

七五年、高知商の先輩が進学していた明治大学に入学。

最下級生の一年時は、打撃投手に加え、東京都調布市つつじが丘にあった明大野球部寮で、風呂焚きと食事当番の毎日を送った。

そんな鹿取がベンチ入りしたのは、二年時の春、得意のシュートボールが四年生の目に留まり、島岡吉郎監督のチーム構想に入ったことによる。

この島岡監督との出会いが、後に「ピッチャー、鹿取！」と連日、王監督らに言わしめる鹿取の活躍の〝出発点〟と呼べるものである。

島岡吉郎といえば「イコール明大野球である」と言うOBもいるほどの歴史的な有名監督である。野球未経験、学生時代は応援団長だった変わり種で、一九五二年に野球部監督に就任後は、徹底した精神野球と、鉄拳も辞さないスパルタ指導で学生の心を鍛えた。

「球にぶつかってでも塁に出ろ！」が島岡野球の基本中の基本であり、高田繁、星野仙一をはじめ、多くの教え子を「闘士」としてプロ球界に送り出していた。

生涯を学生スポーツに捧げた人であり、明大ラグビー部の北島忠治監督と並び称される、明大の二大名物監督として、今日も語り継がれている歴史上の人物だ。

そんな島岡に、鹿取もまた否応なく能力を引き上げられた教え子の一人であり、後に幾多の試練を乗り越えるための基礎は、島岡が施したともいえるのである。

一千球投げろ！　御大の命令は絶対

「明大時代、最初に培われたのは集中力とスタミナです。東京六大学野球リーグ戦は三回戦制ですが、核となる投手は先発でもリリーフでも登板可能性があり、場合によっては初戦に先発、二戦目でリリーフ、最終戦でまた先発という三連投もある。私も、そうまでして〝勝たなきゃいけない〟意識で固まっていました」

大学野球リーグ戦では多かれ少なかれエース級に、そのような負担が集まる傾向はあるが、島岡監督下の明治は格別の〝有無を言わせぬ事情〟があったと鹿取は振り返る。

「当時の明治ではリーグ戦で負けると、つつじが丘に戻ってから、試合に登板したピッチャー全員が三百球、投げ込みさせられるんです。御大――私たちは島岡監督をこう呼ぶんですが――の命令は、絶対でしたから」

その極めつけが、鹿取が三年時の春季リーグ戦終了後、六月の国士舘大学とのオープン戦後にあったという。

「私は先発したんですが、立ち上がりから打たれて早々にＫＯされたんです。うなだれてベンチに戻ると、『一千球投げてこい！』御大の怒号でした」

明大グラウンドの球場バックスクリーン裏にあるブルペンに、鹿取は直行して、投げ始める。試合後の三百球は、これまでのペナルティでも経験があったから、最初は力を込めない山なりのボールから投げ始めて、徐々に力を加えて行った。

ここでいう、力を込めない、加えるとは、サボる、サボらない、という意味ではない。確かに罰ゲームだが、不貞腐れてするものではなく、当然のように厳密にやるべきこと、としてすり込まれているのだという。

「球数はキャッチャーが数えてくれるんですが、私は『ちゃんと数えてくれ』と念押ししました。そして感覚で力を徐々に込めて投げていきます。三百は何度か経験がありましたが、それ以後は、未知数です。

でも不思議なもので、五百球を超えるころには自然とフォームや力の入れ方、抜き方のバランスがわかってくる。球威のある球でも、力を入れずに投げられて、ボール・コントロールもよくなっているんです」

次第に、下半身主導のフォームが板についてくる。キャッチャーからの返球を受けると、すぐに左足が上がり、次の球の投球フォームに入るリズムができてくるのだという。

伝えていたのは人間力

「いつしか無駄な力なく、制球できている。下半身と腕の使い方が理に適った、理想的なフォームになっていたと思います。そうこうしているうちに、試合は終わってしまい、御大がトコトコと、ブルペンのほうに様子を見に来られました」

投球数を数えるカウンターが一千球を数えたところで、苦行は終了。

指先にはマメができ、身体はパンパンに張っていたが、さらにランニングをして練習を終えた。

「昨今の学生には、こんなこと決してさせられませんが、経験した私としては、いい練習だったと思っています。やってよかったなと。御大に教わったのは、気持ちが大事だということ。ただの罰ゲームで、やらされているだけの意識だったら、身につかなかったと思います。

しかし、まず尊敬する御大の命令であり、それを受け入れるのは明大野球部の伝統だから、疑う余地なくやれたんだと思う。星野さんはじめ、プロで活躍する先輩たちも通った道だったわけですから。そして結果、一千球を投げるための投げ方を会得、体得できたことが、大きかった」

鉄拳で鳴らした島岡だったが、それは愛に満ちたものだった。

途方もないペナルティを与えられても、理不尽だとか、御託を並べる余地はない、信じる、信じない以前に、課されたオーダーをやり遂げること以外、方法はない。

まずやってみて、そこからなにを得られるのか。そして、一千球を投げ終えた鹿取が得たものは、想像以上に大きかったのだ。

「それが御大の代名詞である『人間力』だとわかりました。御大の口癖は『なんとかせい』でしたが、御大が身をもって伝えていたのは『人間力』だったと思う。それは、自分自身に対しての言葉だと、私は理解しました。人間力を高めるためには、準備をしなければならないのだと。

キツいけど、それを越さなければならないという目標は、レベルが上がれば上がるほど、大きな目標として出てくるはずです。それを越えたとき、なにが得られるのか。御大の教えを受けた明治での四年間は、その後、プロ野球にチャレンジする土台となったと思います」

東京六大学野球では、鹿取が三年時まで一学年上の江川卓がいた法政大学が春秋四連覇しており、江川が抜けた直後の四年の春に、明治大学は五シーズンぶりの優勝を飾る。そして東京六大学代表で臨んだ全日本大学野球選手権大会で、専修大学を破って七八年の大学日本一を決めたのだ。

卒業後は社会人野球・日本鋼管への就職が内定していたため、七八年十一月二十二日のドラフト会議では、もちろん鹿取の名前が呼ばれることはなかった。

「お前は、ジャイアントに行け！」

しかし、同日に島岡に呼び出され、こう〝命令〟されたという。

「お前は、ジャイアントに行け！」

鹿取がこの言葉の意味を解説する。

「ジャイアント、とは、御大がジャイアンツのことをいうときの言い回しです。なんでか、わかりませんが、『ジャイアント』といつもおっしゃっていた。そして御大が『ジャイアントに行け』というからには、従うしかありません。内定している日本鋼管が気になりましたが、それも御大が、『気にしなくていい、俺に任せろ』と……」

この年のドラフト会議は、江川卓に関する、いわゆる「空白の一日」事件の渦中にあり、江川の獲得が認められなかった巨人は抗議のため、ドラフト会議をボイコットしていた。

そのため、巨人は選手獲得をドラフト外で進めざるを得ず、そこで、ドラフト会議と〝無関係だった〟鹿取に、関係者を通じて声がかかることとなったようだ。

「だから、『空白の一日』事件がなければ、私は巨人入りもなかったでしょうし、となればその後の人生も変わっていたでしょう。高知の実家では、もともと祖父がプロ入りには反対だったのですが、家族会議の末に、その祖父から『三年やって、ダメなら帰って来い』と言われ、プロに行く気持ちが固まりました」

　このように、鹿取は急転直下でプロ野球に進路変更がなされ、巨人入りが決まったのである。

　七九年一月、合同自主トレが行われていた多摩川グラウンドに一歩足を踏み入れた瞬間、鹿取は冷水を浴びせられた気がした。

　ブルペンには堀内恒夫、加藤初、新浦壽夫《ひさお》ら、当時の主力投手陣がいて、いざ投球を始めると、

「ボールの勢いが違う、スピンが利いて、キレがある……。私は、間違ったところに来てしまったんじゃないかと、正直、思いましたね。

　キャンプ前なのに、このボールの勢いです。そんな、すごいピッチャー陣の中で自分はどう生きていけばいいんだろうと」

　ただ、好材料もあった。

　当時、巨人のサイドスローは小林繁、田村勲の二人だったが、小林は二月に、江川との交換トレードで阪神タイガースに移籍したため、サイドハンドの枠がひとつ空くことになる。

　そして二月一日のキャンプイン当初は二軍スタートだったが、一軍の浅野啓司が故障したため、鹿取はすぐ、一軍に合流することとなったのだ。

「ただ、だからといってシーズンの先発ラインナップに入れるわけではありません。一軍に残り続けるためには、どうしようか考えたんです。私は、リリーフでも、与えてもらうその機会で結果を

出すしかないと考えました。まずは敗戦処理からでも、結果を残そうと」

リリーフ投手は敗戦処理から始まり、ワンポイント、イニングを任される中継ぎ、セットアッパー、クローザーと重要度は増していく。

「負け試合の一イニングから始まり、二イニング、三イニングと伸ばすこと。次は、同点の場面のワンポイント、同じく同点の一イニング、二イニング……とにかく自分の与えられた仕事をこなしていくしかないと」

鹿取の初年度七九年シーズンは、三十八試合に登板して投球回数五十九、三勝二敗、二セーブという内容だった。

「終わってみて、勝ち星がついてよかったです。プロでも勝利できたという安堵の気持ちがありました。ただ、たまたま結果がついただけで、手応えはまったくなかった。

とにかく、他に代わりはたくさんいるわけで、失敗すれば一歩後退、どこか『痛い』と言ったら二軍落ちだと、そういう緊張感がいつもありました」

ベテランに手玉に取られ円形脱毛症に

また、海千山千のベテランヒッターたちに〝痛い目に遭わされる〟経験もした。

「山本浩二さん、衣笠祥雄さんの広島の主砲には、餌を撒かれるような経験をしました。打席に入った構えが内角球に絞っているように見えたんで、私は外に逃がすカーブを投げたんですが、身体は開きながらもスイングは追っつけられて、ヒットされる、なんてことがあって……」

一流打者の技術の高さ、駆け引きの奥深さを思い知らされ、どうにもならない思いで円形脱毛症になった。

そのような初年度シーズンの直後に、鹿取は伊東キャンプを迎えるのである。

「投手陣でいえば、それぞれが課題を持っていたと思います。角はサイドスローに転向するとか、新球にチャレンジする人がいたり。私は、技術面では持ち球を磨いて、精度を高めることをテーマにしたと思います。それから、プロのシーズンを通してやり抜くための体力アップの必要性を感じていましたので、もちろん走り込みも」

江川、西本、角、藤城、赤嶺、そして鹿取という投手六人衆の伊東キャンプが幕を開けた。

午前中はウォーミングアップから始まり、投手と内野の連係プレーに、ブルペンでのピッチング。

「実技の部分は楽しいものでした」と鹿取は言う。だが、午後は……。

「マイクロバスに乗って、山を上がっていくんです。そして着いたところが、馬場平というモトクロス場で、急傾斜の坂道でした。その二百メートルほどのデコボコの坂道をダッシュさせられて、てっぺんまで昇ったら、その後は八百メートルほどの、なだらかな道をランニングして一周です。そのアップダウンで、心肺機能を鍛える目的だったんでしょう。

それを初日から、十周もやらされた。しかもそれで終わりではなくて、そのあとにサーキット・トレーニングや強筋が待っていて……」

体力づくりのために走り込みを意識していたという鹿取だったが、初日から、とにかくお釣りが来るくらいの量の走り込みが、高橋善正、杉下茂ら投手コーチ陣から提供されるのだ。

ちなみに、高橋は高知商出身、杉下は明治大出身で、どちらも鹿取の先輩だった。

言われたら、やるだけ

さて、馬場平、陸上競技場、ゴルフ場と、変幻自在の練習場の数々を日替わりで巡っていく投手陣の陸上トレーニング。

タイム走では、やはり連帯責任制で、一人でも目標タイムを切ることができなければ、全投手でやり直しというシステムが採用された。

「このタイム走は、本当にしんどかったですね。やらなきゃ終わらない。全員タイムを切れなければ終わらない。文句を言っても始まらないんです。この六人で、ダッシュがいちばん速かったのは江川さんでした。次が西本だったですね……」

そう振り返る鹿取は、話しているうちに当時の記憶が思い起こされていくようで、なにか嫌そうな口調で続けた。

「キツかったといえば、石段の駆け上がりがキツかったんです。何段あったんだろうか、わかりませんが、よーい、ドンで駆け上がっていって、下りもしんどい。膝が定まらなくなって、足がフラつくんですよ。それも少なくとも十本はやっていたと思う。

とにかく、言われた通りにやるしかないんです。そして、言われたら、やるだけですから」

投手陣の中で、この想像を超えた練習メニューにも拘わらず、〝水を得た魚〟のように、嬉々として自分をイジメ抜いたのは西本聖だった。

それが彼のストイシズムにとってのエネルギー源であるかのように、苦しめば苦しむほど、根底にある反骨精神をたぎらせた。

では、鹿取はどうであったかというと、ここで口にした「言われた通りにやるしかない」という言葉が出色であるように思える。

それは、やはり明治大学時代に、御大・島岡監督から課せられた一千球のペナルティ投げ込みをはじめとする、考える余地を挟まない試練と、それを克服したときに得られた糧の大きさ。

そんな成功体験があったからこそ、ここでも鹿取を「言われたら、やるだけ」と、すべてを受け入れてこなしていく〝受容マシン〟たらしめたのではないだろうか。

「そうかもしれません。将来的に、なにかにつながるだろうなと、思うしかないですからね。ただ、やっている最中は、まったくそんなことは考えていなかったですよ。考えずに、目先の目標に向かっていくと、何本もやっていくうちに、だんだん楽になってくる。

一歩ずつ、一本ずつ、踏みしめるごとに、後が楽になっていくはずだと、そう思って走っているうちに、ちょっとずつ楽になっていくものなんです。それでも、しんどかったですがね」

その二十五日間に及ぶ伊東キャンプの中で、技術面でも成功体験が待っていた。

「技術面では、先ほど言ったように、新球に挑戦するのではなく、持ち球を磨くことに重点を置いていました。特に意識したのはシンカーです。私は、右サイドスロー投手の弱点といわれる左打者対策として、外に落ちていくシンカーを伊東で研究していました」

走り込みと並行しての投げ込みの日々で、鹿取は持ち球のシンカーに磨きをかけた。

その成果が表れたのは、キャンプ後半にさしかかるころ、野手陣のフリー打撃用にマウンドに立ったときのことである。

右打席に入る中畑清に対し、内角にシュート気味に入ったシンカーが、それまでとはまったく違う軌道を描いた。

「緩い沈み方ではなく、インコースのシュート気味に、ストンと速い落ち方をしたんです。つまり、左打者でいえば『外に落ちていくシンカー』でした」

中畑はボールの上っ面を叩き、自打球を当てて足を痛めてしまうほどだった。

「中畑さんには申し訳ない気持ちでしたが、実戦でカウントを取るために使えるシンカーができたと思った瞬間でした」

シンカーで、それだけの曲がりを会得したうえに、ファストボールのスピードが増す「副産物もあった」と話す。

「ストレートの球速が増したんです。それまでは最速百四十キロ未満だったのに、百四十二から、百四十三キロくらいが出るようになった。かなり威力を増しました」

その後の野球人生の礎に

この成果が翌八〇年シーズンに、数字となって明確に表れている。

登板数が七九年の三十八から五十一へと増加したうえに、防御率は三・三六から一・七八と格段に上昇したのだ。

鹿取は、この伊東キャンプを「その後の野球人生の礎になったもの」と位置付けている。

そして、長嶋茂雄という恩師には、まずは自身をジャイアンツに引き寄せてくれたことへの感謝を挙げ、加えて、この地獄の伊東キャンプに招集してくれたことへの恩義を感じている。

「伊東は自分にとって、プロ生活の礎でした。あれだけの練習を乗り切れたことが、その後のキャリアにつながった。伊東に参加していなければ、どこか途中でリタイアしてしまっていたかもしれません」

なぜ、ここで鹿取が「長嶋監督に招集されて、伊東に参加していなければ、後の長いキャリアはなかった」と言えるのだろうか。

鹿取は、巨人で八九年シーズンまで十一年間プレーした後、西武ライオンズへと移籍し、八年間プレーしている。

移籍初年度の九〇年には自己最多の二十四セーブポイントを挙げ、リーグ最優秀の救援投手に贈られるファイアマン賞を受賞。九一年には防御率が一・七八と自己最高タイの成績を収めるなど、息の長いプレーヤーとして活躍した。

　三十代以降のベテランとしてのシーズンを、安定して長くプレーした投手としても、極めて稀な存在である。

　そのキャリアを、伊東キャンプに参加していなければ果たせなかったと、自身で振り返るのだ。それは、なぜかと、もう少し突っ込んで聞いてみると、「ベテランになってからも、向き合って練習できたからだ」と、別角度からの回答が返って来た。

ベテランになるほど練習しないと不安

「伊東キャンプのあとは、急激な成績の伸びこそありませんでしたが、体力的な自信がずいぶんとついたんです。そしてその『練習すれば、体力的な自信につながる』という原体験が、三十代以降の私を、練習と向き合わせました。別の言い方をすれば、練習をしていないと不安な状況に、最後まで自分の身を置くことができた。

　ベテランになってからも『伊東キャンプの縮小版』をやるつもりで、自主トレに臨んでいましたから。ベテランになればなるほど、練習していないと不安です。すぐキャリアが終わってしまう、そういう不安が、自分を練習に向かわせたんです」

　この言葉が、誰よりも長嶋茂雄の選手後期の姿を彷彿《ほうふつ》とさせた。

　長嶋は、七四年度に三十八歳で現役を引退するまで、箱根の仙石原や伊豆の大仁で、厳しい自主トレを敢行した。

なぜ、ベテランになってからも、そこまで自分を追い込むことができたのかと問うと、こう平然とした表情で応えていた。

「追い込むことなんて当たり前なんですよ」

そして次の言葉が続いて出たのだ。

「鍛錬から引き算していってはいけない。つねにプラス、プラス、プラスと――」

鹿取は、選手時代は投手であったから、長嶋に技術的な指導はほとんど受けていない。

伊東キャンプでも、「長嶋監督はブルペンにも〝稀にいらした〟というくらいで、私はあまり声を掛けられた記憶もないんです」と振り返る。

その鹿取が、もしかしたら手取り足取り指導された中畑や、松本、篠塚らバッター陣よりも深いところで、長嶋の教えを会得していたのかもしれない。

なにしろ、練習していなければ不安だ、というモチベーションに、引退する四十歳シーズンまで自身を追い込んでいたわけで、ベテランになっても練習の虫だったことも、長嶋とリンクする。

そして、だからこそ、伊東キャンプがプロ生活の礎だったと言い切れたのではないだろうか。

リリーフの名投手として、鹿取は次の名言を残している。

試合の一球のために、キャンプで二千球を投げ込む。
試合の一球のために、二千球の積み重ねがある。

これこそが、鹿取が野球人生を通じて会得した真理ではなかったか。

そのためにプロは準備し、準備とはすなわち、日々の練習、トレーニングであるのだと。

ここにおいて、鹿取に野球観、いや人生観をも植えつけた二人の恩師——島岡吉郎と長嶋茂雄の存在が、そして鹿取義隆の野球人生が、一本の線としてつながるのである。

第13章 藤城和明

芸能界、指導者でもマルチに活躍

元巨人のダンディは、土曜の午後になると学童野球のグラウンドで、小学生を相手にしている。もう十年も指導を続けていて、「もともと松本さんが誘ってくれたことなんです」と発端を話す。

松本さん、とは同じ巨人で〝青い稲妻〟の異名を誇った盗塁王・松本匡史のことだ。そしていま話しているのが、松本と同期入団のドラフト一位投手、年齢は松本より二歳下になる、藤城和明である。

現在は東京都にあるケーブルテレビ局・多摩ケーブルネットワークが展開する地域スポーツ支援の一環として、小学生への野球指導を毎週末に行っているのである。

同時に東京新大学野球・創価大学野球部の投手コーチとして週一回程度、八王子のグラウンドに

歌手としても活躍した藤城和明はコーチとして球界に復帰。（写真＝産経新聞社）

足を運んで指導している。

　春の全日本野球選手権や秋の明治神宮大会の常連である名門大だけあって、藤城がピッチングをみた学生だけでも、プロ野球で活躍しているピッチャーは枚挙にいとまがない。

「最初は八木智哉（〇五年日本ハム入団―オリックス―中日、一七年引退）に始まって次が大塚豊（〇九年日本ハム、一六年引退）、小川泰弘（一二年ヤクルト）、石川柊太《しゅうた》（一三年ソフトバンク）、池田隆英（一六年楽天―日本ハム）、田中正義《せいぎ》（一六年ソフトバンク）、杉山晃基《こうき》（一九年ヤクルト）、望月大希（一九年日本ハム）、鈴木勇斗《ゆうと》（二一年阪神）……。勇退した岸雅司監督時代からのことで、佐藤康弘コーチ（九二年バルセロナ五輪野球日本代表）とともに、もう十五年以上も指導していますからね」

　スラスラと名前が出るだけでもすごいが、キチンと年代順に並んで出てくるところはなおのこと。記憶力のよさと、ある種の器用さもうかがわせる。

　それもそのはずである。

　藤城は、現役時代は投手として五年間、巨人に在籍した後、阪急ブレーブス、ロッテオリオンズと移籍して、都合十年間の選手時代を過ごした。

　生涯成績は百一試合に登板して十四勝十九敗、防御率四・五一という成績であった。

　しかしプロ野球での活躍よりも、その後のムード歌謡グループ「敏いとうとハッピー&ブルー」でのメインボーカルを務めた時期の姿が目立っていたりする。

「あれはね、野球を引退したあとに中畑清さんから紹介されて、グループがボーカルを探しているということで、三年ほど参加させていただいたんです。ただ、芸能界は、プロ野球界とはまた別種の厳しさがあって、なかなか馴染めませんでしたが……」

そして歌手としても顔が売れた藤城は、その後にテレビ番組のレポーターなど、タレントとしても活動した。

もともと巨人時代から〝のど〟に定評があり、有名グループでのボーカル挑戦にレポーターなどのタレント業……そのマルチな活動から彼の多芸ぶりがわかるのだが、その後、コーチとして球界に舞い戻っているのが藤城の経歴の特筆すべきところでもある。

九三年から巨人二軍投手兼育成コーチに。九六年には一軍投手コーチに昇格し、第二次長嶋政権時代の〝メークドラマ〟演出に一役買っているのだ。

また、デビュー後に伸び悩んでいた岡島秀樹（九三年ドラフト三位、ボストン・レッドソックスなどでも活躍し、一五年横浜ＤｅＮＡで引退）のフォーム改良に丹念に付き添って、先発ローテーション入りさせている。

その後も九八年には、韓国プロ野球からオファーがあり、三星ライオンズで投手コーチに就任、〇五年には石毛宏典《ひろみち》（駒澤大―西武―ダイエー、九六年引退、後にオリックス監督）の呼びかけに賛同して四国アイランドリーグの旗揚げに参戦。高知ファイティングドッグスの初代監督を務めた。

ＮＰＢ（日本野球機構）の一軍選手を育成するという命題を掲げ、三年間で五人を送り込んだ。なかでも、〇六年オフに千葉ロッテマリーンズに入団した角中勝也は、後に首位打者に二度輝き、一三年のＷＢＣ日本代表にも選出された。

そのように、球界復帰後もコーチングスタッフ就任への打診が切れ目なくあり、その都度、期待に違わぬ結果を出してきた藤城は、やはり多芸に通じた才能の持ち主であるといえるだろう。

そんな藤城も、七九年に行われた伊東キャンプに招集され、参加した十八戦士の一人である。

伊東のメンバーの多くは、選手引退後も野球一筋にコーチングスタッフや解説者の道を行く者が多いが、野球とはまったく別の世界に身を置いて、第二の人生をイチから出直した者もある。

そんな中にあって、多方面の才を持ち、多分野で活動してきた藤城は、異色の存在である。

藤城にとって、プロ三年目のシーズンオフに参加した伊東キャンプとはどのようなものであったのか、じっくりと聞いた。

堀内恒夫の投球をイメージ

「野球を始めた小学校低学年のころからジャイアンツと長嶋さんのファンで、銭湯の下駄箱は必ず『3』狙い、空いてなければ、まあ『1』でいいか、という感じでした。同世代の人はみな、そうだったんでしょうけれど」

一九五六年四月五日、兵庫県姫路市に生まれたのが藤城和明である。

白球を握るようになった小学校時期から「四番・サード」が理想の選手像だったが、飾磨中学校野球部二年夏に最高学年となったタイミングで、投手を始めている。

「当時すでに身長が百七十七センチあり、フォームはオーバースローでした。自分の投球イメージでは堀内恒夫さんのフォームがあったんです。

もともと長嶋さんに憧れていた僕ですが、ピッチャーを始めてからはチームが勝ち始めて、姫路球場での県大会に出場できるようになった。それでピッチャーの味を占めたんです」

高校は、地元の姫路市立琴丘《ことがおか》高校に一般受験で入学。

だが野球部の最高成績は兵庫県大会の準決勝進出で、甲子園出場はならず。七五年、高校卒業後に新日鐵広畑に入社。

七六年の都市対抗野球では一回戦で大昭和製紙北海道と東西横綱対決、藤城はリリーフ登板して、延長十三回でチームは勝利している。

続く二回戦の日本鉱業佐賀関戦では、先発して五イニングを投げて敗れるが、五連続三振を奪うなどして注目された。

その年秋のドラフト会議で、巨人に一位指名されて入団。同期入団で後の伊東メンバーとなった赤嶺、角、松本、笠間を置いての最上位指名を得ている。

また、先輩・後輩でいうところの同輩となる同学年には、角、西本、鹿取、定岡正二がいた。

「当時、絶対エースだった堀内さんがそろそろ下り坂の時期でした。また、V9打線もベテランになっていましたので、球団としてはたくさんピッチャーを揃える必要があったんでしょう。

ただし、僕には同期や、同学年のことは視界に入りませんでした。西本や定岡も目に入りません。社会人野球経験者でしたから、即戦力にならなければ、使いものにならないのと同じだという思いがあったんです」

初年度の七七年は、開幕五戦目で初先発。十五試合に登板して先発九回、二勝三敗、防御率四・七一という数字に終わっている。

「この『二勝』という数字が多かったのか否かに拘わらず、まったく周りを見る余裕のない一年目でした。なにをやっていたのかも、覚えていないほどです」

翌七八年は二軍スタートとなる。しかしそれよりも「大きな失態」を犯したのだという。

「あるとき藤本健作マネジャーに『一軍に行くぞ』と言われたことがあったんです。しかしなぜか僕は『ここ（二軍）でいいです』と言ってしまった。僕は、精神的に打たれ弱いところがあって、失敗したらどうしようと考えてしまう心配性なところがありました。繊細過ぎるとも言われた。

僕の発言が長嶋さんに伝わったかわかりませんが、そこで『はい！』と返事できない人間が、上がれるわけがありません。もとより長嶋監督は『チャンスを絶対に逃すな！』という方ですから」

失意の日々は続いたが、臥薪嘗胆、耐えるしかなかった。

自身で「繊細なところがあった」と分析する藤城だが、別の意味でいえば、「細かいところに気がつく」性格だともいえる。二軍生活の中で自身の技術的な欠点を探して、試行錯誤することで、七九年には一軍昇格を果たす。

「それまでもマイナーチェンジしてきましたが、この三年目にフォーム改造をするんです。テイクバックや肘の上げ方を、あれこれ模索していました。一軍昇格できたところで、今度は絶対『結果を出さなければいけない』の一念でしたから」

そしてこの七九年、藤城は言葉ではなく行動で結果を示すこととなった。

登板二十七試合のうち、先発十二回、四勝七敗と負け越したものの、一年間を通して一軍のローテーションに残った。

否応なくキャンプに参加命令が

そして、シーズンオフに伊東キャンプを迎えたのである。

「その時期、僕は寮生でした。秋季キャンプをやるという噂はあったんですが、正式には、寮長だった藤本さん（前出）に『お前もメンバーに入っている』と言われたと記憶しています」

この伊東参加メンバーが最初に発表されたのは、十一月二十一日のシーズン最終戦、大洋戦後の後楽園球場のロッカーである。この日、ベンチ入りしていなかった藤城は、少しのタイムラグを経て、寮で藤本寮長から報告されたという流れだろう。

このときの藤城は「はい」も「いいえ」もなく参加することになっていた。だから「行ってみるまで考える余地もなかったんです」と振り返る。

「我に返ったのは、伊東の地に着いてからでした。最初の夜のミーティングで、いきなり長嶋監督がユニフォームで現れたのを見て、驚きました。みんな驚いたと思う。とにかく監督の姿と言葉に吸い寄せられて、『ああ、本気でやらなきゃいけないんだな』と思っていました。

ところが、練習メニューが食堂に貼り出されたものの、『午前＝ピッチング、午後＝ランニング』くらいしか書いていないんです。コーチからの指示もなにもなかった」

そしていきなりの洗礼は、初日のランニングだったと話す。

「ノックをやったあと、ランニングに連れていかれたと思うんです。車に乗せられて、出発すると、途中から急坂に入って、エンジン音マックスなんです。降り立ってみたら、前方には、『崖か!?』と思うような坂道。それが馬場平でした」

事前に視察しているはずなのに、説明がなかったというのは、コーチ陣も意地悪だ。

「すぐ足を取られてしまうようなデコボコ道なのに、なにも知らされていない僕らは、ランニングシューズで行ってしまいました。当然、翌日からは『馬場平＝スパイク着用』となりました」

当時二十三歳で最も動ける年齢時期の藤城だったが、自身の選手生活の中でも最大級の心拍状態を、この伊東キャンプの走り込みで味わったという。

「もう、僕の肺活量はこれでマックスだと思いました。『これ以上吸えない』というところまで、行ったと思います」

命がけのやり取りは投手陣にも

ときに、伊東キャンプの〝過酷さ〟でフィーチャーされるのは、松本の鳥かごでの早朝バッティングや、夕闇を迎えても続く、長嶋と中畑のノックなどだが、ピッチャー陣の過酷さも相当なものであったことを、藤城は強調する。

「腹筋『二百回×五セット』とか、平気で言われましたけど、トータル三百回くらいのところで、ベルトの下の皮膚はこすれて、破れてくるんです。シャツに冷たい感触があったときに、血が出たなとわかる。そのベルトの下の皮膚は、後で見ると、霜降り肉みたいにまだらに出血しているんです。僕らはそれを『ビフテキ』と呼んでいました。

ただ、それでも毎日、同じことが続くので、毎日やっていると、生傷が風化していくのがわかるんですね。ヨーチンを塗っていても、皮膚が風化して治っていく様子がわかるんです」

それと同じようなことを、投げ込みでも感じたという。

「春のキャンプなどで投げるときは、多くて三百球が最高でした。そんなときは、後で肩や肘が張ってしまいます。でも伊東では、連日三百球投げても平気でした。というのは、すでに全身が張っている状態ですから、肩や肘なんて張っても目立たなくなっている。

しかし全身が均等に疲弊している状態ですから、むしろ肩肘に負担がかかりません。余計な負荷が抜けた投げ方になっている。そういうときは、怪我をしないものだとわかりました」

さらに、「命がけのやり取りは、投手陣にだってありました」と続ける。

フリーバッティングで登板するときのことである。

「高橋コーチが、ボールの被弾を防ぐL字型のゲージを『外せ、なしでやれ！』と言うんです。僕らは『当たったらどうするんですか？』と目を白黒させるんですが、『当たらないように投げるんだよ！』と。

それは実戦を考えれば、当然のことかもしれません。センター返しは実際、試合で強烈なのが来るので、『一球一球、集中しろ』ということです。『来ると思えば取れる。対応できる。全力で投げて、全力で捕れ』と」

もとより、「怪我人は帰ればいい」が伊東キャンプのコーチ陣の口癖だった。

投手陣も、フィールドで、馬場平で、ブルペンで、真剣勝負の緊張の連続だった。

そんな伊東キャンプを、自身で「繊細で打たれ弱かった」と称する藤城が、なぜ乗り切れたのかと問うと、なるほど藤城だからこそ心の琴線に触れたような、ほんの些細なやり取りを聞いていたからだと振り返る。

「何日目でしたか、部屋でゴロンとしていたら、食堂のほうから声が聞こえてくる。なんとなく聞いていたら、監督の声でした。扉の向こう、廊下伝いに聞こえたんです」

それは、こんな他愛のない会話だった。

「キヨシ、なに食ってるんだ?」「はい、饅頭《まんじゅう》を食ってます!」

この短い会話のやり取りに、藤城の気持ちは安らいだ。

「なんだかね、とってもあったかくなったんです。たとえれば、寒い雪の日、山小屋の窓灯りで、中で一家団欒《だんらん》している様子が見えた瞬間のようなね。みんなで食事しているというか、優しさや、あたたかみ、なんでか、そこに『家族』を見た気がしたんです。これが『愛』なんだなと」

グラウンドにいても、ブルペンでも、馬場平でも、どこからでも飛んでくる鬼のような指令、矢のような打球……それらは、こんな愛情に裏打ちされたものだった。

すべては、長嶋という父性、いや、長嶋だけではない。杉下、高橋の両投手コーチ、青田ヘッドコーチ、ほかすべてのコーチングスタッフ、選手……参加者みなが送っている、この二十五日間の異常な世界だからこそ、「あの言葉の優しさ、意味がわかった」と藤城は言うのだ。

「僕がやっていること、すべてに意味があるとわかったんです。それが、僕の伊東キャンプの成果でした」

便利屋でもいい

伊東を経た翌八〇年シーズンは、十八登板、四勝三敗、防御率五・〇という結果が残った。

「勝ち星は、大したことはなかったのですが、先発、中継ぎ、抑え、いろんなポジションで投げることになりました。どんな場面でも待機している必要があり、実際、交代する場面は来ます。一回でも、二回でもそれは来る。便利屋でもいいから、『行け』と言われたら『はい』と言えるようになっていました」

それは、二軍時代に「ここでいいです」と言ってしまった藤城からすれば、別人の発想に切り替わっていた証拠である。

その八〇年シーズンをもって長嶋監督が解任されると、翌八一年には、藤城の登板回数は十二と激減し、八二年開幕直後に阪急へと移籍した。

八五年シーズン終了後に戦力外通告されるが、八六年には稲尾和久監督のロッテの個人テストを受け合格。登板機会がなかったその八六年シーズンをもって、現役引退した。

「その後のキャリアは、山あり谷ありでしたが、こちらからお願いしていないにも拘わらず、仕事はいただけたんです。ありがたいことに、家族を困らせることなく、やってこられました。

どんなオファーでも、あるというのは、ありがたいことなんです。それを僕に気づかせてくれたのは、伊東キャンプだったと思う。人間は、やればできます。でも、やらなければ、いつまでたっても、できない。『ここでいいです』と言ってしまった二軍時代の僕のように。もしも伊東に参加していなかったら、なにごとにも中途半端だったと思います」

野球人間ではなく、人間野球を教えたい

その後、芸能の仕事を経て球界に復帰し、コーチや独立リーグ監督を務める中でも、伊東での教えが根底にあったことが大きかったと述懐する。

「選手として成功することも大切ですが、そのあとの人生をどう生きるかを、考えさせたいんです。野球を終わってから、引退してからのほうが、人生は長いんですから。僕の役割は、野球でなにかを教えて、次の段階に送り出してあげることだと思う。

ある意味、あきらめさせるのも、役割のひとつです。選手生活はあきらめて、次の仕事に打ち込めるモチベーションに、そんな状態に持って行ってあげたいと、考えていました。特に、四国独立リーグの高知では、僕も学んだんですね。プロで成功した角中は、例外といえます」

藤城が描く「選手をあきらめることで次の仕事をつかむ」成功例があったのだという。

「四国独立リーグでプロ野球を断念した選手には、教師、消防士、競輪選手になった例もあります。僕の中で思う〝出世頭〟は、高知を退団となったあとにソフトバンクでマネジャー兼打撃投手を務めている岸健太郎です。現役が終わったら終わりではなく、球団職員として、彼は好きな野球に携わることができている。それこそ、僕が伝えたい姿です」

長嶋茂雄が、そして伊東キャンプが教えてくれたものはなにか、と問うと、藤城はこう結んだ。

「野球の指導とは、野球人間をつくるのではなく、人間野球を教えること。それが長嶋茂雄の指導であり、僕はそれを、伊東キャンプで得たんです」

第14章

中司得三

中学で〝尾崎二世〟といわれて

中司得三は、彼自身の野球キャリアを、後悔がついて回るものだったと、振り返って思う。伊東キャンプも悔いが残るものでした、と消極的な言い回ししか出てこないのである。

中司得三は伊東キャンプでの「後悔」を一生の教訓にした。（写真＝時事通信社）

一九五三年五月十八日、大阪府泉大津市で長男として生まれ、妹が一人いる。

父は大阪府警の職員で鑑識課勤務だったが、中司が五歳のときに、急病により三十三歳の若さで亡くなっており、以後は母の女手ひとつで育てられた。

専業主婦だった母は、市の職員となり、学校給食の調理師として働いたのである。

「そんなことで、私は父の記憶がほとんどないんです。あとで写真で見て、ああ、こういう人やったんやというくらいでね。父の死後、私と妹を働いて育ててくれたのが母です。気丈でね、『人の施しを受けてはいけない。お腹が減っているときも、おごってもらうのではなく、おごってあげなさい』と。いま、九十歳を過ぎた母は妹と一緒に暮らしています」

五歳から母子家庭だった中司だが、長男特有か、性格的にはおおらかさが優っていたようである。

「子ども心に、ほかの家庭に負けたくない、というのはありました。ただ、私自身は、のんびり屋でね、もうちょっと自立心があればよかったのかなと思うんですが、『われ先に――』というような欲が、なかったと思います」

身体は大きく、小学校でソフトボールを始め、泉大津市立誠風中学校野球部では投手となった。

「中学当時は準硬式ボールでした。三年のときに、大阪府大会で優勝して注目されたんです。中学の先輩に尾崎行雄さん（浪商高校―東映フライヤーズ、プロ通算百七勝投手、一三年に六十八歳で物故）がいましたので、〝尾崎二世〟といわれるようになりました」

高校は、近畿大学附属高校に進み、三年時の七一年春、選抜高校野球大会に「エースで四番」として出場。準々決勝の坂出商業戦では延長十三回を投げ、〇対一で惜敗している。

ただ、この高校時代から中司は「肘の痛みと闘う日々だった」と明かす。

「一試合投げれば、一週間ボールを握れないという状態で、痛み止めを必ず持ち歩いていました。毎朝、起きると肘の状態をまず確かめるという、不安な日々でした。

そして、ピッチング練習が『嫌な時間』になりました。投げれば痛みが出る。痛いから投げなくなる。だから、極力痛みが出ないフォームや球種となります。たとえばカーブは、親指と人差し指のあいだからボールを抜くように投げていました」

その後、進学した近畿大学で一年生の秋に外野手に転向している。

「同期には後に南海にドラフト一位で入る森口益光（南海―中日、八八年引退）もいて、ブルペンで投球を見て『こりゃ勝てないな』と思ったほどでした。コーチにはピッチャーも続けるように言われたんですが、肘がもうダメでしたのでバッティングに専念したんです」

中司は「四番・レフト」の出場が多く、関西六大学野球で三年春、四年秋と二度優勝し、ベストナインには三度選出されている。

そして七五年秋のドラフト会議では、阪急ブレーブスに六位指名されるが受諾せず、日本生命に入社。社会人野球を選択した。

野望もなければ闘争心もなかった

「口約束ながら、日生に行くことを決めていましたので、反故《ほご》にできなかったんです。それから、女手ひとつで育ててくれた母を安心させたいという思いも、大企業の日生に傾かせたんですね」

ただ、といって中司は、最初の「後悔」を口にする。

「そのとき、プロに行きたいという気持ちはかなりありました。監督に直訴したんですが、やはり、『大学と企業さんとの信頼関係もあるから、断れないよ』と。そこに『親を安心させなければ』という思いが手伝って、意志を貫けなかった。

後から考えればですよ、同期の田尾（安志。同志社大―中日―西武―阪神、後に東北楽天監督）や、駒大三羽烏（中畑、二宮、平田）が大卒でプロ入りして後に活躍したのをみれば、私は社会人を経て、その後のプロ入りですから、スタート地点で遅れたんです」

これは明らかな結果論ではあるが、中司の当時の逡巡が、わかる気がしないでもない。

中司自身は、こう振り返る。

「結局は、決断がつかなかった自分が悪いというか、優柔不断だったのかもしれない。どうしたらいいか、考えあぐねて、安全なほうを選んだんですね。私には、野望もなければ、闘争心もなかったということ。だって、中畑や田尾の姿勢をみれば、その差は歴然でしょう」

日本生命では一年目の七六年から三年間、都市対抗野球に出場。ホームランこそ出なかったが、中心打者としての活躍は果たしている。

そして七八年秋のドラフト会議を迎えるのだが、同年のドラフトは江川卓の「空白の一日」事件の対処を巡り、巨人が参加をボイコットしたため、中司は「ドラフト外」の扱いで巨人に入団することとなった。

これは、明治大から同期入団した鹿取義隆（年齢は三学年下）と同じ扱いである。

ともあれ、中司のプロ初年度、七九年はイースタンに終始し打点王。一軍昇格は公式戦百二十九試合目、十月二十日の広島戦での二打数〇安打のみである。

「イースタンにどっぷり浸かってしまった一年でした。『早く抜け出さなきゃ』と、自分ではよく練習しました。入寮していましたが、遊びにも行かずに、雨天練習場で納得できるまで、スイングしていた記憶があります」

イースタンで打点王になったのは、その成果だったのかもしれないし、イースタンでの「成果」は、一軍での活躍の「兆し」という期待も持てる。

そのタイミングで、中司は伊東キャンプに招集される。

「私は、二軍にいたルーキーで、体力のなさを痛感していましたので、『全体的なパワーアップ』は必須でした。それから低めの球が好きで、高めが苦手でしたので、反応力や、適応力を身につけなければいけない。技術的には『高め打ちの技術をマスターする』という目標が、あることはあったと思います」

ただし、伊東キャンプで「なにを集中的に強化したのか」や、「なにを体得したのか」については、問われても、応えられるだけの記憶がないのだという。

「自分でも、一体、伊東キャンプでなにをやっていたんだろう……というのがあるんです。アップして、バッティングして、ノックをして、ダッシュや強筋があって……。それは覚えているけれど、与えられたものを、やり切って、なにかを得たという実感が一切ない。ということは、やりこなせなかったからなんでしょうかね。

ああ、ついて行くのに、精一杯だったとは言えるかもしれないですね……」

高揚感よりも劣等感が優る

聞けば、確かにランニングも、ノックも馬場平も、「人生でいちばんキツかった練習」が「伊東キャンプ」であることには、間違いないと中司は言う。

しかし、そのキツさは「成果を伴わないものだった」、つまり「結実のない鍛錬だった」と中司は寂しい言葉を並べるのだ。

「綺麗事をいえば、『限界に挑戦した』となるかもしれない。しかし、私には、体力がないことの劣等感のほうが優っていました。中畑が長嶋監督とのマンツーマンノックに食らいついて行って、根性を認められたような、プラスの成果や、なにかをつかんだという高揚感が、私には皆無でした。ついて行くのが精一杯、というのは、差をつけられている劣等感、ネガティブな発想でいっぱいだったということでしょうか」

地獄のトレーニングに遅れて、ついて行くのがやっとな自分がいる。その横で、同学年や同期生が、「われ先」にボールに食らいつき、成果を上げて、雄叫びを上げている。

その埋めようがない差を、飛び越えられない溝を、中司は感じていた。

「私は、伊東のメンバーに選ばれたことへの高揚感はあったけれど、みんなはその先、目標を設定して、乗り越えるという高揚感を手にしていた。これは決定的な差だ、埋めようがないと。

先ほど、プロに入るのが遅れたんだと言いましたが、それを痛感したのが伊東キャンプでした。そのころ、そんな悲観的なモチベーションの時期だったかもしれません」

長嶋の教えは、もとより「鍛錬から引き算してはいけない。つねに、プラス、プラス、プラス！」のはずなのに、選ばれて参加したはずの十八戦士の一人、中司には、その発想が微塵もなかった、あるいは、心理的には真逆に作用してしまった伊東キャンプということになる。

こんな状況では、上昇の兆しなどみられるわけがない。

翌八〇年シーズン、伊東のメンバーが一軍で、目覚ましい活躍をみせている真裏に回るように、中司は一軍出場なし。

長嶋解任後の八一年は、四試合三打数〇安打。

八二年は、九試合六打数一安打、打率一割六分七厘。

その後は一軍出場機会はなく、八四年シーズン終了をもって引退となる。

プロ通算成績は、十五試合出場、十三打席十一打数一安打、打率〇割九分一厘というものだった。

八二年の生涯たったの一安打を、「しっかり覚えている」という。

「九月十四日、後楽園球場の中日戦です。左腕の都（裕次郎）投手から、一球目カーブの後の二球目の直球を、レフト線にヒットしました。ベンチに帰って末次（利光）打撃コーチが『あの高めのストレートによく遅れなかったな』と言ってくださった。

考えてみれば、伊東キャンプで課題に挙げて練習したのも、高めの直球への対応でした。あの、プロたった一本のヒットに、集約されたんでしょうね」

プロ晩年は、投手時代からの肘のほかに、膝も痛みが出ていたという。

最終年度のキャンプ前には、右膝は手術が必要と、医師に診断されていた。

肉体的にも精神的にも低調が続いて引退を余儀なくされたのだとはいえ、年齢は三十一歳であり、社会的にみれば、歩むべき道が決まり、それに邁進しているのが理想の年代のはずである。

ましてや、中司には、このとき責任も生じていた。

プロとしては低迷していた八三年、学生時代から交際を続けていた三歳下の女性と結婚し、すでに長女が生まれていたのである。

夫として、父親として、守るべき家族がある立場なのに、当の中司は野球に挫折し夢破れたままで「まだ、なにも事を成していない」状態なのだった。

「とにかく、生活をどうしようというのがありました。父親になったのに、プロの世界で結果を残せなかったという、もどかしさもありましたし。なにかで建て直さなければ、という思いはありました」

自発的に動くことを伊東で学ぶ

そんな折、巨人ＯＢの紹介によって、印刷大手の凸版印刷株式会社に八五年、正社員として採用されるのである。

そして、総務部に配属になった中司は、積極的に業務内容や社内システムの把握に努め、まるで選手時代のモチベーションとは正反対のような姿勢で仕事に打ち込むことになる。

「私は総務部に配属されました。役員などがよく来られるところがデスクでしたので、来る方、来る方の顔をよく覚えるように意識していました。
ただ、こちらになにかを聞かれても、まるっきり判らなくて回答できないという経験を、何回かしました。そこで私は、会社のシステムをぜんぶ把握してしまおうと思ったんです。人事、庶務、厚生面、工場の安全……管理経理部から購買部まで、一週間をかけて、ぜんぶ見学しました」

現役時代とは打って変わった積極性、なにを指示されずとも自分から動く態度は、もちろん自分の意志でなければ発揮しようがないアクションである。

どうしてそこまで変わることができたのかといえば、第一には、家族ができ、責任感が芽生えたというのが間違いないところだろう。

今度はもう失敗できないという、切羽詰まった心理に置かれたことも想像できる。

しかしながら、中司のこの自己改革に大きく作用したのが、じつは伊東キャンプ――当時はネガティブな発想でいっぱいだった――での経験によって得た教訓なのだと、本人がここに明かす。

「待っていても、誰も声を掛けてはくれない。自分で動かなければ、誰も認めてくれない。自発的に動かなきゃ話にならないということを、伊東で勉強したと私は思っているんです。
巨人には、自分が逆立ちしたって敵わないような選手が多くいて、実際、私が彼らのポジションに就くことは難しかったかもしれない。でも、家族には、私の替わりはいないんです。子どもにはいいものを食べさせたいし、女房にも、毎年秋口にさせてきた契約更改の心配をもうさせたくない。あのとき自分に足りなかったものは自発性で、いまこそ、それを発揮するときなんだと」

それは、伊東キャンプで反復した高めの直球への対処が、時を経て八二年、現役生活たった一本のシングルヒットに結びついたという、ささやかだが大事な成功体験に根差しているものかもしれなかった。

伊東での教訓が、現役生活にのみ生かされるものだと、誰が言ったのだろうか。

いやむしろ、挫折の後に「一般人」として「父親」になったいまこそ、思い返されるのはあの、伊東キャンプの壮絶な二十五日間であり、長嶋茂雄の厳しくも温かい叱咤激励なのであった。

アマチュアの指導者になる準備をしている

この入社一年目に見せた積極性を、中司は印刷会社社員としてその都度、発揮していくことになったという。

「五十代に入って、大阪で工場管理部門に就いたときのことです。工場で働く中に活気がほしい、活性化を図りたいと思って、運動会を立ち上げたんですね。もう、個人が尊重されている時代で、逆行していることは承知でした。

でも、周囲の賛同を徐々に得て、進めて行ったら、行政や外部のいろんな協力も得られて、やり遂げることができたんですね。その後の私の半生からは『自発性』という言葉が、今度は切り離せないものになったんです」

会社では総務課長まで務め、定年後の再雇用の時期まで勤め上げ、六十六歳をもって退職した。

悠々自適かと思いきや、まだ中司は、自発性を忘れていないようだ。

「偉そうなことは言えませんがね、この歳になっても、アマチュアの指導者とか声がかかったときには、すぐに動ける準備をしている自分がいるんです。体力的に弱ってしまったら、お声がかかっても動けない。人生、なにがあるかわかりませんから、準備はしておきたいんです。

伊東キャンプでつくづく思ったのが、せっかく長嶋監督に選んでいただいたのに、ついて行けなかったこと。その『後悔』を、今日までずっと忘れていません。同学年の中畑や田尾は一旦、監督を退いたけれど、それで衰えてもらっても困ります。私が準備しているくらいなんですから、彼らには、あきらめずに、もう一度ユニフォームを着てほしいんです」

世に「人生百年時代」と言われ出して、しばらく経つ。

その真意は、単に百年生き長らえればいいということではなく、健康寿命の照準をそこに置いてこそ、功を奏するはずである。

その尺度で考えれば、中司の世代がいま置かれている状況は、もしかしたら彼らが現役引退した時期あたりまでさかのぼって、そこまで若返るくらいのつもりで、丁度いいのかもしれない。

すると中司にとっては、いまが再び三十にして立つときなのである。

今度は、後悔という逆説的な教訓を忘れずに——。

第15章 淡口憲治

キャンプの疲れ切った体で打撃フォームに開眼した淡口憲治。
（写真＝産経新聞社）

長嶋さん、王さんと一緒にプレーできる

淡口憲治といえば、その打球スピードと弾道の鋭さがコンコルド打法と称された中距離ヒッターである。同時に左打席に入った際、腰を右、左と一度、クイッとひねる独特のルーティンが、想起されるのではないだろうか。

彼も七九年秋の地獄の伊東キャンプに参加した十八戦士の一人である。当時は入団九年目のシーズンを終えた直後で、年齢二十七歳と、メンバー中では中堅どころだ。最年長として参加した河埜和正、山本功児のすぐ下の後輩であり、V9時代のスターメンバー揃いの一軍チームで揉まれてきている。

そんな彼が、独特の打撃フォームに試行錯誤を重ねて磨きをかけた舞台が、じつは伊東キャンプ

だったことは、あまり知られていないはずである。

一九五二年四月五日、兵庫県西宮市で、淡口憲治は二人の姉のあとの長男として生まれた。土地柄、タイガースファンとして育ち、父親に連れられて行く甲子園球場で、村山実やマイク・ソロムコらに憧れた淡口は、小学四年生のときには「プロ野球に入る」と決意していた。

六八年に入学した三田《さんだ》学園高校では、二年時の六九年、三年時の七〇年と、二年連続で春の選抜高校野球大会に出場している。

同校野球部の一年先輩には、後に巨人に進んで伊東キャンプのメンバーとなった山本功児がいて、一年後輩には、後に近鉄バファローズに進んで活躍し、二〇一五年に母校の野球部監督に就任した羽田耕一がいた。

その先輩の山本は、南海ホークスからの三位指名を受けずに、法政大学に進学していた。淡口は、

「私は、一年生のときから三番・センターで、山本功児さんとは三、四番コンビでした。当時は、上下関係が厳しい時代でしたので、一年上下というのは、仲よくする間柄ではありません。でも、功児さんはにじみ出る優しさがわかる先輩でした」

七〇年のドラフト会議前の段階では、広島カープとヤクルトスワローズから打診があった。

「両球団とも挨拶に来てもらっており、指名する意向を聞いていました。プロは小学生のころからの夢でしたので、五位までに指名してくれたチームなら、行くつもりでした。

ドラフト当日は、私は軽く練習を終えて、ラジオを聞いていたんですが、いきなり『巨人が三位で指名』と発表されて驚きました」

待機していた新聞記者たちに感想を聞かれたものの、即答できなかったという。

「予期していなかったものですから、絶句でしたよ。『遠い東京に行くなんて』と母は大反対でしたが、父が『やりたければ、やりなさい。ただし後悔はしないようにな』と言ってくれたんです。いろんなことを考えました。当時、巨人は後のＶ９につながっていく六連覇の段階でしたので、レギュラーが固定されているから、すぐ入り込める余地などないこと。半面、タイガースファンだったとはいえ、ＯＮは別格で、長嶋さん、王さんに憧れない野球少年はいませんから、一緒にプレーできるかもしれないということは、なにより優る期待だった。そんな環境に身を置けるチャンスなんて、ほかにあるとは思えませんでしたから。それは人生の岐路でした」

高卒ルーキー一年目の七一年シーズンは、川上哲治監督率いる一軍チームの三試合に出場して、二打数〇安打に終わったが、二年目に初ヒットを記録している。

たった一回のミスでつねに代走が

「プロ初打席は代打で、川崎球場での大洋戦でした。とにかく緊張したこと以外、ほとんど覚えていないんですが、平松政次さん（岡山東商業―日本石油―大洋、八四年引退、プロ通算二〇一勝）の〝カミソリシュート〟をバットに当てて、セカンドゴロと思ったら、バットをへし折られていて、実際はショートゴロでした。

二年目の初ヒットは神宮球場のヤクルト戦で、レフト線への二塁打でした。しかし、二塁走者としては次の柳田（俊郎）さん（九州学院高―巨人、八二年引退、一時期の登録名と歌手名は「柳田真宏」）のヒットで私はオーバーランしてしまい、本塁タッチアウトの苦い経験をしました」

ここでのアウトで、川上のお目玉を食らったのだと淡口は言う。

「ものすごく怖い表情で『なにやっとんじゃ！』と。その後は、私がヒットを打って出塁しても、すぐに河埜（和正）さんに替えられてしまいました。たった一回のミスで、その後二年ほど、代走を立てられるのが続いたんです。でも、それで厳しさを教えられたと思います」

そのように出場機会はあったものの、一軍に定着するまでは至らずに来た淡口。自身では、そのころ、バッティングフォームの改良の必要性を感じていたという。

「私の打撃フォームは自己流でしたが、右腰の開きが早いのが欠点だと思っていました。右腰の開きが早いと、特に外角球には、腰の回転による力が活かせず、そのぶんリストの強さ、つまり手首や腕力で打球を飛ばさなければならなくなります。

そのため、外の球を投げられれば、当たってもショートゴロやピッチャーゴロに簡単に打ち取られてしまうのが、弱点だったと思います」

そのフォーム改善のために淡口が相談したのは、当時の外野守備コーチだった町田行彦（長野北高―国鉄スワローズ―巨人、五五年ホームラン王、六五年引退）だった。

「町田さんは、私がプロに入って最初の師匠です。町田さんからは、『右腰を入れるように』という指示をもらって、何度も反復していました」

この「腰を入れる」とは、野球技術の一表現だが、投手に向かって前側（左打者の場合は右側）の脇と腹筋を縮めて、腰と尻の部分を内（左）側に寄せるイメージで打席で構えることだ。だが若手時代の淡口は、これをスイングまでキープできず、右腰が開いてしまうため、相手投手からは「外角にボールを逃がせば追いつけないだろう」と弱点が見えてしまっていたのだ。

淡口は町田のアドバイスにより、意識して右腰を寄せる、つまりクッと腰を入れる動作を、数年間をかけてつくってきてはいた。しかし、それでも右腰は結局開いてしまっていたという。

それが、三割近い打率や百本近い安打数を年度によっては挙げながら、シーズンを通してレギュラーポジションを奪うことに結びつかなかった要因のひとつでもあった。

淡口は、このように〝ルーティンがピシッと定まらない状態〟で伊東キャンプを迎えたのだ。

初めて〝練習漬け〟の日々を過ごす

「伊東に行く前に、課題を決めて、レポートを出したことは覚えています。私は、大きなテーマとして『打撃を完成させること』としました。そのうえで『下半身の開きと上体の回転を一致させる』ことを念頭に置いたと思います」

七九年十月二十八日に伊東に入った淡口は、翌日からバッティングフォームの改良のために試行錯誤した。

前出の町田コーチは、シーズン終了とともに巨人のコーチを退任しており、伊東での打撃練習は与那嶺要打撃コーチに指導を仰いでいる。

ウォーリーと呼ばれて親しまれた戦後初の外国人選手である与那嶺は、五一年から六〇年まで、巨人でプレーした。長嶋監督の巨人入団初期の三年間をともに過ごした左投げ左打ちの与那嶺は、長嶋巨人にも前年の七八年から打撃コーチとして参加していた。

「伊東前の二年は、町田コーチに教わってきたことを与那嶺さんにも共有・補足してもらう形で、お二人に指導してもらった感じでした。そして伊東では、初めて私は〝練習漬け〟の日々を過ごすことができたんです」

プロ野球選手が、「初めて練習漬けの日々を過ごすことができた」というと、それまでの歳月にはなにをしていたんだと思うかもしれないが、淡口の置かれていた状況を説明すれば、なるほど、そういうことだったのかと納得がいくだろう。

「それまでも、多摩川での秋季練習というのはありました。ただ、ベテラン選手も多くいらっしゃった当時ですので、若手は打撃練習しようにも、順番待ちという状態があったんです。すると割を食った若手は夜にスイングするしかない者もいた。でも、昼に存分バッティング練習ができているベテランから、夜、スイングしかできていない若手がポジションを奪えるわけがないですよね。

そんなことで、レギュラーと控えの差は埋まらなかった。それが私にとっての、伊東前に抱えていたもどかしさでした」

Ｖ９勢がチームの主力としてまだ残っていたのがこの時期である。

実際、伊東キャンプ中の十一月十一日は、沖縄でオープン戦が行われており、そこには王、高田、張本勲、柴田勲らベテラン打者、スター打者が顔を見せている。

伊東メンバーは負傷欠場した中畑以外が全員、伊東から中抜けで参加しているが、このように、若手がベテランを押しのけて上がって行くべき構図の中で、淡口は、やや中間世代に位置していたため、伊東キャンプを迎えるまでは「割を食う」立場だったともいえる。

だからこそ、伊東で「練習漬けできる」環境に身を置くと、それまでと同じようなメソッドを学んだとしても、吸収率が違っていて当然のはずなのだ。

言ってみれば、伊東キャンプ前の数年を町田と与那嶺の二段構えで指導されてきたのだとしても、伊東で与那嶺に指導される内容は、それと比べれば圧倒的に密度の濃いものになって当然である。

自身の打撃改造に関して、淡口があらためて振り返る。

「右腰が開かないために、左腰のベルト通しに紐を括りつけました。そして後方から引っ張って、右側が開かないように癖をつける練習をしたんです。伊東前までにも、腰の〝ひねり〟は導入していましたが、まだ自分ではピタッとフィットしたわけではなく、不十分に感じていた。

ホームランも出ていたけど、『これが自分のバッティングだ』というスイングを、フルシーズンで通せた経験がなかったんです。それを、一日中、したいだけ練習できたのが、この伊東キャンプでした」

疲れ切った末にいいスイングが生まれる

そして、「どれだけ打っても、もう止めろとは言われなかった」と淡口は嬉しそうに思い返す。

「一練習で五百スイングというのは特別な数字ではなかった。たとえば特打で三百球を打っても、十分休憩したらまた次が始まります。それを繰り返していれば、疲れ切ってしまって力は入らなくなります。でも、そこで出るフォームが、結果的に体得できるフォームです。無駄な力が入らず、その疲れ切った状態でするスイングが、いいスイングになっているんです。

そのような力まないスイングのためには、四百から五百は打たなければ辿り着けないし、そこでできるいいスイングの数は、せいぜい二十球くらいです。それを得るために練習をするんですから、このような機会を求めていた私には、これ以上ない濃密な練習の時間でした」

さらに、フリーバッティングのあとには、長嶋監督自ら、ティーバッティングで放ることが何度もあったという。

「長嶋監督特有の、上へ、下へ、投げ分けるティーです。それを打つフォームは、いわゆる〝悪球打ち〟のように見えますが、理に適っています。打席でツーストライクと追い込まれて、次の球を『ボールだ、外れた』と見極めたつもりでも、ストライクと言われれば見逃し三振になる。監督がいちばん許せないのは見逃し三振です。

見逃し三振は負け、侍だったら斬られて終わりだと。打ちに行かなきゃ勝てないだろと。でも、打ちに行って空振り三振しても、命までは取られないんです。次につなげればいい。その心構えが、ティーに明確に表れているんです」

　このように、存分に打ち続けられる打撃練習を、一球にこだわる姿勢で続けることができたら、そしてそこに的確な指導が伴って行けば、選手のポテンシャルは最大限に引き出され、才能が開花する兆しが見えてくるはずである。

　淡口は、日々繰り返す右腰をひねる動作の中で、キャンプ後半に差し掛かるころ、「カチャッ」とハマる音が、ついに聞こえた。

「腰をクイッとひねったときです、『カチャッ』と音がするように腰が止まりました。そして、上半身と下半身が一致したスイングとなりました。それがだんだん大きくなったのが私のルーティン。伊東以後は、より大きく振ろうという発想が生まれたんです」

　伊東から帰った淡口は、翌八〇年シーズンで飛躍的に記録を伸ばした。七九年は二百二十五打席、二百五打数五十三安打で二割五分九厘だったのが、八〇年には、三百七十打席、三百四十四打数百一安打で二割九分四厘と、打席数が飛躍して百安打を超え、ほぼ三割の打率を残したのだ。

「もちろん、ほかのメンバー同様、私も馬場平のランニングが、いちばんキツかったことはキツかった。でも、長嶋監督も選手の後半では、大仁での自主練などでご自身を追い込んでいましたね。その先にあるのがプロの練習・鍛錬なのだと、我々に教えてくれたんだと思います。

　何百球もバッティング練習して、力が入らなくなったときに出るのが、身についたスイングだというのも、まったく同じ真理だと思います。それで私の腰のひねりも定着したんですから」

　長嶋が〝定着〟させたものといえば、もうひとつ。コンコルド打法も長嶋の命名だった。

「長嶋監督が最初に『コンコルド打法』と言ってくださったときは、私もそんな超音速飛行をする航空機があると知らなかったんです。でも、中距離ヒッターの私の打球は、低いライナーの弾道のままスタンドインすることもありましたので、そのイメージでつけてくださった。光栄でした」

淡口は八五年シーズンまで巨人で過ごし、八六年からは近鉄バファローズで八九年の引退までを過ごした。

現役最終出場試合は八九年十月二十八日の日本シリーズ第六戦だった。

この日は奇しくも、地獄の伊東キャンプが開始された日から丸十年が経った日であり、対戦相手は古巣の巨人であった。

第16章

河埜和正

中学校の野球部をたった一日で退部

当人たちにはごく当たり前のことだが、野球界の待ち合わせは五分前行動が基本である。

午後一時に川崎駅の中央改札前の時計台で、という先方の指示だったから、それより早く着こうと七、八分前には時計台の前に辿り着いたのだが、その人だかりから頭ひとつ出る要領で、長身の紳士はすでに先着して、周囲をうかがうようにしていた。

こちらの到着を確かめると、日焼けした顔から白い歯をのぞかせて、

「お世話になります。河埜《こうの》です」

彼の名は、河埜和正。

愛媛県立八幡浜工業高校から六九年にドラフト六位で巨人入り。川上哲治監督下でのＶ９後期の

キャンプ以降、選手たちから「キャップ」と呼ばれた河埜和正。（写真＝産経新聞社）

最強チームで揉まれ、正ショートに。長嶋監督時代の七九年の伊東キャンプ参加を経て、藤田元司監督と続く八〇年代の黄金期まで、不動のショートストップとして活躍した名選手だ。

八六年の現役引退後は、巨人二軍コーチやスカウト職などを務め、二〇〇六年から球団が運営を始めた幼児から小学生までを対象とした野球教室「ジャイアンツアカデミー」の校長を務めた人格者でもある。

「川崎の街も、最近は女房や娘の買い物の送り迎えに来るくらいでね……どこにしましょうか」

かつて川崎球場があった東口方面を少し歩いて、結局はオフィスビル二階の喫茶店へ。縦に長い店舗の、いちばん奥のソファーに腰を下ろすと、グレーのブルゾンのジッパーを上まで上げている河埜は、セカンドバッグを静かにテーブルに置いた。

彼にとって七九年の伊東キャンプとはなんだったのか、そして指揮官・長嶋茂雄は、どのような存在であったのか、その野球人生を踏まえながら聞いていった。


一九五一年十一月七日、愛媛県八幡浜市生まれの河埜和正は、上に三人の姉がいる長男で、下に後に南海ホークスの二塁手として活躍する弟・敬幸《たかゆき》がいた。

「僕と弟だけでなく、もともとウチはスポーツ一家なんです。父は陸上、母は陸上とバレーボールをしていました。姉も中学時代に、陸上で全国出場しています」

河埜は幼少から小学校までは三角ベースやソフトボールに親しみ、中学の野球部で白球を握った。しかし、入部初日から、球拾い、尻バット、練習後には説教があり、一日で退部してしまった。

「ボール探しをしていたら、田んぼで蛭《ひる》に吸われてね。そのうえで尻バット。なんでこんなことをされなきゃいけないんだろう？　と思って一日で辞めちゃったんですね。野球は好きなのに、意味がわからなかったから。そんな理不尽なところは、自分から辞めてやると。

それで代替案でバレーボール部に入部するんです。そしたらバレー部で、すぐ選手になってしまって、三年生のときには愛媛県大会で優勝したんです」

このバレーボール部での練習が、後にショート・ポジションで役立ったという。

「飛び込んでボールを拾う動作や、回転レシーブの動きが、ショートでのダイビングキャッチや、ランナーを避けてのジャンピングスローのタイミング取りに役に立ったんです」

県大会で優勝したバレー部は四国大会で敗退して三年間が終わるが、バレーはそこで一区切りと思っていた。好きな野球を高校で再開したいと決めて、八幡浜工業高校に進学した。

八幡浜工業高校野球部では甲子園出場はならなかったが、六九年秋のドラフト会議では、巨人が六位に指名。

「甲子園出場もないし、無名の存在でしたので、寝耳に水で驚いたんですが、後から喜びが込み上げてきました」

七〇年初頭から多摩川での合同練習に初参加した河埜は、高卒の新人らしからぬ動きを披露して、コーチ陣を驚かせている。

川上監督は「守備で一生懸命やればいい」

当時の須藤豊コーチ（高知商業─毎日オリオンズ─巨人、六八年に引退後、二軍コーチ）が河埜の肩の強さに目を留めたのだ。そしてフィールディングでのスムーズな体さばきと強肩で守備範囲を広く取れることを確信した須藤が、グラウンドキーパーだった務台三郎と話して、グラウンドの内外野の境い目となる芝を後方三メートルほど刈り込み、河埜仕様にエリアを広げてしまったのである。
「フィールディングはバレーの動きにも由来していると思いますが、肩の強さは生まれつきというか、育った環境だったと思います。幼いころから田んぼや山に出て、用具やサツマイモなどを背負って上り下りしていました。それで肩の骨格が広く、太くなり、足腰も強くなったんだと思います。須藤さんは芝を刈ってくれたあとに、『この意味がわかるだろ？』と。それ以後は毎日、僕だけ居残り特守でしたね」

寮と多摩川はマイクロバスでの移動で、それ以後は、河埜の特守が終わるのを二軍全員が待っていたという。しばらくして球団が、河埜専用にバンを購入し、マネジャーの運転で帰るようになったのだ。

守備範囲の広さと肩の強さで注目された河埜は、七一年にはイースタンリーグで打点王になり、シーズン終盤戦で一軍初出場を果たしている。「とにかく足がガタガタ震えた」のを覚えている。
「当時の先輩選手は、誰も手取り足取りなんて教えてくれません。見て盗めという雰囲気でした。守備で打球が飛んできて、アウトにして初めてホッとする。川上監督には『お前は守備で一生懸命やってくれればいいんだから』と言われていたんです」

その後は徐々に一軍での出場機会を増やし、活躍し出したのは七四年シーズンからとなる。この七四年は、長嶋の現役最後の年でもあった。
「物心ついたときから、僕も憧れは長嶋さんでした。現役を引退すると報道されてもピンとこなかった。ただ、シーズン終盤の遠征中、竹園旅館（甲子園で試合があるときの、芦屋市にある定宿）に泊まっていたときに、長嶋さんから朝、『河埜、散歩行こうか？』と誘われたんです。

そのときテレビの取材が来ていて、引退前の長嶋さんに密着していた。それでなんとなくですね、

『ああ、本当に引退されるんだなあ』と思ったんです」

長嶋の監督就任後、河埜は出場機会を大幅に増やし、七七年シーズンで初めて規定打席に達した。この年は長嶋巨人がリーグ二連覇を飾り、河埜もベストナインを獲得している。

翌七八年まで二年連続で打率も二割九分を超える成績を収めたが、七九年、つまり伊東キャンプに向かう年のシーズンは、二割二分八厘と打率を下げてしまっていた。

「なぜバッティングの調子が落ちるのかというのは、理由はある場合もあれば、ない場合もある。『わからない』という場合も多いんです。そして、そういうときに限って、周囲にいろいろ言われるし、耳に入ってくる。僕も、いわゆる〝言われすぎちゃっている〟状態で、迷っている感じでしたね。

近年でいえば、巨人の四番の岡本和真（二〇、二一年の本塁打王、打点王）のように、二十代でポツンといて村上宗隆（ヤクルト、二二年に王貞治を超える五十六本塁打）あたりと比較される。迷うから周囲のアドバイスを聞いて、試して、うまくいかなくて、さらにわからなくなってしまうなんて時期があったでしょう。まさに、七九年の僕はそんな感じで、焦って、沈んで、底なし沼。お先真っ暗どころじゃない状態でした」

「底なし沼」にハマっていた

自身で振り返るに「底なし沼」にハマった状態で迎えた伊東キャンプ。

まず、打撃面では「思い切り振る」ことを念頭に置いたという。

「自分で分析するに、僕はスナップが強かったんで、それで力を抜かなきゃとか、逆におかしくなって、思い切り振ることができなくなっていたと思う。だから、伊東での特打では、ファウルになってもいいから、とにかくボールを叩こうと」

ティーバッティングでは、長嶋がまずスイングのお手本を見せる。そして例によって高いボール球を投げて「払いのけろ！」

「高いボール球を、体を開かず、目だけでボールを追いかけて、払いのける意識でと。打撃では、それが中心となりました。太陽が出ているうちは、ボールを扱えます。陽が落ちると国道に街灯がついて、それを合図に、ランニングに入りました。レフト、ライト、両ポール間のインターバル走でしたね」

そうして一日の練習を終え、風呂の時間にその日の内容を反芻《はんすう》したという。

「いいときのイメージというのは、頭にはあるんです。でも、そこに戻すという感覚ではなくて、『違う自分を作らなきゃ』という意識だったと思います。迷っていてはダメなので、『戻す』という意識では元に戻らないと思った。

だから、僕の伊東キャンプは、個人的には明確な成果は出なかったと思うんですよね。『出直し』のスタートが伊東の地だったというか。そのときの状況を俯瞰して言うと、頭の中では、こうしろというのが理解できているんです。でもまだ、体の納得につながっていない状況だった。

頭と体がつながってこそ、初めて会得したことになるわけで、例を挙げれば、淡口や角は、その『頭と体の納得』ができたキャンプだったと思う。僕はまだ、そこまでいかない状況だった」

個人的には課題を抱えたまま、明確な答えが出ないまま進んでいた伊東だが、河埜は当時二十八歳と、山本功児と並んで最年長で参加した二人である。

ことチームでの立ち位置で考えれば、「もうひとつの役割がありました」と語る。

「チームのためという気持ちですね。功児と二人で話していたのは、選手たちになにかあった場合には、僕と功児でコーチ陣に言おうということ。集団生活の中で、大事になってくるのは、意思の疎通です。綺麗事だけではすまないわけでね。そんなときには、コーチに話しやすい立場の僕らが言おうと」

そうして「チームのため」を念頭に置いてリーダー的な存在となっていたのが河埜だ。このとき首脳陣の中には「来季の主将に」と河埜を推す声も出始めていたのだが、本人は、「いま考えれば逃げでもあった」と語るのである。

自分ができ上がるためのプロセス

「聞こえはいいんですよ、『チームのため』というのは。でも、自分の成果が、思うほど上がらなかったから、そっちに意識を持っていっている部分もあったと思います。両方、真実だと思う。だからいい意味でいえば、『チームのため』と思って若手を引っ張ることで、伊東キャンプ全体の成果を引き出そうと。そうしてみんなが押し上げられれば、結果オーライになるという意識は、あったんだと思います。大目標としては、チームが勝つことがあるわけですから」

当時、伊東キャンプを終えた河埜のコメントが、報知新聞にこう残っている。

《毎日すごく疲れたが、全員が明るいムードで吹きとばした。春のキャンプもこうした雰囲気で臨みたい》（七九年十一月二十二日付）

実際、伊東から帰ったあとは、河埜がキャプテン的な存在感を一軍チームで強めていく。

いつしか、選手間で河埜に対して「キャップ」という呼び名がつけられていた。

そして、個人成績で河埜が、「頭と体がつながった」のは、もう少し後のことだったと話す。

「伊東後の、八〇年はまだです。八一年、日本一になった年ですね、ようやく本当に『つかめた』

と思ったのは。焦りというのが、自然となくなっていたんです」

それは結果が明白に物語っている。

伊東直後の八〇年は規定打席を割り、打率も二割三分〇厘に終わったが、八一年には、全百三十試合に出場して五百八十打席、五百三打数百三十三安打、打率二割六分四厘と飛躍したのだ。先頭打者で起用されることも多く、盗塁も二十七とシーズン自己最多を記録した。

結果、巨人というチームの日本一に大きな貢献を果たしたといえるだろう。

現役生活の幕を八六年に下ろし、引退後は二軍コーチや、ジャイアンツアカデミーの校長を務めるなど、「巨人での職務」を一貫してきた河埜は、自身の野球人生においての伊東キャンプの立ち位置を、どうみているのだろうか。

「僕の技術の基礎をつくってくれたのは、多摩川でした。その段階に比べると伊東は、それよりも高いレベルで迷っていて、ある意味、とても〝苦しい〟キャンプでした。まだ、自分自身ができ上がる前の『プロセス』でしたからね。

ただ、間違いなく言えるのは、行ってよかったなということ。引退しても、いつまでたっても、あのメンバーはいまも仲間ですからね。伊東の参加メンバーは、いつ顔を合わせても『あのノックは長かったね』とか『馬場平はキツかったね』とかいう話になります。共通の思い出を、分かち合えている。そういう意味では、僕はあのとき、チームプレーを念頭に置くことに〝逃げた〟のかもしれないけど、それも、よかったんだなと。

野球というのは、団体スポーツの中でも、より特殊な『チームプレー』が必要だと思う。プロは個性の集まりですが、僕があのとき、もっと個人の成績、自分だけを優先していたら、チームプレーという言葉なんて出てきていません。結果、そうしなくてよかったと思うんです。だって、そうでなければコーチやアカデミーの校長に就任していなかったと思うし、選手や子どもたちに教える中で、とてもじゃないけれど、チームプレーの大切さなど説くことができなかったでしょうから」

あのとき巨人というチームが日本一に向かうための、自身の〝役割〟が河埜にはあった。

そしてそれを、河埜に気づかせるという〝役割〟が、地獄の伊東キャンプにはあったのである。

第17章
山本功児

恩返しのためにも息子を見守りたい

巨人の左のスラッガーとして王貞治から「四番ファースト」を受け継いで、現役引退後には千葉ロッテマリーンズの監督を務めた山本功児が肝臓がんで亡くなったのは、二〇一六年四月二十三日のことだった。享年六十四、早すぎる旅立ちだった。

七五年秋に巨人に同期入団し、七九年の伊東キャンプにも一緒に参加するなど、苦楽を共にしてきた中畑清（一五年まで横浜DeNAベイスターズ監督）は、訃報を受け次のように話した。

「俺が二歳年下だけど、功ちゃんと呼ばせてもらっていた。俺はよくかわいがってもらったんだ。八一年のシーズンで俺がファーストにコンバートされ、ポジション争いしなければならなくなったときも、嫌な顔ひとつせず、それまで通り優しく接してくれた。

巨人の四番として三割を超える打率を残した故・山本功児。（写真＝産経新聞社）

功ちゃんが手塩にかけて育てた息子の武白志《むさし》は、いま横浜ＤｅＮＡで一軍目指して頑張っている。俺は功ちゃんへの恩返しのためにも、武白志を見守っていきたい」

また、千葉ロッテの二軍在籍時に、当時二軍打撃コーチだった山本から打撃の才能を見抜かれ、投手から野手に転向、後に首位打者となり二千本安打も達成した福浦和也（習志野高―千葉ロッテ、一九年に現役引退、後に打撃コーチ）は、こうコメントしている。

「いまの自分があるのは山本さんのおかげ、恩人です。野球人生の最後まで見届けてほしかったんですが、寂しいです――」

一九五一年十二月二十五日、大阪府堺市生まれの山本功児は、兵庫県・三田学園高校で三年春に、第四十一回選抜高校野球大会に出場している。同校では一年後輩に淡口憲治がいた。

六九年秋のドラフト会議で、南海ホークスから三位で指名されたが受諾せず、法政大学に進学。「四番・ファースト」として活躍し、本田技研鈴鹿を経て七五年秋に巨人に入団したのだ。

現役時代、山本は百八十六センチの大型スラッガーにあってフィールディングセンスでも定評があったが、巨人の若手時期は大存在・王貞治の陰に隠れ、なかなか出場機会に恵まれなかった。

七九年秋には伊東キャンプのメンバー十八人の一人に選ばれ、参加している。個人強化ポイントとしては《大きなスイングで長打を目標とする。内角高めの弱点を克服する》と挙げていた。

そして伊東キャンプ打ち上げ後に、「選手全員が団結して、すごくいいキャンプだった。高め打ちの克服など、技術面でも大きなものをつかんだ」とコメントを残している（七九年十一月二十二日付、報知新聞より）。自身の技術の習得に加え、河埜和正とともに最年長で臨んだキャンプで、若手選手たちをリードするという役割も認識していただろうことが読み取れる。

王の引退後、いざ正一塁手に就いたと思いきや、次世代スター・原辰徳の「四番・サード」構想によって、すでに主力だった中畑が一塁にまわり、押し出されるような形で山本は外野守備に回り、代打出場が多くなった。

ちなみに、八一年八月二十六日に後楽園球場での巨人対中日戦で山本は代打出場し、内野フライを打ち上げたものの、中日のショート・宇野勝が捕球ミスして額にボールが直撃。歴史的珍プレーとして語り継がれるハプニングだったが、転々とするボール処理に中日がもたつく間にホームインまで狙った山本は、本塁でタッチアウトとなっている。

八四年には、三宅宗源とのトレードでロッテオリオンズに移籍。落合博満とともに打線の中軸を担うと、初めて規定打席に到達し、シーズン打率も三割一厘と三割超えを果たしたのである。

通算成績はプロ十三年間で一千二百十七試合出場、六百九十九安打、六十四本塁打、三百六十九打点、打率二割七分七厘。

瞬間湯沸かし器のような一面も

ここで特筆すべき数字を挙げると、山本は巨人時代、七九年シーズンから二期に亘り第四十三代四番打者を担い、通算二十九打数十一安打二本塁打。〝巨人の四番〟として、三割七分九厘という勝負強さを発揮していたのだ。

与えられた出場機会に一球入魂し、結果を残してきた山本だが、その人柄に関しては、次の証言がある。

三田学園高の一学年後輩で、巨人には五年先に入団していた淡口憲治は、こう振り返る。

「高校時代から、功児さんは『四番・ファースト』でしたので、三番の私と三・四番コンビでした。

ただ当時は、上下関係が厳しい時代で、一学年違えばほとんど話はしなかったですね。

プロ入り後には、功児さんの人柄がよくわかりました。私が代打で打席に立った際、カーブを続けて見逃した瞬間に長嶋監督に交替させられてしまったことがあったんです。そして功児さんが、『代打の代打』となったんですが、結局セカンドゴロで凡退された。直後にベンチに戻られたとき、功児さんは、私に『悪かったな』と言ったんです。当時のプロの世界で、普通、そんなことは言いません。ましてや高校の後輩の私にです。そこが功児さんの優しさだったと思います。

ただ、ロッテの監督に就任後は、チームを背負う立場になり、人が変わったと思うほど怖い表情をされていました。選手時代は人間的な優しさ、監督のときには、いい意味の怖さをみました」

また同学年で、七九年の伊東キャンプに最年長コンビで参加、引退後は〇四、〇五年と巨人二軍コーチとしてともに過ごした河埜和正は、こう話す。

「ふだんの功児は大人しく、人柄もいいんです。ですが大変な選手思いで、試合で納得がいかないジャッジなんかが出たりすると、選手に代わって前面に出て行き、バンバン言ってしまうんです。瞬間湯沸かし器のような一面がありました。ただ、それも功児という男らしい、いいところだったと思います」

そして、教え子の立場からは、千葉ロッテで投手時代に野手への転向を再三勧められ、結果的に首位打者、二千本安打を達成することになった福浦和也が、こう綴っている。

《それにしても功児さんにはよく怒られました。今でも目を閉じると、二軍時代にバッティングを指導してくださっていた時の「手を伸ばすな！」「腹筋に力を入れろ！」という功児さんの声がよみがえってきます》（著書『習志野が生んだ野球小僧』より）

福浦はプロ初年度、二軍で突然、山本に呼び止められ、打撃練習させられたのだが、それ以後、事あるごとに「バッターに転向しろ」と言われてきた。

バッティングに開眼して一軍レギュラーとなった後も、少し調子を落とすと、一軍監督の山本に「ちょっと来い」と呼び出され、バットを振らされたのである。


このように、同僚や友人たちに見せてきた、温厚で、人に優しく、友だち思いの性格と、反面、野球に関しては徹底してベストを追い求め、勝負に拘り、激高するという、両極に振り切るような山本の人間性、精神性は、こと家族には、どう向けられたのだろうか。

妻の第一印象は「日に焼けた、デッカい人」

山本功児の妻・美砂子は、岩手県から高校卒業後に上京し、二十五歳のときにロッテ選手時代の山本と知り合っている。美砂子からすれば山本は十歳年上の「オジさん」だった。

「最初に知人に紹介されたときは、私はまったくの野球音痴でしたので、もちろん選手・山本功児を知りませんでした。当時は落合さんとともに活躍していた有名選手だった時期なのに、『日に焼けた、デッカい人』くらいの印象でした」

しばらくは何人かで、何度か食事をしているうちに、山本に誘われるかたちで二人で会うようになった。そして交際が始まると、山本の〝大人〟な部分に安心感をおぼえたという。

「私に対してはすごく温厚な人で、怒ることもない。まだ私も二十代半ばのころで、友だちと食事に行って遅く帰って来たときにも、起きて待っていてくれましたし、大事にしてくれていました」

結婚は九〇年十二月二十三日、山本が三十九歳になる二日前、美砂子二十九歳の誕生日のこと。婚姻届を出すきっかけになったのは、「長嶋さんに『奥さん』って言われたこと」だと振り返る。

「オフの日に、二人で二子玉川のゴルフ練習場に行ったんですね。そしたらたまたま、長嶋さんもいらしていて、功児さんが挨拶すると、『こちら奥さん？』と長嶋さん。功児さんも『はい！』と即答したんです」

八八年に現役引退していた山本は、結婚した当時は、ロッテの打撃コーチだった。自分の成績がすべてだった選手時代から、人を活かして組織に貢献することで初めて評価される立場への転向は、チーム内での異動とはいえ、じつは内面に大きなストレスを抱え込みやすい。

山本は、こと組織になると責任感を抱えて自分が矢面に立つことが多くなるという側面があり、なおさら心に、ゆとりがほしくなる時期でもあった。

この間、美砂子は一度、妊娠するが、子宮外妊娠という悲しい結果となった。その後、結婚八年目にして長男を授かると、夫婦はこの上ない幸せの日々を迎えた。

九八年二月十七日、長男・武白志《むさし》誕生。出生体重二千三百八十グラム。

「一カ月の早産だったんですが、二千四百近くあってホッとしました。功児さんは性別がわかる前から名前を決めていて。『男は武士のごとく、志を強く持つ』という意味です。『白』は『白星』や『ボール』という、勝負事の世界での縁起のいい色。

そんなふうに名前も決めていましたから、六カ月健診で男の子って、わかったときには二人して大喜びしたんです」

待望の子どもに恵まれた山本は、長男・武白志に対しても、手を上げることなく、基本は優しかったのだと美砂子は振り返る。

「功児さんは、武白志を溺愛していました。本当に家族の愛情を大切にしていたんです。でも反面、野球を教えなければいけませんので、そこは厳しかった。手は上げませんけど、怒鳴られて。でも、武白志はこらえて、ほとんど泣きませんでした」

その、優しさの中に見せる厳しさ、激情は、表の顔として周囲の人が見てきた証言に合致するが、こと男親が男児を躾《しつ》ける、つまり厳然と父性を示すという意味においては、きわめて正常なことであるといえよう。ここで心を鬼にできないと、逆に、子の側に〝父性の欠落感〟が植えつけられて育ってしまうことがある。実際、それを嫌って努めて厳しくする親がいれば、かまけて甘やかしてしまう親だっている、その匙加減は難しいのだ。

ともあれ武白志は順調に育ち、小学三年生から少年軟式野球「元石川サンダーボルト」(横浜市)に所属して、四番として活躍する。

千葉ロッテの監督を〇三年シーズンまで四年間務めた山本は、その直後〇四、〇五年は巨人二軍コーチを務めている。だがその後はもっぱら、武白志の成長を見守ることが、父の〝生きがい〟となっていった。

しかし病魔に最初に襲われたのは〇八年、武白志が五年生のときだった。山本は急性心不全で倒れ、治療を受けることとなった。肺の三分の二まで溜まっていた水を抜き、体重は十キロも減った。その流れの検査で肝臓に影がみつかっていたが、実際に肝臓がんとわかったのは一二年。武白志が中三の時期のことだった。

山本はなんとか病気と闘いながら、武白志には余計な心配をかけまいと平静を装って病名は伏せ、武白志の九州国際大学附属高校進学を機に一三年春、一家で福岡県北九州市に転居を決める。

絶対に野球をなめるな

右投げ右打ちの山本武白志は、百八十八センチの長身と父譲りの野球センスで九州国際大附属の一年時からレギュラーとなった。

母・美砂子が「ときに怒鳴りながら指導していた」と振り返る、父・山本功児の躾だが、息子の武白志は「優しいイメージしかないんです」と明かす。

「父は絶えず僕の尊敬する人です。亡くなったいまでも変わりません。それで僕が、理不尽な怒られ方をされなかったことがわかってもらえると思います」

たくさんの愛情をかけられて育てられた中で、父が口酸っぱく言ってきた「絶対に野球をなめるな、おちゃらけたり、人を食った態度を取るな」という言葉を心に深く刻んでいる。そして武白志は、父が最後まで背中で見せてきた「根性」を感じ取り、心の瞼に焼きつけてきたのである。

「僕が高校二年の冬、小倉高校との練習試合でホームランを打ち、それで帰宅したとき両親から、父の病気が肝臓がんであることを聞かされました。僕は頭が真っ白になる思いだった」

それでも、武白志の練習は毎日待っている。目標である甲子園に出て、それを父に見てもらう、そして元気になってもらいたい――。

その一心で鍛錬に励んだ武白志は、一四年の全国高校野球選手権、夏の甲子園に初出場している。一回戦の東海大四戦で敗退したものの、山本も応援に駆けつけることができた。そして試合後に、父は息子に、こう誓ったのだ。

「パパは、絶対に病気に負けないからな。武白志も、絶対に来年、最後の甲子園に行くんだぞ！」

息子の武白志は、それまでしたことがないほどの猛練習に励んだ。

「人生でいちばん根性を入れてやらないと、父に見せられないと思った。内心では三年夏の甲子園を見せられなければ、もう最後かもしれないと思っていた。僕も必死で頑張りました」

そして、九州国際大附属は一五年夏の甲子園に出場を果たした。

二回戦の大阪偕星学園戦で武白志は二本のホームランを放って、チームも勝利して三回戦進出を決めた。しかしそれを、父が甲子園で観ることはできなかった。

それほど、山本の容体は深刻だったのだ。

一人、自宅のテレビで息子の一試合二本塁打の雄姿を目に焼きつけると、どんなことがあっても次戦は行くのだ、這ってでも、と山本は決めた。

命がけで息子の甲子園出場を応援

そして三回戦の作新学院戦、準々決勝の早稲田実業戦（一対八で敗戦）を甲子園のスタンドで、その目で観たのだ。

妻・美砂子が思い起こす。

「功児さんは命がけでした。連れ出す私も命がけの思いでした。甲子園のスタンドの階段を、一歩上がっては休み、一歩上がっては休み、応援席にやっと着いたんです。すると父兄も関係者もいる席だから、挨拶されますよね。でも、顔をみればわかるでしょう……」

そして、その父の決死の行動に応えるべく、息子は作新学院戦で本塁打を放った。

もしかしたらその瞬間が、父と息子〝二人だけの伊東キャンプ〟の場だったのかもしれない。

武白志に、父から生前、七九年に参加した伊東キャンプのことについて、聞いたことはなかったかとたずねると、こう答えた。

「直接、父から聞いたことはなかったんです。ただ、父が誰かと話しているときに、伊東キャンプの話題で盛り上がっていたという記憶が、幼いころにあった。おそらくは、中畑さんとか、一緒に伊東に行った方の誰かと話していたんだと思います。

僕が父から受け継いでいるものは、メンタルという言葉のボトムに位置するものです。根性……勝負根性を父から植えつけてもらったと思う。この先どんなことがあっても、物怖《ものお》じしない精神力を父は残してくれたんだと思っています」

甲子園のスタンドとグラウンドが、父と子の心の伊東キャンプとなった一五年の夏は終わった。秋のドラフトで武白志は、直前に中畑が監督を退任したばかりの横浜ＤｅＮＡから、育成選手として指名された。

その後も入退院を繰り返していた山本だったが、一六年四月二十三日に、北九州市の自宅で妻と息子に見守られながら、静かに息を引き取った。

妻・美砂子は、息子の武白志がしっかり〝男の顔〟を受け継いでいることを確信している。

「亡くなる直前の一六年三月は、車椅子も準備してもらって、武白志がいる横浜に功児さんに行ってもらおうと思っていました。でも功児さんは、行けばマスコミが来ることもわかっていたので、『そんな場面を武白志に見せられない』と言って、断念したんです。本当に涙を飲んでいた。

そういうプロとしての表の顔、男の顔が大事で、それを守らなければいけない。それが功児さんの人生で、それを全うしました。男たるもの、いつでもどこでもそれを忘れるなと。武白志に伊東キャンプの精神が伝わっているとすれば、そこだと私は思います」

山本武白志は、横浜ＤｅＮＡベイスターズに三年間在籍して、一八年に戦力外通告され、退団。最後まで一軍の公式戦への出場はできなかった。

その後、野球の技術を応用できる部分も多いクリケット競技に挑戦し、二〇年には日本代表強化選手に選ばれた。

二二年二月からはゴルフに新天地を求め、プロデビューを目指している。

この先どんなことがあっても、物怖じしない精神力は、親父譲りだ。

第18章 資料にみる伊東キャンプ

五千人の伊東市民が出迎え

一九七九年十月二十八日。

東京駅十四時五十分発の特急あまぎ3号に乗り込んだ読売巨人軍・長嶋茂雄監督以下、コーチングスタッフ、選手十八人、バッティング投手・ブルペン捕手など帯同選手、および球団職員ら、総勢三十五人が伊東駅に降り着いたのは、十六時四十二分のことだ。

コーチングスタッフは青田昇ヘッドコーチ、与那嶺要打撃コーチ、杉下茂投手コーチ、高橋善正投手コーチ、土井正三内野守備兼走塁コーチ、上田武司内野守備コーチ補佐、阿野鉱二バッテリー兼トレーニングコーチ（ただし青田は途中参加で同号には乗車していない）。

選手は、投手は江川卓、藤城和明、角盈男、西本聖、鹿取義隆、赤嶺賢勇。捕手は、笠間雄二、

伊東スタジアムは二〇〇四年に解体されて今はない。（写真＝産経新聞社）

山倉和博。
内野手は、河埜和正、山本功児、中畑清、平田薫、篠塚和典。外野手は、淡口憲治、中司得三、二宮至、中井康之、松本匡史。

十八戦士の平均年齢は二十三・七歳である。

全員がスーツにネクタイ姿の巨人軍を、伊東駅ターミナルに詰めかけた約五千人の市民が大歓声をもって迎え入れた。

歓迎レセプションでは、稲木敏郎伊東市長（当時）はじめ、地元の有力者、市の職員及び関係者、そして艶やかに和装した伊東芸者とともに、市民は小旗を振って巨人軍を歓待したのである。

さらには花束贈呈、地元ブラスバンドによる『巨人の星』演奏や花火十二発の打ち上げもあった。

その後、巨人軍は練習拠点であり宿舎となる「ホテル伊東スタジアム」へとバスで移動。

十九時から全員参加してのミーティングが行われた。

そこで絶叫調の叱咤激励（詳しくは江川卓の章を参照のこと）を施した長嶋だが、先刻の市民による熱烈な歓迎に大いに胸を打たれていた。

「五位という不本意な成績に終わったシーズン直後にもかかわらず、ファンはまだ、これほど期待してくれている。諸君はどう感じたんだ⁉」

その夜、長嶋は選手ら一人一人と向き合って、問い質している。

この球界初の試みである「秋季キャンプ」を発案した長嶋の意図は、次の通りだった。

「春は技術のキャンプになる。急遽決めたこの秋の〝合宿〟は〝心のキャンプ〟である」

五位に決定したシーズン終盤に、長嶋にはこの構想が芽生えていたようだが、それが選手たちに発表されたのは、いつのことだったのか。

「シーズン終了と同時だったと思う」と話すのは、当時ブルペン捕手の一員として参加した所憲佐(現・長嶋茂雄マネジャー)である。

「後楽園球場のロッカーに、若手が集められて、発表されました。参加メンバー十八人の多くは、寮生だったと思います」

この年の巨人の最終戦は、十月二十一日に後楽園球場で行われた対大洋二十六回戦である。江川が先発して七回を投げて九勝目を挙げ、赤嶺がリリーフしたこの試合後に、ロッカーで伊東キャンプの開催が発表されたのだ。

しかしながら、この伊東の地と巨人軍は、あまり馴染みはなかった。

一九六一年、ベロビーチ・キャンプへの渡米直前の五日間、調整のために伊東スタジアムを使用しているが、当時を知るのは伊東キャンプ参加メンバーでは、長嶋監督のみである。

長嶋にしてみれば、むしろ自身の学生時代の出発点となる、五三年の立教大学セレクションでの記憶の方が、モチーフとなったと思われる(詳しくは長嶋茂雄の章を参照のこと)。

陸上選手並みの走り込みを課す

伊東キャンプの初練習は十月二十九日十時から行われた。

宿舎の玄関を出て、急勾配の階段を下りた先にすぐ、すり鉢状のグラウンドがある。

左翼約九十一メートル、中堅約百二十二メートル、右翼約八十五メートルと楕円形のグラウンドで、サブグラウンドはない。

ブルペンは土手の中腹を切り拓いて作られており、同時に投球練習できるのは三人までだ。

ここが練習の根拠地となったのだが、当時の報道によれば、《杉下コーチは「ランニングをする場所がない」と心配顔》だったという（報知新聞七九年十月二十三日付）。

ただ、杉下ら投手コーチ陣は、「一人でマウンドを守る投手心理」を「孤独なランナーの精神力」に重ね合わせ、選手に陸上競技選手並みの走り込みを課すべきと考えていた。

長嶋は、立教時代のセレクションや選手時代の調整合宿で、かねて伊東の地の利を把握しており、「馬場平をはじめとする大いなる山々」が記憶に残る風景であった。

そこで、グラウンド外で走り込みの場所を探していた投手コーチ陣と精神を鍛錬する場所としての長嶋の理想像が合致し、馬場平をはじめとする山や階段を利用したハードな走り込みが練習メニューに加えられたのである。

ともあれ、伊東キャンプにおける一日のメニューの一例は、次のようなものであった。

八時　起床
八時十分　散歩
八時三十分　朝食
九時三十分　ミーティング
十時　柔軟体操、ランニング
十時四十分　キャッチボール
十一時　野手＝フィールディング、外野ノック、連係プレー、投手＝ピッチング、外野ノック

十二時　昼食
十二時四十分　野手＝打撃練習（一人二十分）、ティーバッティング（一人二百球〜四百球）、バント練習、外野ポール間ダッシュ十往復、短距離ダッシュ、投手＝一千五百メートル走、柔軟体操、百メートル走十本、五十メートル走十本、三十メートル走十本、柔軟体操、強筋、四千メートル走
十六時三十分　居残り練習
十七時　終了
十八時　夕食
十九時　野手、投手、各ミーティング
二十時　全体ミーティング〜素振りなど
二十三時　就寝

これは一例であり、午前と午後が入れ替わったりしたが、基本は「午前中＝守備、午後＝打撃」のように単純明快なものだった。

また、所によれば野手陣、投手陣がそれぞれ三グループに分かれて、次のようなサイクル方式で練習が同時に回されていたという。

野手＝A・バッティング、B・守備、C・走塁、投手＝A・ピッチング、B・外野でランニング、C・シャドーピッチング

これらを前提として組まれるメニューの上に、投手陣は連日のように馬場平や、サザンクロス・カントリークラブのコースへと向かい、野手陣も二日に一回程度は馬場平に駆り出されていた。

昼食も喉を通らず

また、練習時間は定まっておらず、日によって開始時刻が早まったり、終了時刻が遅くなることがあった。ただし、昼食と夕食の時刻は、食堂の調理提供時間の都合があるため、十二時と十八時は、ほぼ守られたという。

それでも居残り練習の選手が遅れてしまうのは仕方がない。そんな場合には食堂の方で配慮して、取り置きしてくれていたようだ。

当時のホテル伊東スタジアム料理長のレシピによれば、食事は一日三食で四千五百キロカロリーが想定されていた。

筋力強化に必須のタンパク質摂取には、肉料理が中心だったが、豊富な海の幸を活かし、アジ、カマス、キンメダイなどに、旬のハマチが加えられた。

ところが、各章で選手たちも回想しているが、食事が喉を通らなかった選手が多かったというのも事実である。

「特に昼食が、喉を通らなかった。監督やコーチは、ガバガバと食べていらしたけど、選手は昼も、水やジュースを飲む連中が多かったんです。ご飯を食べる時間があれば、寝ていたいと。そして、練習開始五分前には、『体操!』とコーチの笛が鳴るんですから」(所)

基本的に「水はダメ」の時代である。

練習中に水を飲むことはできなかったが、所によれば、グラウンドに散った球を集める際などに、どさくさに紛れて飲む選手はいたようだ。

「ノックの途中で給水などというのもあり得ない。終わったらやっと飲める、という感じでした。それが当たり前ですから、いまのように、グラウンドにペットボトルがあるなどというのは、考えられませんでしたね」

ちなみに宿泊費に関しては、当時の同ホテルは一泊二食付き七千五百円だったが、伊東キャンプに関しては《巨人の場合、(昼食込みで)一人約一万二千円程度になる模様》(十月二十三日付)と報知新聞が記しており、宿泊費に約一千万円、グラウンド使用料に交通費、用具費などを含めると、総費用《一千五百万円》のキャンプになると推定された。

ギャラリーは初日だけで五千人と数えられ、連日、ニュースなどで報道されたこともあり、市は経済効果を高く見込んだ。

期間中にすでに、長野県や山梨県など近隣県からの旅行者も増えていたため、当時の例年では、年間四百五十万人の観光客があったところを、五十万人増えて五百万人になるとの見通しも立てていたのである。

馬場平のコースは現在消失

このように、伊東市史上においても例を見ない賑わいをみせた秋季キャンプであったが、打ち上げの日程は、どうやら一日前倒しされている。

当初は十一月二十二日までと発表されていた伊東キャンプは、十一月二十一日に帰京したというのが事実である(途中、十一月十一日に沖縄県那覇市奥武山球場で開催された阪神タイガースとのオープン戦のため、十日から十二日の三日間は中抜けしている)。

最終日、二十一日の午前中に練習をしたか否かが不明であったが、当時、伊東市観光課宣伝係長で元伊東観光協会専務理事の山下弘之が、最終日のことをよく覚えていた。

「私は当時、巨人軍との窓口担当でした。伊東キャンプでは、駐車場などの手配一式もしたんです。最終日は、二十一日のことで、選手は午前中に練習をして帰り支度を整え、昼から駅前の中華料理店『盧歡談（＝ロカンダ）』で稲木市長ほか市職員らと食事会をしました。私も同席しています」

一九三五年生まれで長嶋監督と同学年である山下の人生にも、大きな影響を与えた伊東キャンプは、七九年十月二十八日から十一月二十一日までの二十五日間、伊東市を舞台に行われたのである。

最後に、その縁の地が現在、どうなっているかについて記す。

伊東スタジアムはその後、老朽化が激しくなり、九〇年代前半までに使用が中止され、〇四年にはホテルとともに解体された。

跡地には一三年に伊東市民病院がオープンし、病床数二百五十床で地域医療の要となっている。

地獄の伊東キャンプの象徴となった練習場・馬場平は、標高四百六十メートルの高さに位置しており、スタジアムからは一・五キロほど山道を登らなければならなかった。農家の車が通る舗装道があるものの、選手たちはミカン畑や林を掻き分けていく〝獣道〟を選んで上がったという。

馬場平を管轄する伊東市鎌田区長の藤原廣臣によれば、馬場平は「数百年前から、鎌田の人々が馬を調教し、肥料や飼料にする草刈り場として活用してきた土地」であるという。

「鎌田の人々が生活のために大切に守り、大正時代からは、小学校の遠足の場所としても親しまれてきた場所です」

馬場平は「鎌田財産区」として公共の土地であり、部分的に、火山砕屑物《さいせつぶつ》の一種であるスコリア採取のために、現在は採取業者が管理している（〇四年に周囲に有刺鉄線を設置）。

伊東キャンプ当時にあった急傾斜のモトクロスコースと、なだらかなクロスカントリー（周回）

コースは、現在は消失している。

しかしながら、馬場平は「鎌田の人々にとっての心のふるさと」であると藤原は話す。

「なだらかな馬場平からの眺望は素晴らしいものがあります。一万本の山つつじとともに、天城山、大島、初島などが眺望でき、横浜ランドマークタワーや東京スカイツリーまで、肉眼で見える日もあるほどなんです」

山つつじの見頃の毎年五月には、馬場平で「つつじを見るかい」が開催され、親しまれている。

それぞれの伊東キャンプはここでも続いていて、次世代にも受け継がれていくのである。

『地獄の伊東キャンプ　一九七九年の伝道師たち』あとがき

二〇〇四年八月二十四日、ギリシャ・ヘリニコ野球センターで行われた、アテネオリンピックの準決勝で、中畑清ヘッドコーチ率いる長嶋ジャパンは敗れ、決勝進出も叶わなかった。長嶋ジャパンの〝世界一〟を目の当たりにすべく、チームに同行して灼熱のアテネで取材を続けていた私は、自分がなんのためにその地を踏んだのか、わからなかった。

三位決定戦で銅メダルを得、かろうじて体面を保った長嶋ジャパンだったが、帰国した彼らにはバッシングのひとつもなかった。球界はすぐに「セ・パ一リーグ制」に話題をすり替え、マスコミも古田敦也選手会長ら選手会とNPB側との労使交渉の動向に着眼点を切り替えた。

酷評されるのならまだしも、まるで存在すら〝なかったこと〟のように結果を評価されなかった長嶋ジャパンとは、なんであったのか？　およそ半年間を長嶋ジャパンの取材に傾注してきた私は、評価の対象にすら長嶋ジャパンがのぼらなかったことに違和感をおぼえた。

二年後、第一回WBCで王貞治監督率いる日本代表が世界一を戴冠すると日本中がいっせいに王ジャパンの快挙を称えた。イチローらメジャーリーガーを除くほとんどのメンバーが長嶋ジャパン経験者だったにもかかわらず、評価されたのは指揮官の王監督と、その期待に応えて活躍した選手たちであり、「長嶋茂雄のお膳立てのお陰だ」と説く者は皆無だった。

奇妙な虚しさが身に迫るのを、私はおぼえた。そして同時に、二十五年前に起きていた出来事とそれが、シチュエーションをほとんど同じくすることに気がついた。

《長嶋茂雄が蒔いた種が、長嶋が去ってから花開き、後の組織の功績に変わった》

七九年の地獄の伊東キャンプと、〇四年の長嶋ジャパンは、そのような共通項で括られるものである。だが、このふたつを結びつける作業を当時のマスコミもファンも、誰もしなかった。そこに私の不満は山積した。そして〇九年、原辰徳監督率いるサムライ・ジャパンがＷＢＣ二連覇を達成するころには、本書の構想はすでにでき上がっていた。

主眼はすなわち、長嶋監督が伊東キャンプで、そしてアテネオリンピックで採った方策――これから主軸となって活躍すべき若手選手を大胆に起用して、彼らに〝野球の精神〟を注入し、いずれはそれを、後世に伝えられる存在になってほしい――これは四半世紀を経ても終始一貫して、長嶋監督がずっと持ち続けていた不動のポリシーである。

しかし時代の風潮か、声高にそれを唱える者は一人もいなかった。野村克也、落合博満、原辰徳……名監督と称される人たちの〝采配〟にばかり世間の注目が集まっていたが、指導者とはなにも、采配のみを持ち上げて語られるべきものではないはずだ。

むしろ真の指導者とは、自身が責任を持って選手を育て、その確固たる不動の信念で部下や弟子たちから尊敬されてこそ、評価されるべきではないか。長嶋監督の指導者としての正当性も、世に示されていいはずなのである。

では、どのような手段をもって、それを証明するのか――。

私にはヒントがあった。それは九五年、大学時代に知遇を得て出逢うこととなった中畑清さんが幾度となく口にしていた「伊東キャンプの地獄の日々」の思い出である。あるときは自宅で、またあるときは新宿・歌舞伎町のクラブで、少し酔いが回ると中畑さんは学生服姿の私をつかまえては、切々とその貴重なる経験と、そこで学んだ人生訓を話してくれたものである。

その言葉が頭の片隅にこびりついていた私は、あらためて考えた。

「伊東キャンプを経験した十八人にとって、それぞれの心の中にある伊東とは、心の原風景とは、どのようなものであるのか」

それを中畑さん以外のメンバーにも取材して、丹念に掘り起こしていったとき、件の答えは自ずと見えてくるのではないかと。そうして本書の構想が具体性を帯びたのである。


人は人生において、どんなに辛いことがあろうと、苦しいことがあろうと、今日を生き、明日を迎えなければならない。ときには過酷な境遇に身を置き、不眠の日々が続くこともあれば、肉体は疲弊し、精神は消耗する。そんな状況下で、心の支えになるものとは、

《あの、辛く、苦しい日々に比べれば、こんなこと序の口だ》

と思えるほど強い、過去の経験である。

そう思える経験を、いかに若い時期に持つことができるか。中畑さんに説かれて、その重要性を痛感していた私は、それが〝心の伊東キャンプ〟と言い換えられることに気がついた。そしてその〝心の伊東キャンプ〟という存在が、指揮した長嶋さん自身にも確かにあるに違いない。そう直感したのである。

長嶋さんにとってのそれは立教時代の〝月夜の千本ノック〟であり、転じて、そのスタートを切るセレクション会場だった伊東で〝地獄のキャンプ〟を敢行するというモチーフになった。それは同じように、ある者にとっては〝心の甲子園〟となり、ある者にはまったく別のキーワードに置き換えられる。つまり〝心の伊東キャンプ〟とは、万人に通ずるものなのである。

さらに、本書で篠塚さんがいみじくも言葉にしてくれたが、

「我々伊東キャンプを過ごしたメンバー、その後にジャイアンツで育った後輩、アテネに参加した代表選手たち……事あるごとに、ミスターに教わったことを話していくべきだと思う」

この使命を、それぞれが果たしていくということは、彼らが今後の人生において、恩師の訓《おし》えの正当性を示し続けていくことに他ならないのだ。

二十五日間に亘って繰り広げられた伊東キャンプの期間中、じつは後に〝江夏の21球〟として語り継がれることになる「広島×近鉄」の日本シリーズが行われていた事実がある。七九年十一月四日午後四時二十九分、大阪球場でカクテル光線を浴びた古葉竹識監督が胴上げされたのと同時刻、なんの照明もない黄昏の伊東では、長嶋監督と十八戦士が、命のやり取りをしていた。

その伊東スタジアムはすでに解体され、三十三年を経たいまは、伊東市民病院が建設されている。〝地獄〟の象徴であった馬場平のてっぺんは、火山砕屑物の一種であるスコリア採取のため、立入禁止区域になっている。だが伊東キャンプを経験した十八戦士の〝心の伊東キャンプ〟は、永遠に続いていくのだ。

本書における各メンバーの述懐は、人によっては記憶が前後していたり、事実関係に差異があることはお気づきのことと思うが、若干の整合性を欠くのは承知の上で、あえてそのまま記すことにした。それは、それぞれにある〝心の伊東キャンプ〟が少しも色褪せることなく、むしろその情景が個々において、さらに濃縮して刻まれていることの裏付けでもあるからだ。

〝心の伊東キャンプ〟を抱えている者は、永遠に勝負をあきらめることがない。たとえ負けても、あくまでチャレンジを続ける。そして自分の心に燻《くすぶ》っているその存在に気づくかどうかで、日々を生きることの意義が著しく違ってくるはずである。

本書が、手に取った人々のどこかにある〝心の伊東キャンプ〟の存在を喚起させる役割を果たすことができれば、著者冥利に尽きるところである。

「〝地獄の伊東キャンプ〟をひとつの作品にする」という雲をつかむような私の野望に手を挙げて賛同してくれたのは、大修館書店の古川聡彦氏である。構想を話して以来、足かけ三年に亘る出版までの道程の中で、彼はそっと寄り添うように私を励まし、とてもスマートに関係各方面のマネジメントをこなしてくれた。その尽力がなければ、積年の思いの詰まった本書が世に出ることはなかったであろう。彼との出逢いもまた〝人間運〟である。

出逢って十七年になる中畑清さんは、本書の着想とそれにかける私の熱意が本気であることを確かめると、恩師・長嶋茂雄さんに直接、熱弁をもってその意義を説いてくれた。

読売巨人軍終身名誉監督である長嶋茂雄さんは、貴重な時間を割いてくれた取材時、ときに熱く、ときに懐かしむように、あの伊東キャンプの日々を丁寧に振り返ってくれた。

伊東キャンプの当事者であり「伊東会」メンバーである江川卓さん、西本聖さん、松本匡史さん、角盈男さん、篠塚和典さん、二宮至さん、中井康之さん（&やっちゃん）、長嶋茂雄マネジャーの所憲佐さんには、多忙なスケジュールの中、長時間のインタビューにお付き合いいただいた。

ここに厚く御礼を申し上げます。ありがとうございました。

二〇一二年十一月

鈴木　利宗

永別、そして第二の人生、第三の青春

完全版・あとがきにかえて

「は〜い、いらっしゃい。どうぞ」

仁美さんのよく通る元気な声が、玄関のインタホン越しに聞こえてくる。

リビングのいちばん奥では、夫の中畑清さんがジャージ姿でソファーに横になって、スポーツ紙に目を通している。

「おう、来たか。まあ座れ。それにしても腹減ったな〜、遅く起きたから、俺まだ朝飯食ってないんだ。かあちゃん、なんかつくってよ」

すると猫に餌を与えていた仁美さんが、表情をほころばせながら、

「人間のオスがいちばん甘えん坊……。ホント、いくつになっても手がかかるのよ」

今度はテーブルに、サンマの塩焼き、筋子、納豆……手際よく並べていく。好みの、やわらかめに炊かれた白飯を頬張りながら、中畑さんがこんなことを私に投げかける。

「今年のあいつ、絶好調みたいだな、ラミネス！」

——そっ、それはラミレスです「レ」です。

「おお、そうか。ラミちゃん名前変えたのか⁉　解説で言い間違えないようにしなきゃな！」

傍らで仁美さん、苦笑して……。

中畑家を私が訪れるようになった一九九五年以来、ずっと変わらない日常の光景だった。

食事の栄養管理、遠征に向けた準備、スケジュール調整……手帳ひとつ持たず、身の回りの世話をすべてしてもらってきた中畑さんは、

「俺、かあちゃんがいないと、何にもできないんだよ」

照れながらも誇らし気に言っていたものである。

二〇一二年秋口の夕刻、約束の五分前にいつものようにインタホンを鳴らした。

「おお、入れよ」

スピーカーから聞こえた声は、このとき横浜ＤｅＮＡの監督を務めていた中畑さんのものだった。いつもなら、仁美さんの明るい声がするはずなのに、少し違和感があった。

リビングに入ると、その仁美さんがソファーで寝そべって休んでいる。

「いらっしゃい……」と小声でささやくのみだ。なんだかいつもと様子が違う気がした。

中畑さんが長女の恵さんがいる二階のほうに、声を上げる。

「メーメー、おかあちゃんをよろしくな。ちょっと鈴木を連れて、店にメシ食いに行ってくる」

「店」というのは、長男の淳さんが一〇年にオープンした焼肉料理店『ホルモン家族』のことだ。十分ほどで着くその道すがら、中畑さんは、しぼり出すようにこう言った。

「子宮頸がん……それもかなり厳しいところまできてる。もうダメかもしれない、かあちゃんは」

店に着くや、赤ワインをガブ飲みしながら、一気にこう吐き出す。

「しばらく体調が悪くて、二月に診察に行ったんだ。そこで、子宮頸がんと診断された。でもそのときは『初期の段階ですから、取れば大丈夫でしょう』と言われ、手術も成功した。また、元気になれると思ったけれど、再検査で、患部の下に新たな悪性腫瘍がみつかったんだよ……」

いくつかの病院で検査を受けた結果、進行性の腫瘍はステージⅢ。末期の一歩手前の状態だった。三月以降、仁美さんは放射線治療と抗がん剤治療を順に施し、八月には東京大学医学部附属病院に転院した。しかしこのとき、他臓器にも転移していることがわかった。

「先生から『来年、桜の花が見られるかどうか』と言われた。事実上『余命半年』だと宣告されたんだ。抗がん剤も効かなくて……」

　そして十一月十七日、仁美さんを帰宅させた。

　一九五三年十一月二十一日、山梨県甲州市に生まれた仁美さんが、中畑清さんと出逢ったのは、日本女子体育大学四年生だった七五年の秋のことだ。ハンドボールの選手だった仁美さんが都内の青果店でアルバイトしていたとき、知人に紹介されたのが駒澤大学野球部四年の中畑さんだった。

　ひとめぼれした！　のは中畑さんのほうだ。

「色白のスポーツウーマン」にすっかり心を奪われると、ドラフト会議で巨人から三位指名された三日後の十一月二十一日、仁美さんの誕生日に二十二本の真っ赤なバラの花束をプレゼント。そこから交際が始まり、翌七六年十二月十一日、品川パシフィックホテルで結婚式を挙げた——。

　中畑家では、仁美さんの誕生日には毎年、必ず家族でお祝いしてきた。この年の十一月二十一日、五十九回目の誕生日も、自宅で盛大なパーティを計画していたのだが、前夜に具合が急変して、緊急入院することになってしまった。

　そのパーティにうかがう予定だった私も慌てて東大病院の病室を訪れると、仁美さんは腕を点滴でつながれていた。大きなマスクをつけて、半身を斜めに起こした状態でベッドに寝そべっている。

こんにちは、と挨拶すると、仁美さんは無言で軽く頭を下げた。頭にはバンダナが巻かれていて、蒲団をはねて剝き出しになった両脚は、痛々しいほど、むくんでいた。

「かあちゃん、鈴木が来てくれたよ。ほら、刷り上がったばかりの本を届けてくれたんだ」

私が持参したのは、前日に書店に並んだばかりの前著『地獄の伊東キャンプ　一九七九年の伝道師たち』である。この人――仁美さんに出逢っていなければ、この本を書くこともなかった。

仁美さんは目次に夫の名をみつけると、そのページを探して開こうとした。けれど力が入らないから、うまくめくれない。見開いた本文ページを院内ベッドのテーブルに押しつけるようにして、上から両手に力を込めて、本の背に癖をつけてから、ようやく読み始めた。

「……ああ、こんなこともあったんだねえ」

か細い声ながら、マスク越しに仁美さんが微笑んでいるのがわかる。そうして駒大キャンパスで一家で焼きそば屋台を出店したくだりから二、三ページ、仁美さんは懸命に目を伝わせた。

中畑さんはなにか言おうとしてやめた。そして仁美さんの傍らにしゃがんで、むくんでいる両脚をマッサージし始めた。

「昨日の夜からやってるから、だいぶよくなったよな」

「うん、うん」と仁美さん。

「ほら、俺がこうしてると絶対にかあちゃんは治る。『現金出すな、元気出せ!』ってな」

中畑さんは、得意のジョーク――かつてＣＭで放ったセリフだが――で懸命に和ませようとする。

「今日から俺が、泊まり込みでずっと一緒にいるからな、かあちゃん。もうどこにもいかないから、安心してくれよ」

球団に事情を話して練習や公式行事をキャンセルし、つきっきりで看病することを決めたのだ。

小一時間もマッサージを続けていると、仁美さんの表情も和らぐようだった。

しかし、「ここが痛い」と仁美さん、今度は、右の脇腹を指す。リンパを伝って転移したがんが、さかんに痛めつけるのだ。困り果てた表情を一瞬浮かべた中畑さんは、クッションの位置を何度も何度も変えてあげていた。

夕方五時過ぎ、長女の恵さんが到着した。翌年二月に第一子を出産予定で、すでにお腹は大きくせり出している。その娘夫婦に続くように病室に親戚が訪れた。十人ほど集まったところで、どこからともなく『ハッピー・バースデー・トゥー・ユー』が歌い出され、全員で合唱して乾杯。中畑家の三人目の孫は男か女か、とわいわい騒いでから三々五々した。

夜七時過ぎ、病室にふたりの静かな時間が再び訪れた。

トイレ……。仁美さんの声にすかさず反応する中畑さん。個室内のトイレまで、車椅子に乗せて連れて行く。

中畑さんはほんの十カ月前まで、身の回りの世話はすべて、仁美さんにしてもらってきた。栄養管理からスケジューリングまで、至れり尽くせりだった。

その三十六年間の恩返しを、いま、この人はしている。公私に亘って他人に迷惑をかけることを極端に嫌う人が仕事をすべてキャンセルして、糟糠《そうこう》の妻のためだけに尽くしている――。

本当に最後の力を振り絞っている仁美さんは、結婚生活で初めて、夫に〝甘えて〟いた。

一時も離れず、寄り添って語りかけてくる優しい夫に、「腰が痛い」「足をもんで」「枕の位置を変えて」「ジュース飲みたい」そして、

「おとうちゃん、まだ死にたくない――」

〝自分のリクエストに愛する夫がぜんぶ応えてくれる〟という初めての贅沢な空間を、壮絶な闘病

の中、仁美さんはどこか楽しんでいるようにもみえた。そしてそれを中畑さんも嬉しく感じていた。

この日から、中畑さんはほとんどの時間を病室で過ごした。

仁美さんの病状を知りながら報道を控えていた、スポーツ各紙の担当記者たちは、ある晩、中畑さんを病室から『ホルモン家族』へと連れ出した。

「今日だけはお酒を飲んでぐっすり寝てもらって、明日からに備えてもらおう」

〝同士たち〟の計らいだった。焼酎のボトルを一本空け、すっかり酔いが回ったころ、中畑さんが突然うつむくと、目から大粒の涙がこぼれ落ちた。

「……なんで、かあちゃんがこんな目にあわなきゃいけないんだ。俺のかあちゃんが、一体なにを悪いことしたって言うんだよ。『死ぬときは俺が先で』って、約束してたんだよ。俺、かあちゃんがいなくなっちゃったら、どうすりゃいいんだよ……」

記者たちは、なにも言えなかった。みなのすすり泣きだけが店内に響いていた。

十二月に入り「ここ三、四日がヤマでしょう」と医師に言われた。三日には、ほとんど会話できなくなったが、四日になると仁美さんは奇跡的に持ち直した。中畑さんは、こう耳元で語りかけた。

「かあちゃん、愛してるよ」

すると、前日には発することができなかった言葉が、仁美さんの口から出た。

「あ・い・し・て・る」

それが最後の会話になった。十二月五日、朝から意識のなかった仁美さんは午後六時五分、眠るように安らかに、息を引き取った。

仁美さんに先立たれてしばらくは、中畑さんを独りにさせないよう、周囲の誰かが交替で泊まり込んで酒の相手をした。みんな、最悪の心配までするほど中畑さんは憔悴《しょうすい》しきっていたのだ。

しかし、弔問に訪れた王貞治さんからは、「奥さんのためにも来期を頑張ってほしい」と声を掛けられていた。恩師・長嶋茂雄さんは告別式で、麻痺のない左手で焼香した。そして星野仙一さんには「必ず野球が救ってくれるから」と激励されていた。

いずれも球界の大先輩で、日本代表を指揮した共通項があるが、病で妻に先立たれる経験をしていることでも先人であった。

中畑さんはグラウンドに還った。

横浜ＤｅＮＡ監督として、筒香嘉智選手を日本を代表するスラッガーへと成長させたのをはじめ、多くの選手の個性と才能を見抜き、一流プレーヤーに育て上げた。また、本拠地・横浜スタジアムの観客動員数を大幅に増加させるなど経営面でも大きく貢献し、四年間の監督任期を全うした。

そして一九年十二月には、読売巨人軍第十代ＯＢ会長に任命されている。


前著を刊行して以来、じつに多くの感想を得た。中には、地獄の伊東キャンプと自身の環境を、重ね合わせる作業ができて救われたといった感謝の声もあり、書籍として送り出した意義を大いに覚えたものである。しかし少しすると、伊東キャンプに参加した十八人のメンバー中、まだ八人にしか取材し得ていなかった事実に直面した。

当時の私の実力では、それが精一杯だったのだとエクスキューズしてみても、ひとえに実力不足だった事実に相違ない。いつかは十八戦士をコンプリートすべきではないかと私は思い始めていた。

あれこれ逡巡しているうちに、伊東のメンバーの一人で前著でもお世話になった中井康之さんが一四年八月、病を得て六十歳の若さで亡くなってしまった。さらに一六年四月には、山本功児さんが六十四歳で逝去されたという訃報に接した。

生前一度もお目にかかれないまま、山本さんに旅立たれてしまったことは大変なショックだったが、挽回のチャンスがまだあることに気がついた。

山本さんの長男・武白志選手の存在と、彼の〝あきらめない〟精神が残っていたからである。妻の美砂子さんの協力を得て、本書・完全版の端緒となる取材を開始したのは、一九年十月のこと。大黒柱を失った母と息子が懸命に、それぞれの場所で生きる姿に、筆を執る私自身が励まされた。

御大・長嶋さんの飽くなき精神力、バイタリティにも、ますます感銘を受けている。

十八戦士はひとえに、長嶋茂雄にかけられた言葉、打ち込まれた白球、そして注ぎ込まれた情熱にほだされ、人生の糧としてきた。それが何であったのかを伝える立場の私自身が、心の中にある伊東キャンプで長嶋茂雄の精神を注入されながらの取材・執筆期間であった。

人生百年時代などと威勢のいい御託を並べても、日本は超高齢社会に突き進み、人口減少と同時に競争力低下という、国力減退の問題に直面している。

二〇三〇年代に人口の三分の一が六十五歳以上になるというのであれば、もはや高齢者を六十五歳からと定義すべきでない時代に突入するのである。そして人生百年時代の真意は、より積極的に動いて生きて行かなければいけない時代、ということになるだろう。それが、私たちが迎えるべき新常態（ニューノーマル）になるはずである。

その新常態では、第二の人生をいかに生きるか、第三の青春をどう謳歌するのか、がキーワードとなろう。つまりは伊東キャンプの参加者たちが経てきた過程を辿り、今日の彼らがなにを見据え、そしてどこに向かうのか。そこに私たちは注視して、なにかを学び取るべきである。

本書では、前著で協力いただいた方々の章に関しては、あらためてご本人に取材を行い、その後の十年から今日までを踏まえたうえで、全面的に改稿した。亡くなった中井康之さんに関しては、妻の万千子さんにも新規で取材を行っている。

そして今回、完全版で新たに取材をした方々――河埜和正さん、淡口憲治さん、中司得三さん、平田薫さん、藤城和明さん、鹿取義隆さん、赤嶺賢勇さんには、再三再四、微細に及んで聞き直す取材にお付き合いをいただいた。

なお、捕手として伊東キャンプに参加した笠間雄二さん（七六年ドラフト六位、電電北陸―巨人―阪神、八四年引退）、同じく、捕手として参加した山倉和博さん（七七年ドラフト一位、早大―巨人、九〇年引退）のお二人には球団を通じて連絡を取っており、体調などの面から取材は適わなかったものの、ご存命であることを明記しておく。

読売巨人軍・今村司代表取締役社長には、氏の日本テレビ・スポーツ局プロデューサー時代からご厚誼を賜ってきたが、社長ご在任中に本書を出版できる幸運に感謝している。同・総務人事部の八巻裕子さんの度重なるご手配にも、御礼を申し上げたい。

また、伊東市役所秘書課の橋本亜由実さん、元伊東市観光課宣伝係長の山下弘之さん、伊東観光協会専務理事の村田充康さん、伊東市鎌田区長の藤原廣臣さん（順不同）の伊東市各位には、当時の資料の捜索や現地の再調査も含めて多大なご協力をいただいたことに、感謝を申し上げたい。

最後に、私の完全版への悲願を理解され、盤石の制作進行を賜った河出書房新社の太田美穂さん、的確な分析と温かい激励で、最後まで伴走していただいたフリーランス編集者の高杉公秀さんに、心より御礼を申し上げます。

長嶋茂雄と直弟子たち、すべての関係者、協力者それぞれの心の伊東キャンプをしかと拝見し、本書に残すことにより、次世代、未来へと地獄の伊東キャンプが語り継がれることを望む。

二〇二三年五月

鈴木　利宗

参考文献

・『炎のストッパー』角盈男＝著／恒文社／一九八二年
・『塁間の〝青い稲妻〟』松本匡史＝著／恒文社／一九八二年
・『人間力 島岡吉郎ストーリー』田中茂光＝著／フジテレビ出版／一九八八年
・『これからも絶好調で』中畑清＝著／ベースボール・マガジン社／一九九〇年
・『随筆 宮本武蔵』吉川英治＝著／講談社／一九九〇年
・『ミスターがくれた19年』篠塚和典＝著／ベースボール・マガジン社／一九九五年
・『長嶋監督20発の往復ビンタ』西本聖＝著／小学館／二〇〇一年
・『優勝祈願 山本功児監督と千葉ロッテマリーンズ』村上玄一＝著／廣済堂出版／二〇〇一年
・『眉山』さだまさし＝著／幻冬舎／二〇〇四年
・『救援力 リリーフ投手の極意』鹿取義隆＝著／ベースボール・マガジン社／二〇〇八年
・『情熱野球で勝つ「言葉の鉄拳」』高橋善正＝著／ベースボール・マガジン社／二〇〇九年
・『野球は人生そのものだ』長嶋茂雄＝著／日本経済新聞出版社／二〇〇九年
・『巨人―阪神論』江川卓、掛布雅之＝著／角川書店／二〇一〇年
・『野球へのラブレター』長嶋茂雄＝著／文藝春秋／二〇一〇年
・『ありのまま、愛すること。』渡邉美樹＝著／スターツ出版／二〇一一年
・『永遠のミスター 長嶋茂雄の世界』報知新聞社／二〇一二年
・『スローカーブを、もう一球』山際淳司＝著／角川書店／二〇一二年
・『長嶋茂雄 ドリーム・トレジャーズ・ブック』産経新聞出版／二〇一二年
・『旅だから出逢えた言葉』伊集院静＝著／小学館／二〇一三年
・『習志野が生んだ野球小僧』福浦和也＝著／コスミック出版／二〇一九年
・『日本夜景遺産 15周年記念版』丸々もとお、丸田あつし＝著／河出書房新社／二〇一九年
・『日本は小国になるが、それは絶望ではない』加谷珪一＝著／KADOKAWA／二〇二〇年

＊本書は二〇一二年十一月、大修館書店より刊行された
『地獄の伊東キャンプ　一九七九年の伝道師たち』をもとに新たな取材の上、
大幅に改稿し、書き下ろしとして第10章〜第18章を加えました。

鈴木利宗（すずき・としむね）
1972年、静岡県生まれ。
早稲田大学在学中に応援部主将を務める。
卒業後、2000年よりルポライターとして活動。
著書に『地獄の伊東キャンプ 一九七九年の伝道師たち』（大修館書店）、
『「だましだまし生きる」のも悪くない』（光文社新書／香山リカと共著）、
『なでしこという生き方 日本女子サッカーを拓いたひとりの女性の物語』
（セブン&アイ出版／本田美登里と共著）などがある。

地獄の伊東キャンプ 完全版
長嶋茂雄が闘魂こめた二十五日間

2023年6月20日　初版印刷
2023年6月30日　初版発行

著者　鈴木利宗
発行者　小野寺優
発行所　株式会社河出書房新社
〒151-0051
東京都渋谷区千駄ヶ谷2-32-2
電話 03-3404-1201（営業）
03-3404-8611（編集）
https://www.kawade.co.jp/
組版　KAWADE DTP WORKS
印刷　株式会社亨有堂印刷所
製本　大口製本印刷株式会社
Printed in Japan　ISBN978-4-309-29317-2